中共巩留县委
县人民政府 主办

巩留年鉴

2020

巩留县史志编纂委员会办公室
巩留县档案馆 编

方志出版社
Publishing House of Local Records

图书在版编目(CIP)数据

巩留年鉴.2020 /巩留县史志编纂委员会办公室,巩留县档案馆编.--北京:方志出版社,2020.12

ISBN 978-7-5144-4636-4

I.①巩... II. ①巩...②巩... III. ①巩留县—2020—年鉴 IV. ①Z524.534

中国版本图书馆CIP数据核字(2022)第012227号

巩留年鉴(2020)

编　　者:巩留县史志编纂委员会办公室 巩留县档案馆

责任编辑:程　倩

出 版 者:方志出版社

地址　北京市朝阳区潘家园东里9号(国家方志馆4层)

邮编　100021

网址　http://www.zgfzcb.cn

发　　行:方志出版社图书经销中心

电话 (010) 67110500

经　　销:各地新华书店

印　　刷:新疆金版印务有限公司

开　　本:889×1194　　1/16

印　　张:13.25

字　　数:390千

印　　数:001 ~ 600册

版　　次:2020年12月第1版　　2020年12月第1次印刷

ISBN 978-7-5144-4636-4　　定价:180.00元

《巩留年鉴（2020）》编纂委员会

《巩留年鉴（2020）》编辑人员

编辑说明

一、《巩留年鉴(2020)》以马克思列宁主义、毛泽东思想、邓小平理论、“三个代表”重要思想、科学发展观、习近平新时代中国特色社会主义思想为指导，坚持辩证唯物主义和历史唯物主义的立场、观点和方法。本书是县级综合性年鉴，全面、准确地记述了2019年该县自然、政治、经济、社会、文化发展状况。其中，援疆工作、自然资源设类目，地方特色突出。本书可为社会各界认识、了解新疆维吾尔自治区巩留县提供全面、准确、权威的信息，并为续修地方志积累资料。

二、《巩留年鉴(2020)》全书设27个类目：特载、专记、大事记、概况、援疆工作、政治、法治、军事、群众团体、农业、工业、交通·邮政·通信、城乡建设、贸易、经济监督与管理、财政·税收、银行·保险、自然资源·环境保护、科技、教育、文化·体育·广播·影视·旅游、医疗·卫生、社会·民生、乡镇·片区党工委·社区建设、驻县单位、荣誉、附录。

三、《巩留年鉴(2020)》采用分类编辑法，设类目、分目、条目三个层次。

四、《巩留年鉴(2020)》收录的领导人员名单以上年末在职为准。

五、《巩留年鉴(2020)》所用的数据以统计部门公布的为准，统计部门未公布的采用各单位提供的数据。因统计口径不同，有关部门所用个别数据与统计资料中的数据不尽一致，引用时以《巩留县国民经济与社会发展统计公报》为准。计量单位为公制法定标准计量单位。

六、《巩留年鉴(2020)》条目中的少数民族人名，尽量使用全名；县直各机关负责人只收录党政正职，副县级以上单位的副职领导名单全部收录；乡镇负责人只收录书记、镇长(乡长)、人大主席，片区负责人只收录党工委书记，社区、村级负责人只收录两委正职；各部门、各单位名称第一次出现时，均用全称，以后均用简称，文中出现的自治区，无特别注明下均指新疆维吾尔自治区。

七、《巩留年鉴(2020)》采用的稿件资料均由巩留县各部门、各单位、各乡镇场和驻县各单位提供，所有材料和数据均经供稿单位负责审核同意，由巩留县党史研究室(县地方志办公室)梳理编辑、巩留县地方志编委会审定。

八、根据2018年国有农牧场改制方案要求，将原有国有农牧场改为片区党工委，划入乡镇管理，改制后新增社区在《巩留年鉴(2020)》中收录。

党的建设

2019年2月，巩留县机构改革动员大会

2019年6月，巩留县村队专题培训班学员在红旗渠青年洞前重温入党誓词

“祖国在我心中”活动，阿克图别克镇阔尔吉勒尕村合影

牛场举办七一红歌大赛

审计局在阔克塔勒村开展为党庆祝生日活动

2019年10月1日，在县人民广场举办与国旗合影活动

核桃园社区爱心妈妈欢度国庆，感恩伟大祖国

政府办公室党旗映天山，欢庆中华人民共和国成立70周年合影

2019年9月，巩留县“不忘初心、牢记使命”主题教育培训班在井冈山合影

纪念中国少先队建队七十周年活动

齐那尔村党的十九大精神马背宣讲队

法治建设

2019年11月，巩留县政法系统队伍建设工作会议

2019年12月，县市场监督管理局、农业农村局、应急管理局开展节前食品安全联合执法检查

2019年5月，县消防救援大队综合应急演练

《中华人民共和国消防法》宣传日培训演练

巩留县税务局开展"12·4"宪法宣传日系列活动

2019年，防范非法集资宣传

大农业

露地蔬菜——辣椒产销两旺

草莓基地

牛场九河谷糯玉米生产加工

10月阿克图别克镇阔尔吉勒尕村组织贫困户学习果蔬种植经验

提克阿热克镇塔勒德村畜牧养殖

伊犁华凌活畜交易市场开业现场

已完成的阿克加孜克防洪堤

基础设施

巩留县喀拉苏社区阵地建设项目主体建筑封顶

总投资9162万元的巩留县人民医院综合病房楼

总投资1375万元的巩留县人民医院发热门诊

库尔德宁镇喀班巴依街南侧滑坡地质灾害治理

总投资3000万元的集中供热管网建设项目

总投资7500万元的巩留县集中供热第二热源项目

总投资840万元的阿克加孜沟小流域水土保持

良繁片区土地整理项目

良繁片区土地整理项目

工业贸易

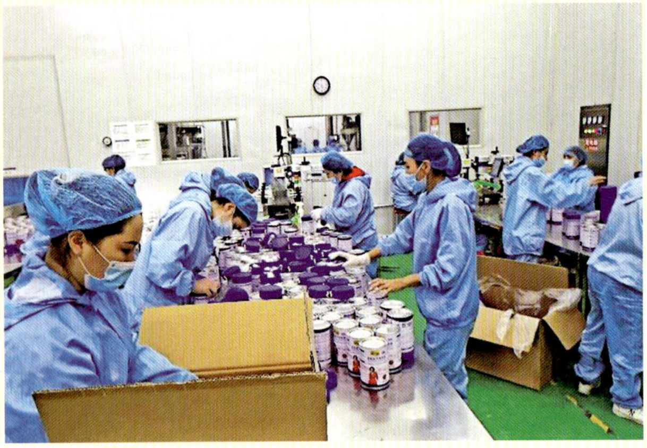

阿斯迈乳业生产车间

巩留天福润牛羊肉加工车间

2019年新开发的栖湖湾二期房地产

那拉乳业骆驼养殖小区

2019年开发的蝶湖郡三期房地产

生态旅游

2019年5月，巩留"中国天然氧吧"创建活动复核工作会议

2019年5月，中国旅游日主题宣传活动暨新疆巩留风情节在张家港永联开幕

《让中国更美丽》MV拍摄现场

2019年7月，巩留县被命名为中国天然氧吧创建地区

江苏十万人游伊犁(巩留)活动欢迎仪式

巩留生态园开园仪式

巩留县蝶湖生态科普园建设项目鸟瞰图

冬日

美丽的恰西景区

望山见水忆巩留(邵军民)

天山深处有人家

天山之麓，和美巩留

2019年5月开园的巩留生态农业观光园

雅玛渡日落

社会事业

巩留县农村集体产权制度改革暨清产核资工作动员会议

巩留县土地承包经营权证颁发(首发)仪式

伊犁哈萨克自治州生态环境局巩留县分局挂牌仪式

巩留县融媒体中心挂牌仪式

巩留县医疗保障局挂牌仪式

应急管理局组建应急救援连

农业农村局挂牌仪式

精神文明建设

2019年，塔斯托别乡社会慈善捐助扶贫帮困公益活动

县团委组织西部计划大学生志愿者到县福利院慰问

巩留县税务局开展“扬帆起航正当时，欢欣鼓舞庆新年”元旦干部融合活动

巩留县被生态环境部命名表彰为国家生态文明建设示范县

放飞青春

民族团结

各民族大团结迎新春寄语

张家港援疆干部人才与塔什干沙孜村开展民族团结一家亲活动

民族团结一家亲徒步比赛

巩留县举办并参与“援疆杯”徒步大赛

纪检干部与古丽巴格村群众举行民族团结排球友谊赛

迎新春联谊会爱心妈妈合影

援疆工作

2019年12月24日，巩留县召开第九批张家港市援疆干部人才总结表彰大会

2019年7月，张家港市委书记沈国芳（前左一）率党政代表团考察张家港援疆工作

2019年10月，张家港市委副书记、市长潘国强（前右三）考察张家港援疆工作

2019年5月，张家港市委组织部组织张家港市19个优强村党组织书记到巩留深化村村结对活动，援助巩留18个村

张家港市乐余镇代表团到巩留召开对口交流座谈会

锦丰镇—东买里镇结对帮扶座谈会召开

2019年3月，巩留县欢送第一批劳务人员赴张家港务工

张家港市妇联代表团到巩留开展捐助活动

2019年8月27日，张家港市观摩团到巩留张家港实验学校参观交流

巴哈拜村借助援疆优势，带动旅游发展促增收

2019年9月4日，张家港市人民法院向巩留县人民法院捐赠援助资金40万元仪式

张家港援疆使者到访巩留

援疆教师团队在巩留高中开展“师徒结对”活动

张家港团市委组团到巩留开展捐助活动

2019年3月张家港万红幼儿园赠送巩留县第一幼儿园图书1200册，图为受赠仪式现场

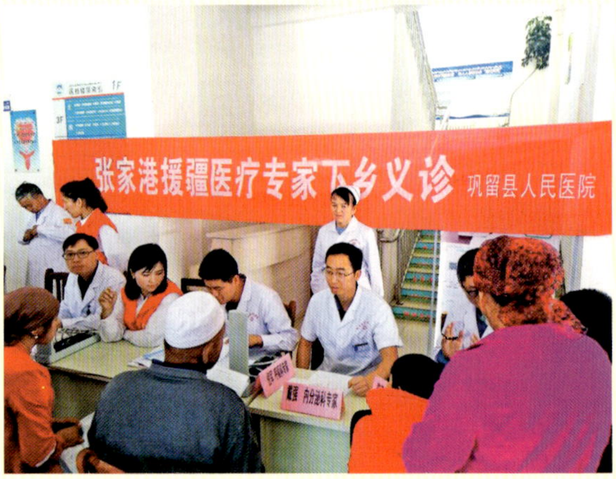

张家港援疆医疗专家下乡义诊

援建的吉尔格朗乡沙尕村民生坊

目 录

特 载

专 记

大事记

概 况

援疆工作

对口援疆

政 治

中共巩留县委员会

县委机关工作

组织工作

宣传工作

统战工作

网络安全和信息化

机构编制

机关党建

老干部工作

党史研究

党校教育

巩留县人民代表大会

巩留县人民政府

政府机关工作

中国人民政治协商会议
巩留县委员会

纪检监察

法　治

政法委工作

公　安

检　察

法 院

司法行政

军 事

巩留县人民武装部

中国人民武装警察部队伊犁支队执勤四大队巩留中队

巩留县森林消防大队

巩留县消防救援大队

群众团体

巩留县总工会

中国共产主义青年团巩留县委员会

巩留县妇女联合会

巩留县科学技术协会

巩留县工商业联合会

巩留县残疾人联合会

巩留县红十字会

农 业

农业综述

农业农村

水 利

工 业

园区建设

电 力

交通·邮政·通信

交 通

交通运输

道路运输

邮 政

通 信

中国电信股份有限公司巩留分公司

中国移动通信集团新疆有限责任公司巩留县分公司

中国联合网络通信有限公司巩留县分公司

城乡建设

城乡规划与管理

城区园林建设与管理

住房公积金管理

贸 易

供销合作

石油销售

烟草专卖

经济监督与管理

宏观经济管理

商务经信

市场监管

统计服务

审计监督

应急管理

财政·税收

财 政

税 收

银行·保险

银 行

中国工商银行股份有限公司巩留支行

中国农业发展银行巩留县支行

中国农业银行股份有限公司巩留县支行

巩留县农村信用合作联社

中国邮政储蓄银行巩留县支行

保 险

中国人民财产保险股份有限公司巩留支公司

中国人寿保险股份有限公司巩留县支公司

中华联合财产保险股份有限公司巩留县支公司

自然资源·环境保护

自然资源管理

林业和草原

生态环境

科　技

科学技术

气　象

教　育

综　述

职业教育

中小学、幼儿园简介(部分)

文化·体育·广播·影视·旅游

综 述

融媒体宣传

景区管理

医疗·卫生

医疗服务

卫生和计生监督

地方病防治

巩留县人民医院

巩留县中医医院

巩留县妇幼保健计划生育服务中心

巩留县疾病预防控制中心

社会·民生

人力资源和社会保障

民　政

退役军人事务管理局

医疗保障

乡镇·片区党工委·社区建设

巩留镇

大营盘社区

库尔旦社区

哈萨克买里社区

乔勒潘社区

托乎玉孜社区

同干买里社区

提尔曼社区

蝶湖社区

西公园社区

塔什干沙孜村

牛场片区党工委

农一社区

农三社区

农七社区

良种社区

鑫牛社区

良繁片区党工委

巩良社区

良繁社区

库尔德宁镇

莫合社区

吉尔格朗乡

阿尕尔森镇

羊场片区党工委

核桃园社区

阿依纳巴斯陶社区

克孜勒齐勒克社区

东买里镇

塔斯托别乡

综农片区党工委

盛荣社区

园艺社区

提克阿热克镇

阿克吐别克镇

哈雷社区

驻县单位

新疆生产建设兵团第四师七十三团

天山西部国有林管理局巩留分局

荣　誉

先进个人名录

先进集体名录

附　录

特 载

TE ZAI

以总目标为统领决胜全面建成小康社会 奋力打造“生态和美、幸福安康”新巩留

——中共巩留县第十一届五次全委（扩大）会议工作报告

（2020年1月10日）

这次会议的主要任务是，以习近平新时代中国特色社会主义思想为指导，深入学习贯彻中共十九大和中共十九届二中、三中、四中全会，中央经济工作会议精神，贯彻落实自治区党委九届七次、八次全体会议、经济工作会议和伊犁州党委工作会议精神，回顾总结2019年工作，部署2020年任务，动员全县各级党组织、广大党员干部群众，以社会稳定和长治久安总目标为统领，坚守初心、勇担使命，决战脱贫攻坚，决胜全面小康，奋力开创社会稳定和长治久安新局面、努力建设“生态和美、幸福安康”新巩留！

一、2019年工作回顾

过去的一年，全县上下坚持以习近平新时代中国特色社会主义思想为指导，坚决贯彻自治区、伊犁州党委各项工作部署，聚焦聚力总目标，按照“1+3+3+改革开放”工作主线，紧扣“六个伊犁”愿景和“六个区”发展方向，立足新常态、发展新作为，推动各项事业取得了新成绩、迈出了新步伐。

一年来，我们以庆祝新中国成立70周年为主线，唱响了爱党爱国爱疆主旋律。大力开展“我和我的祖国”群众性文化活动，举行重温入党誓词、同升国旗、同唱国歌等活动，组织收听收看阅兵盛典和庆祝活动盛况，巩留大地披上了红色盛装，《我和我的祖国》在大街小巷传唱，唱响了礼赞新中国、奋斗新时代的昂扬旋律，各族干部群众共享祖国荣光，爱党爱国爱疆的热情和共同团结奋斗的信心空前高涨。

一年来，我们不断强化理论武装，普遍接受了一次思想洗礼。扎实开展“不忘初心、牢记使命”主题教育，以学习习近平新时代中国特色社会主义思想为主线，县委常委班子率先垂范、以上率下，各级党组织步调一致，全县9500多名党员干部普遍进行了一次理论大学习、思想大武装、问题大检视、整改大落实，有力推动了“8+2”专项整治和“1+3+3”实事好事落实，解决了一批群众反映强烈的操心事、烦心事、揪心事，广大党员干部“四个意识”“四个自信”“两个维护”更加坚定坚决，对党绝对忠诚的政治品格、坚守初心勇担使命的责任感、以人民为中心的发展思想、真抓实干的敬业精神进一步增强。

一年来，我们克难奋进保平安，实现了社会大局持续稳定。

一年来，我们迎难而上保增长，实现了经济发展稳中有进。预计全年实现生产总值48.04亿元，

增长6%;规模以上工业增加值5.88亿元,增长8%;固定资产投资7亿元,增长12%;社会消费品零售总额9.11亿元,增长7.5%;城镇、农村人均可支配收入分别增长7%、8%。政府债务指标处于合理运行区间,119户443名贫困人口实现脱贫,污染防治成效明显。稳步推进乡村振兴,农业产业化发展初见成效,自治区级农业科技示范园顺利通过评审,华凌农牧科技产业园、三文鱼养殖、景曦农业落地实施,全县首个农业观光园巴合拜万亩油芍基地开门迎客。稳步发展工业经济,工业园区总规通过伊犁州政府审核,完成区外招商项目25个,到位资金7.13亿元。加快旅游三产发展,库尔德宁景区、野核桃沟景区恢复开放,蝶湖评定为AAA级景区,伊力格代滑雪场评定为SSSS级滑雪场,恰西—塔里木旅游观光道路全面贯通,喀普其海、头道湾村等8个游客服务中心完成建设,拉克小镇、天山渔村、莫合小镇田园综合体等5个旅游特色村镇完成基础设施和风貌改造,"三难一不畅"问题得到初步解决,旅游业逐步走上复苏发展轨道。

一年来,我们统筹城乡促建设,城乡面貌展现新变化。城市基础设施不断完善,完成团结西路2.5千米道路扩宽改造,建设移动式公厕9个,开通公交线路2条,建成候车亭15处。城市品位不断提升,完成蝶湖退水生态"双湖"和儿童游乐园建设,再开西渠生态修复工程全面启动,绿化花化面积达到30万平方米,城市绿化覆盖率达到52.3%,各族群众乐享优美宜居环境。村镇建设取得新成效,大力实施"百千工程","四环线、三入口、两接合部"环境卫生整治成效明显,农村人居环境"六件事"扎实落实,完成改厕1.45万座,巷道绿化花化459千米246.4公顷,城乡面貌焕然一新。

一年来,我们矢志不渝推改革,发展动力活力不断提升。党政机构改革任务全面完成。"放管服"改革、"最多跑一次"改革、组建县文化旅游投资发展有限公司。农村"三权分置"改革进展顺利,伊犁州直土地确权颁证首发仪式现场会在巩留县成功召开;国有农牧场改革有序实施,完成12个社区"两委"班子、4个片区党工委班子重组。73项改革任务圆满完成,重点领域改革取得突破性进展,发展的动力活力充分释放。

一年来,我们坚持不懈抓生态,美丽巩留建设卓有成就。加大生态保护建设力度,实施封山育林533.33公顷、退耕还林333.33公顷、三北人工造林266.67公顷,退化草原补播改良6666.67公顷,毒害草防除5333.33公顷。建成空气、水质、负氧离子监测站5个,空气质量优良天数达到96.3%,位居全疆县市前列;水质达到地表水环境质量Ⅱ类标准,集中饮用水水源地水质达标率100%;东部山区、城区负氧离子浓度分别是标准的4倍和1.5倍,巩留县成功创建为"中国天然氧吧"和"国家生态文明建设示范县"。

一年来,我们以人为本惠民生,人民群众福祉不断提升。民生建设投入14.85亿元,占财政支出的75.6%。实现城镇就业再就业3669人,劳动力有组织转移694人,劳务输出4.49万人次、创收3.02亿元。城南九年一贯制学校、高级中学教学楼及宿舍楼建成投用,初升高普及率达到100%,本科上线率达到72.4%,创历史新高。药品"零差率""两票制"为患者减轻负担795万元,"先诊疗,后付费"受益群众1.29万人,实现违法生育"零发生"。城乡居民社会保险和低保实现应保尽保,累计发放低保、五保供养、社会救助等资金5385万元,惠及1.89万人。农村基础设施不断完善,新修农村柏油路90千米、防渗渠108千米、改善农村饮水2281户、提升用电质量3200户,建成安居富民、牧民定居537套,群众获得感、幸福感明显提升。援疆干部人才,扎根巩留、克服困难、倾情奉献,赢得了各族群众的尊敬和点赞。

一年来,创建命名伊犁州级民族团结模范单位68个,打造民族团结宣传教育基地25个,选树民族团结典型示范户1754户。

一年来,我们固本强基抓党建,从严治党不断深化。领导班子和干部人才队伍建设进一步加强,乡镇"一党委五中心"运行机制在州直县市走在前列,"支部+中心+网格+党员(联户)+村民"治理体系不断完善，“访惠聚”驻村工作扎实有效，73名大学生村干部进入村“两委”班子，50名教师转岗到社区，新发展党员688名，集中整顿软弱涣散基层党组织5个，“八星级”以上村（社区）达到28个。机关党建、社区“大党委”、新兴组织党工委全面加强。“转作风、改作风、严作风”持续深化，“基层减负年”工作成效明显，文件、会议同比减少43.7%、42.5%，督查检查考核减少90%。深入推进监察体制改革，实现对所有行使公权力的公职人员监察全覆盖。保持惩治腐败高压态势，严厉查处了一批侵害群众利益问题，政治生态气象不断更新。民主政治建设不断进步，人大、政协依法履职，爱国统一战线不断巩固，老干部积极发挥余热，党管武装、群团等工作不断加强。

成绩来之不易，奋斗尤为艰辛。在2019年我们面临严峻挑战和诸多困难的情况下，全县稳定发展改革各项工作取得较好的预期成绩，这也为我们做好今后工作积累了经验、增添了信心、创造了条件。这些成绩的取得得益于自治区、伊犁州党委、政府的正确领导，得益于县委、人大、政府、政协班子的履职尽责，得益于广大党员干部和各族群众的共同努力，得益于张家港市的无私援助，得益于驻县单位的携手共建。

在充分肯定成绩的同时，也要清醒地看到存在的突出问题和不足：一是稳定的基础还不牢固，工作中依然存在麻痹松懈、盲目乐观、被动应付、措施不精准的现象，影响社会稳定和长治久安深层问题亟待破解。二是农业、旅游、项目招商、就业培训“四大短板”突出，经济基础薄弱、结构不够合理，创新驱动不足，营商环境还不优。三是民生改善与群众期盼还有一定差距，农牧民持续增收潜力仍需挖掘，巩固脱贫成果的压力依然较大。四是干部工作作风仍需加大力气改进，形式主义、官僚主义问题还不同程度存在。对此，我们要高度重视，在今后的工作中认真解决。

二、准确把握形势任务，奋力谱写稳定发展改革新篇章

2020年是实现第一个百年目标、全面建成小康社会的决胜之年，是“十三五”规划的收官之年，也是实现常态稳定的关键时期，做好2020年工作至关重要。纵观宏观形势，从稳定上看，新疆稳定形势进入新常态，虽然稳中有隐忧、稳中有风险，但只要我们贯彻落实好新时代党的治疆方略和自治区党委维稳工作要求，必将实现持续稳定、长期稳定、全面稳定的局面。从经济上看，随着国家“一带一路”、西部大开发战略的深化和稳定红利的不断释放，新疆正迎来前所未有的新机遇。伊犁处于对外开放的前沿，正沿着“六个伊犁”愿景、“六个区”发展方向，努力打造“塞外江南”新伊犁、向西开放桥头堡、世界级旅游精品和丝绸之路经济带核心支点。我们只要抢抓机遇，贯彻落实新发展理念，利用好生态资源优势、交通区位优势、低电价优势、乡村振兴政策优势，就大有可为，就能实现巩留后发赶超、绿色崛起、快速发展。从民生上看，经过这几年的民生建设，我们办了许多顺民意得民心的实事好事，各族群众拥护党的领导，感恩党和国家恩情，团结拼搏的斗志更加昂扬向上。综合分析，巩留正处于社会更加和谐稳定、经济加快发展、民心得到凝聚的大好局面，我们必须坚定信心、咬定目标、乘势而为，持续把巩留各项事业向前推进。

基于形式任务分析，今年工作的总体要求是：坚持以习近平新时代中国特色社会主义思想为指导，全面贯彻中共十九大和中共十九届二中、三中、四中全会精神，贯彻落实中央经济工作会议精神。贯彻落实习近平总书记关于新疆工作的重要讲话和指示批示精神，贯彻落实新时代党的治疆方略，贯彻落实自治区党委工作会议精神，聚焦社会稳定和长治久安总目标，聚力决胜全面改造小康社会，围绕打造“塞外江南”新伊犁，紧扣“六个伊犁”愿景和“六个区”发展方向，奋力开创社会稳定和长治久安新局面、打造“生态和美、幸福安康”新巩留。今年预期目标是：社会大局持续稳定，经济保持平稳增长，人民生活水平和质量进一步提高，生产总值增长6%，固定资产投资增长7%，一般公共预算收入增长2%，社会消费品零售总额增长7%,城镇、农村居民人均可支配收入分别增长7%,发展空间格局和经济结构进一步优化,城镇登记失业率控制在3.8%以内,人口自然增长率控制在3.4‰以内,贫困人口脱贫质量得到巩固提升,生态环境保持良好,社会文明程度进一步提升,治理体系和治理能力现代化取得新进展。

初心呼唤担当,使命催人奋进。面对打赢脱贫攻坚战、决胜全面建成小康社会、实现社会稳定和长治久安的重大使命,我们必须坚持"稳定不能乱、发展不能慢、环保是优先、保障靠党建、脱贫是重点、民生要改善"要求,带领全县各族干部群众持续把巩留稳定好、建设好、发展好。

要坚持一个思想,就是要坚持用习近平新时代中国特色社会主义思想武装头脑、指导实践、推动工作,不折不扣落实习近平总书记关于新疆工作的重要讲话和指示批示精神,增强"四个意识",坚定"四个自信",做到"两个维护",坚决在思想上、政治上、行动上同以习近平同志为核心的党中央保持高度一致。

要树牢一个目标,就是要树牢社会稳定和长治久安总目标,坚决落实"依法治疆、团结稳疆、长期建疆"战略,坚持以总目标统领各项工作,发挥好"两套班子"作用,既立足当前、又谋划长远,既抓好治标、又强化治本,着力解决影响社会稳定和长治久安的深层问题,奋力开创社会稳定和长治久安新局面。

要守住一个底线,就是要紧紧围绕如期全面建成小康社会目标,牢牢守住社会稳定、风险防控、生态环境、脱贫攻坚的底线,坚持底线不能破,以底线为基础,全力抓好乡村振兴、工业经济、全域旅游、城乡建设、民生改善、深化改革,实现好人民群众对美好生活的愿望。

要弘扬一种精神,就是要弘扬担当作为的精神,始终保持争先进位的闯劲和拼劲,勇当时代的"弄潮儿",争做稳定的捍卫者、发展的实干家、改革的促进派,用以身许党许国、报党报国的豪情,我将无我、不负人民的情怀,扑下身子、甩开膀子,汇聚浩荡的实干洪流,齐心协力把巩留建设得更加美好。

要强化一个保障,就是要强化党的建设的保障,坚持党要管党、全面从严治党,加强和改进党的政治建设、思想建设、组织建设、作风建设、纪律建设、制度建设,坚持党对一切工作的领导,发挥各级党组织把好方向、定好思路、管好干部、抓好大事的领导核心作用,统一思想、凝聚力量,形成推动巩留稳定发展改革的磅礴之力。

三、紧紧围绕"六个区"发展方向,奋力实现"六个新突破"

坚持把伊犁州党委"六个区"发展方向作为贯彻落实新时代党的治疆方略的具体行动,作为我们不懈奋斗的是使命任务,突出重点、全面推进,努力推动巩留各项事业实现新突破。

(一)围绕建设"社会稳定的样板区",在建设更高水平的平安巩留上有新突破。

(二)围绕建设"经济发展的骨干区",在加快经济发展上有新突破。坚持把发展落实到改善民生上、惠及当地上、增进团结上,贯彻新发展理念,以供给侧结构性改革为主线,打好重点战役,深化改革创新,推动经济快速健康发展。

全面打赢"三大攻坚战"。今年是"三大攻坚战"决战决胜之年,时不待我、必须打赢。坚决打赢精准脱贫攻坚战。坚持精准扶贫、精准脱贫,紧扣"两不愁三保障"标准,持续推进"七个一批""三个加大力度""十一个专项行动",巩固提升10个已退出贫困村和3805户13674名已脱贫人口脱贫成果,确保小康路上一个都不掉队。抓好脱贫攻坚"冬季攻势",加大"三落实、三精准、三保障"排查力度,全面梳理整改影响脱贫质量的突出问题,坚持"脱贫不脱政策、脱贫不脱帮扶、脱贫不脱责任",加强"贫困线边缘群体"跟踪监测,落实老弱病残等特殊贫困人口保障性扶贫措施,坚决防止返贫。加强扶贫项目论证和储备,用好扶贫专项资金,完善10个贫困村基础设施,实施脱贫产业入户工程,做到户户有增收项目、人人有脱贫门路。强化就业技能培训,加大贫困劳动力有组织转移就业劳动力,实现"一人就业、全家脱贫"。坚持扶贫与扶志、扶智相结合，激发贫困群众自身脱贫动力，确保由“输血”向“造血”转变。坚决打赢污染防治攻坚战。突出精准治污、科学治污、依法治污，完善治理机制，强化环境监测，抓好源头治理，聚力打好蓝天碧水净土保卫战。抓好大力污染防治，推进“散乱污”企业治理和重点企业环保技改，禁止新建35蒸吨以下燃煤锅炉，确保空气质量优良天数保持在95%以上。抓好水污染防治，推进集中饮用水水源地环境保护专项行动，加强河湖水域岸线监管，确保水清岸绿景美。抓好土壤污染防治，治理畜禽污染问题，完善地膜回收机制，有效防止土壤污染。坚决打赢防范化解重大风险攻坚战。加强债务风险监控，积极化解政府隐性债务，用好地方政府专项债务，确保违规举债“零发生”。

加快推进乡村振兴。实施乡村振兴党政领导双组长制，完善《实施乡村振兴战略工作推进方案》，紧扣“四个围绕”“六个用”发展思路，挖掘产业潜能，提升发展质效，推进农业现代化发展。坚持用工业化思维谋划农业。科学谋篇布局，盘活优势资源，调优产业格局和发展业态，重点打造“三带、一药谷、一水产基地、若干生态养殖区”。打造“三带”是：以巩留西翼平原为主，打造南岸大渠南侧6666.67公顷特色林果带，抓好项目包装，以土地入股方式，招引林果企业分块分步实施；打造伊犁河南岸6666.67公顷滨河观光带，在符合环保要求前提下，布点建设滨水娱乐、观光旅游、休闲渔业于一体的田园综合体；打造中部区域6666.67公顷高效作物带，在稳定粮食产能基础上，以“龙头企业+合作社+基地+农户”模式，推动土地规模化、集约化、高效化经营，重点做大做强有机小麦、特色玉米、优质林果、中药材、设施农业、露地蔬菜，年内高效作物面积达到3333.33公顷以上。“一药谷”是：以巩留东翼山区为主，打造“天山药谷”，充分利用得天独厚的“黑土地”资源，建设天山伊贝、天山雪莲、天山羊肚菌基地，扩大黄芪、金银花、胆南星、铁线草等种植规模，发展黑加仑、马琳等作物，年内中草药、药膳保健类作物种植面积达到2666.67公顷以上。一水产基地是：以喀普其海、特克斯河流域为主，打造全疆最大的冷水鱼基地，加快推进三文鱼项目，支持伊河鲟业扩大养殖规模，扶持壮大泉水蟹养殖，推动渔业大发展。若干生态养殖区是：依托西天山27.6万公顷天然草场，以草原规模养殖、农区合作社养殖为主，庭院养殖为辅，打造若干生态养殖区，重点发展优质有机肉牛、肉羊和马产业，扩大骆驼、草原鸡、蜜蜂等特色养殖。坚持用产业化方式经营农业。积极培育和引进龙头企业，以市场牵龙头、龙头带基地、基地连农户，形成种植、生产、加工储藏、物流、销售全产业链条。依托欣嘉药业、九河谷、登海种业等企业，实现订单种植6666.67公顷以上；依托天福润、那拉乳业、佳和乳业等企业，实现有机牛羊肉、乳制品产量达到3300吨以上；依托伊河鲟业、肉鸽养殖基地，实施“分包养殖+订单回购”，有效增加农牧民收入；加快实施华凌农牧民科技产业园项目，建成伊犁河谷最大的活畜交易市场、饲草料交易市场、肉牛养殖示范基地、饲草料基地，采取“企业+基地+牧民”模式，辐射带动农牧民扩大养殖和饲草料生产规模。力争年内新增伊犁州级龙头企业2家（欣嘉药业、那拉乳业）、自治区级1家（天福润）。坚持用市场化手段运作农业。加快拓展其他省份市场，积极参与“百城千店”工程，发挥好“张家港·巩留之家”作用，实施“采购联盟+第三方+销售联盟”模式，打响“北纬43°”品牌，推进更多优质农产品销往“长三角”区域。鼓励和支持农产品精深加工企业拓展海外市场。大力发展电子商务，支持龙头企业继续扩大网上销售规模，推动快递服务向乡镇延伸，依托合作社、民生坊新增乡村电商服务站20个，实现指尖一点产品销往全国各地。实施农产品品牌战略，加大“两品一标”认证力度，争取认证绿色农产品4个，纳入“伊犁农产品公用品牌”2个。坚持用高新技术装备农业。充分使用精准机械、卫星导航、物联网等现代技术装备农业，实施高标准农田和智慧水利建设，加快新型高效农机具和智能农机装备引进推广。加强农业科技示范园建设，试种新品种，推广良种、良法、良技，全面提升农业科技含量和发展质量。坚持用非农化方式富裕农民。引导农牧民摆脱土地草场依赖，鼓励和支持土地有序流转，推动更多农牧民向一产产业链和二三产业转移。着力培训培养一批职业经理人、“土专家”“田秀才”等新兴职业农民，为农业产业化发展提供人才保障。坚持用城镇化进程繁荣农村。加快提升城镇化水平，推进城乡基本公共服务均等化，逐步推动农牧民向城镇和中心村庄集中居住。

推进工业经济发展。坚持“突出抓工业、重点抓招商、核心抓项目、全民抓创业、合力抓环境”，看准市场发展趋势，构筑多级支撑、多元发展的新型工业体系，着力提高发展质量和效益。抓好工业项目，培植发展新功能，力争工业总产值达到25亿元以上。延伸硅产业链，加快推进晶维克三期、嘉格森三期项目，力促国投盛元工业硅生产线、纳米级微硅粉及科研基地项目、恒运微硅粉加工硅球项目建设投产；大力发展生物制药产业，支持天福润、九河谷、阿斯迈乳业、兴业食品扩大产能，力促伊河鲟业鱼子酱生产线项目建成投产；大力发展生物制药产业，抓好欣嘉明远中药、瑞龙制药等项目，依托中药材种植，积极发展中药饮片、生物提纯制剂等，提高产品质量和档次；大力发展劳动密集型产业，依托民生工业园，辐射带动民生坊、卫星工厂、扶贫车间，重点发展服装纺织、民族刺绣、旅游小商品、食品初加工等，力争创造500人以上就业岗位。抓好园区建设，以园区总规为引领，加快编制产业规划，储备工业用地220公顷以上，开工建设园区6千米道路及供热、供水、排水、绿化等基础设施，推进园区固体废弃物填埋厂建设，实施园区220千伏输变电项目，推动电力直接交易，着力解决中小微企业园电价高、错峰生产等影响产能问题。抓好招商引资，制定招商引资奖励办法，激发干部群众招商积极性。依托电价、土地、劳动力成本低廉优势，深化政策供给、要素保障，坚持“大小项目一起做，一二三产一起上”，完善招商项目库，突出驻点招商、精准招商、以商招商、产业链招商，力争招商项目储备一批、洽谈一批、落地一批、投产一批，年内实现到位资金6亿元以上。抓好企业服务，深化“企业服务年”专项行动，实行县级领导干部联系民营企业制度，落实自治区优化营商环境“十大行动”方案，建立政企、银企沟通机制，做好企业技术改造、电价优惠、民生产业和民贸产品贷款贴息等工作，着力解决企业融资难、用工难、原料难等突出问题，促进企业发展。加快推动“个转企、企升规”，年内实现企升规2家。

全面提速旅游三产。坚定不移把旅游发展作为富民强县支柱产业，支持全域谋点布局，全产业融合配套，全民参与互动，力争把巩留创建为自治区全域旅游示范县。加快旅游基础设施建设。围绕“世界遗产·康养巩留”定位，按照《全域旅游规划》，重点打造“一个基地、两个中心、三条景观廊道、五大景区、若干风情小镇、九个组团板块”。理顺景区管理体制机制。落实《自治州党委关于库尔德宁景区体制机制改革方案》，坚持保护规划和开发建设规划一起做，完成《库尔德宁自然保护区生态旅游规划》《野核桃沟保护区生态旅游规划》修编评审。推进大库尔德宁AAAAA级景区创建，力争将恰西—塔里木创建为AAAA级景区，巴哈拜油芍基地、莫合小镇田园综合体、伊力格代创建为AAA级景区，全面推进康养旅游试点工作，积极申报创建“中国气候康养县”。高水平设计建设“大库尔德宁”景区入口，完成龙口—山洞道路重建，全面贯通“库尔德宁—恰西—塔里木”环线，与喀拉峻、那拉提、巴音布鲁克形成天山最美世遗风景廊道；建设蝶湖景区青少年生态科普基地和文化馆、野核桃沟景区木栈道等项目，启用库尔德宁、喀普其海等8个旅游服务中心，规划建设县城游客集散中心。丰富旅游业态。大力实施“旅游+”，推动旅游要素与一二三产业、城市建设文化体育卫生融合发展。打造东部山区“库尔德宁—恰西—塔里木”环线和西部平原乡村旅游精品线路，沿线布局万亩油芍、万亩伊贝、万亩苹果、万亩核桃、万亩干杏、千亩油葵、千亩草莓、千亩黄芪等八个农业观光和采摘园，注入线路产品新活力，形成“春赏花、夏纳凉、秋采摘、冬娱雪”全域全季旅游格局。深挖旅游优质资源，引入热气球、滑翔伞等低空飞行体验项目，开发徒步穿越、马队探险等线路产品，积极承办国内外登山、露营、马拉松等体育赛事，打造“中国画家村”、摄影艺术创作基地，创响旅游业态新品牌。大力挖掘中医保健、民族医药等资源，开发针灸、理疗、药浴、森林浴、药膳等特色健康疗养项目，不断打响巩留康养品牌。大力推荐文旅融合发展，推出和打造一批民俗文化演艺产品。大力发展“夜间经济”，改造提升老城区夜市，设置蝶湖片区夜市，支持有条件的乡村开办一批夜市。提升旅游服务。大力发展乡村旅游，规划建设大营盘锡伯风情民俗村，全面推进阿克吐别克拉克小镇、库尔德宁贝母小镇、吉尔格朗天山渔村、头道湾村自驾民宿区、伊力格代村、莫合小镇等集民宿、特色餐饮、民俗演艺等为一体的旅游服务综合体建设，鼓励和引导群众发展农家乐、牧家乐、渔家乐和旅游民宿、旅游小商品店，力争年内新增农(牧渔)家乐50家、创建自治区级星级农家乐10家，新增旅游民宿40家、床位1000个以上；依托龙头企业、民生坊、就业工厂，大力开发以有机食品、土特产品、民族手工艺品为主的“巩留礼物”，确保让更多的群众“吃上旅游饭，赚上旅游钱”。推动智慧旅游建设，与携程、美团、同程艺龙、新疆票务等开展电商合作，拓宽旅游推介销售渠道，实现一部手机游巩留。加大宣传推荐力度。借助“国家生态文明建设示范县”和“中国天然氧吧”两个国字号名片，唱响“来巩留、我氧你”音符，利用平面媒体、“两微一抖”、旅游官网，大力包装宣传一批“网红路、网红街、网红景点”，精心策划办好森林文化旅游节、冬春文化旅游等系列节庆活动，不断提高巩留旅游知名度、美誉度，力争2020年旅游人数、收入均增长30%以上。大力发展其他服务业。加快发展商贸物流、金融保险、电子商务、信息中介、酒店宾馆等生产性服务业，鼓励发展生活照料、养老托幼、家政服务、外卖服务等生活性服务业，推动服务业专业化、优质化、便利化。

统筹城乡协调发展。坚持以城带乡、以乡促城、城乡一体，高标准编制国土空间规划、《巩留县控制性详细规划》《城市发展一体化示范区战略研究规划》，优化城镇总体布局，以县城为中心，以西部阿克吐别克镇、东部“大库尔德宁”景区为两翼，推动县城中心区、阿克吐别克镇农工旅融合发展区、“大库尔德宁”景区旅游特色村镇建设。加快县城中心区建设。拉开城市框架，将东买里镇、塔斯托别乡、牛场、羊场、综合、良繁片区党工委纳入县城中心区建设，县城建设范围达到156平方千米，推进基础设施共享、城乡功能互补、道路水系相通、生态环境共建，形成覆盖全县一半人口10万人的中心城区。提升城市品位，统筹城市形态、城市轮廓、城市色彩、标志性节点，严控建筑高度密度，保护好城市的天际线、山脊线、水岸线、绿地线，确保望得见山、看得见水、亲近得了自然、看得见鱼跃、闻得见花香、记得住乡愁；突出“水韵巩留”形象，将蝶湖景区打造成景城融合发展示范点，完成蝶湖水生态“双湖”配套工程及再开西渠生态修复，推进黑水渠、北支干渠生态治理，实现“两个湖”与“三条水系”、毛渠、斗渠相通，形成水在城中、城在园中、人在景中、山水辉映的城市风貌；做足绿色生态文章，抓好城市绿化花花亮化，见缝插绿、覆土补绿，建设群众休憩小游园5个，城市绿化覆盖率提升到53%。完善城市基础设施，持续抓好“双修工程”，提升改造集贸市场、饮食一条街，新建停车场9.2万平方米，实施棚户区改造项目240户，改造老旧供热管网32千米，建设集中供热第二热源、城市供水改扩建、城西污水处理厂、生活垃圾处理场、污水再生利用和污泥处置项目，着力提升城市承载能力。加强城市执法大队、环卫队、青培中心园林服务队“三支队伍”建设，持续治理交通秩序、市容卫生等“城市病”问题，实施住宅小区生活垃圾分类投放试点项目，争取年内创建为国家卫生县城。加快特色村镇建设。依托西入口阿克吐别克拉克小镇区位优势，东接第四师七十三团、提克阿热克镇，西接华凌农牧科技产业园、巩留工业园，西接景曦林果示范园，形成农工旅融合发展区，着力将阿克吐别克镇打造成交通重镇、物流重镇、旅游重镇。依托“大库尔德宁”AAAAA级景区建设,着力将库尔德宁镇、吉尔格朗乡、莫合小镇、头道湾村等打造成旅游特色村镇。推进“百千工程”,持续抓好农村人居环境整治“六件事”,新建农村公路99千米,安全饮用水、卫生厕所普及率分别达到88%、55%,生活污水处理示范村、生活垃圾处理示范村分别达到30%、90%,加强“四环线、三入口、两结合部”环境卫生整治,抓好农村街道、巷道绿化花化,促进森林城市、田园城镇和诗画乡村一体建设,让到巩留的每一位游客都切身体验巩留美丽整洁形象。

加快基础设施建设。围绕国家、自治区产业政策和投资导向,充实完善项目库,力争更多项目进入国家和自治区“十四五”规划大盘子,为巩留长远发展奠定基础。逐项梳理已被列入国家、自治区“十三五”规划的项目,对尚未开工的项目要加大对接跑办力度,力争开工建设。2020年新建续建项目100个以上,完成投资11亿元以上。交通方面。力争国道578线阜田至龙口一级公路建成通车,争取省道242、341线复工建设,协调推进省道330线(那拉提—库尔德宁—喀拉峻)项目,协助做好铁路、森林防火机场前期工作,加快构建“四横五纵”交通骨架。水利方面。实施阿克加孜克沟小流域水土保持综合治理续建项目、农村安全饮水养护项目、山洪灾害防治项目,力争年内开工建设团结灌区配套与节水改造、城乡一体化供水、团结干渠防渗工程。土地整理方面。新建高标准农田1333.33公顷,土地整理2000公顷,提高土地产出率。电力方面。启动巩留—喀拉峻双回路220千伏线路和43千米10千伏农村配网工程建设,积极推进圣泉110千伏变电站项目。

推进全面深化改革。坚持以制度建设为主线,破解影响稳定发展的瓶颈制约问题,打破固有利益藩篱,推进社会治理体系和治理能力现代化。深化供给侧结构性改革,推动落后产能有序退出,提升供给质量。稳步推进国资国企改革,完善国有资产监督管理体制,防止国有资产流失。纵深推进“放管服”改革,全面实施市场准入负面清单制度,加快政务服务“一张网”向乡村延伸,实现群众不出村也能办事。推进农村承包地“三权分置”、集体产权制度、国有农牧场等农业农村改革工作。抓好事业单位和综合执法队伍、乡镇行政体制改革。深化就业、教育、卫生、文化等民生领域改革,探索医养、康养相结合的养老服务体系,让改革成果更多惠及各族干部群众。

(三)围绕建设“对外开放的先导区”,再融入“一带一路”核心区建设上有新突破。树牢“开放带来进步”的思想,以培育和发展外向型经济为重点,做足对内、对外两篇文章,积极在打造丝绸之路经济带重要支点上做出巩留贡献。依托丝绸之路交通大动脉建设,推动“县内环起来、进出巩留快起来”,打造伊犁河谷中部重要交通枢纽,积极融入大伊宁“1小时经济圈”,为对外开放提供基础支撑。全力推进东联西出、东引西进,发挥对口援疆优势,抓住东部省市产业转移、疆内产业布局深度调整机遇,招引东部外贸企业落户巩留,打造外向型产业园区。大力实施外贸进出口企业孵化工程,支持和鼓励更多企业取得进出口经营权,力争年内实现进出口额350万美元以上。支持发展跨境电子商务,构筑对外贸易新业态。发展飞地经济,协商特克斯共建巩留工业园,实行利益分成,促进合作共赢。

(四)围绕建设“民生改善的先行区”,在满足人民群众更高需求上有新突破。树牢以人民为中心的发展思想,坚持把一般公共预算支出的75%以上用于保障和改善民生,补齐民生短板,不断增强各族群众的幸福感、获得感。

着力稳定扩大就业。坚持把就业摆在突出位置,实施更加积极的就业政策,实现更高质量和更充分就业,确保以业安人、以业稳人、以业脱贫。大力开展农牧民(居民)职业能力培训,健全县乡村三级就业培训机构,围绕群众个人愿望、企业用工和产业发展需求,大力培养适应农牧业现代化、新型工业化和城镇化、现代服务业发展的新型职业工作者,着力增加工资性收入,实现农牧民群众人人有技能、个个有岗位、户户有家业、家家有钱挣。发挥好就业信息平台和村(社区)就业服务站作用,突出抓好城乡居民关注群体、高校毕业生、退役军人、贫困人口就业工作,确保零就业家庭动态清零。年内实现城镇新增就业3600人,向疆内外企业有组织转移就业500人以上,农村富余劳动力转移就业4.4万人次,创收2.9亿元以上。

大力发展教育事业。加强党对教育工作的全面领导,坚持为党育人、为国育才,全面落实立德树人根本任务,不断巩固社会主义办学阵地。推动城乡教育一体化发展,加快推进城西九年一贯制学校建设,实施薄弱学校和乡镇寄宿制学校改造提升工程,不断改善办学条件。巩固学前幼儿“应入尽入”成果,全面提升幼儿保教质量;持续加大义务教育阶段控辍保学力度,确保适龄儿童全部入园;巩固普及高中教育成果,力争高中阶段入学率达到92.5%,本科上线率保持在70%以上;发展成人教育,健全农牧民常态化教育培训机制,做到全过程全方位育人。持续巩固国家通用语言文字教育全覆盖成果。加强教师队伍建设,解决好教师结构性缺编问题;完善学区制、集团化办学、学校联盟、城乡教师交流轮岗机制,促进城乡师资水平均衡发展;深化课程交流、名师帮带、信息化教育工作,全面提升教育教学质量,减轻教师非教学负担,建立健全师德师风评价机制,着力培育“四有教师”。

推进医疗健康惠民。围绕健康巩留目标,完善县乡村医疗服务体系,实现更高水平的全民健康。常态开展城乡居民免费健康体检,建立医疗机构“互联网+医疗健康”服务体系,逐步提高居民电子健康卡使用率。深化医疗卫生体制改革,扩大慢性病病种范围,提高慢性病诊疗报销比例,调整城乡居民住院起付标准和门诊报销限额,着力减轻群众医疗负担。加大重大传染病、地方病、职业病防控救治力度,抓好结核病患者治愈工作。完善分级诊疗制度,建立双向转诊服务体系,推动城乡“医联体”“医共体”全覆盖,推进远程诊疗向乡镇一级延伸,提升乡村医疗服务水平。落实人口与计划生育基本国策,确保违法生育“零发生”。加强食品药品全周期、全链条监管,保障食品药品安全。

全面繁荣文化事业。坚持现代文化引领,大力发展一体多元、融合开放、具有巩留特色的现代文化。推进县融媒体中心建设,完善“媒体+”服务功能,做大做强主流舆论,打造“指尖上的政务服务中心”。完成县乡村三级文明实践中心(所、站)建设,完善公共文化设施,坚持“三馆一站”免费开放,让各族群众享受更高质量的公共文化产品。深化社会公德、职业道德、家庭美德、个人品德教育,教育广大群众尊老爱幼、善教子女、家庭和睦、邻里友善、勤劳致富。开展文明村(社区)、单位、家庭评选活动,选树最美巩留人、身边好人、道德模范等,唱响昂扬向上正气歌。发展体育事业,开展全民健身运动,办好群众性体育运动会。加大外宣力度,助力经济发展。

完善社会保障体系。按照“兜底线、织密网、建机制”的要求,全面建设覆盖全民、城乡统筹、权责清晰、保障适度、可持续的多层次社会保障体系。大力实施全民参保计划,完善城乡低保、养老保险、医疗保险、工伤保险、生育保险、社会救助制度,扩大社会保险覆盖面。推进“五保”老人集中供养、孤儿集中收养,抓好退役军人服务工作,保障妇女儿童合法权益,关心和支持残疾人事业,提高社会福利水平。加大安居保障力度,完成富民安居810户、牧民定居51户。

(五)围绕建设“民族团结的示范区”,在实现共同团结奋斗、共同繁荣发展上有新突破。全面贯彻党的民族政策和宗教工作基本方针,巩固发展民族团结,依法加强宗教事务管理,促进民族宗教更加和睦和顺。

构建和谐民族关系。依法保障各民族合法权益,引导各族干部群众多说有利于民族团结的话、多做有利于民族团结的事,不断构建和谐民族关系。加强民族团结宣传教育,以“中华民族一家亲,同心共筑中国梦”为主题,开展形式多样、喜闻乐见的民族团结进步教育和实践活动,让“三个离不开”“五个认同”融进血液、植入灵魂。建立健全各民族交往交流交融长效机制,常态开展“民族团结一家亲”、民族团结联谊和“三进两联一交友”活动,让各族干部群众在来来往往、说说唱唱、聚聚聊聊中加深了解、增进感情,推进国家级、自治区级民族团结进步模范单位创建,抓好“十一进”活动,大力实施民族团结好家庭、好邻居、好单元、好巷道、好科室、好班组微创建行动,挖掘评选“民族团结一家亲”典型示范户比例达到20%以上,力争州级民族团结进步模范单位命名率达到70%以上。鼓励支持各民族在居住环境、生产生活、文化教育等各领域主动融入,形成各民族共居、共学、共事、共乐的嵌入式社会结构和社区环境。

(六)围绕建设“生态建设的引领区”,在实现巩留绿色崛起上有新突破。树牢“人与自然生命共同体”意识,践行“绿水青山就是金山银山、冰天雪地也是金山银山”的理念,发挥好生态优势,努力实现巩留绿色崛起。

坚守生态红线底线。实施资源开发总量和强度双管控,严守“三线一单”,严禁“三高”项目进巩留,推进生态环境治理体系和治理能力建设,建立严格的生态环境保护责任制,加强生态环境保护执法力度,严格落实“一票否决”、领导干部离任自然资源审计制度、生态环境损害责任终身追究和赔偿制度,建立起各司其职、权责明确、保障有力、权威高效的生态保障机制。千方百计把生态优势转化为发展优势,在推动低污染、低能耗、高附加值的绿色产业发展上用力,真正把绿水青山转化为金山银山。

加强生态保护建设。科学布局生产空间、生活空间、生态空间,实施山水林田湖草一体化生态保护修复,推进国土绿化、水土流失治理和生物多样性保护,构筑生态安全屏障。因地制宜推广煤改气、煤改电,大力推进燃煤锅炉改造,减少煤炭消费比重。严格落实河湖岸长制,确保河流水库“长治久清”。落实草原生态奖补政策,继续抓好草原禁牧、草畜平衡工作。推进国土绿化工程,完成人工造林333.33公顷,封山育林666.67公顷,森林抚育1000公顷,力争森林覆盖率达到20.4%。

提升全民生态素养。树牢“尊重自然,顺应自然,保护自然,源于自然,依托自然,高于自然”的理念,加强群众生态环境保护宣传教育,着力提升各族群众生态素养。开展创建节约型机关、绿色家庭、绿色学校、绿色社区等行动,动员全社会坚持简约适度、绿色低碳的生产生活方式,自觉做生态环境保护的行动者、示范者,共建天蓝、地绿、水清的美好家园。

四、全面加强党的建设,为巩留稳定发展改革提供坚强政治保障

深入贯彻新时代党的建设总要求,以党的政治建设为统领,推动全面从严治党向纵深推进、向基层延伸,把各级党组织建设得更加坚强有力,为巩留稳定发展改革提供坚强的政治保障。

强化思想政治建设。必须把“不忘初心、牢记使命”作为党的建设的永恒课题和全体党员、干部的终身课题常抓不懈,持续深入学习习近平新时代中国特色社会主义思想、党的十九届四中全会精神、习近平总书记关于新疆工作的重要讲话、重要指示批示精神和新时代党的治疆方略,坚持以党的新理论滋养初心、引领使命,把初心和使命变成锐意进取、开拓创新的精气神和埋头苦干、真抓实干的原动力,切实增强“四个意识”、坚定“四个自信”、做到“两个维护”。严格执行新形势下党内政治生活若干准则,认真落实领导干部双重组织生活、“三会一课”和民主评议党员等制度,深化“5+X+群众工作”主题党日活动,健全民主集中制制度,着力营造风清气正、心齐劲足的良好政治生态。

强化干部队伍建设。严把选人用人关口,坚持“20字”好干部标准和民族地区干部“三个特别”政治标准,突出事业为上、人岗相适、人事相宜,坚决打破按族别性别岗位固化选配干部的“旧规则”,注重在基层一线、斗争前沿、“吃劲”岗位培养选拔干部。健全年轻干部培养、使用、管理工作机制,大力实施干部队伍建设“789”工程,统筹做好少数民族干部、女干部、党外干部培养工作。抓好干部教育培训,发挥党校主渠道作用,搭建多层次培训平台，促进干部提升素质、增强本领，全年举办党员示范班8期1000人次、各类党员干部培训班不少于100期1.4万人次，选派干部到南疆挂职锻炼。坚持严管与厚爱相结合、激励与约束并重，建立健全鼓励激励、容错纠错、能上能下“三项机制”，重用实干者、鼓励创新者、支持改革者、容纠失误者、鞭挞懒惰者、惩戒滋事者，促进干部担当作为。高度重视老干部工作，做好关心下一代工作。大力推进柔性引才、领军人才工作室和人才援疆工作，引导优秀人才向基层流动，让人才集聚在一线、创新在一线、建功在一线。

强化基层组织建设。以强化政治功能和提升组织力为重点，推进抓党建促稳定、促脱贫、促乡村振兴、促宗教和谐，推动基层党组织全面进步、全面过硬。压实“抓乡促村”责任制，完善乡镇党委领导下的中心负责制，做到与村级“一支部五中心”上下贯通、无缝衔接。坚持增加先进支部、提升中间支部、整顿后进支部同步推进，确保“八星级”以上村（社区）保持在35%以上。抓好“访惠聚”工作，持续推动“1+2+5”工作任务落地见效。选优配强第一书记，全面实施“基层骨干培养工程”和“三个一批”头雁工程，持续扩大大学生村干部担任村“两委”正副职比例，大力培养优秀本土干部，着力建设一支优秀的后备干部队伍。强化村级民主建设，严格“四议两公开”制度，持续抓好“三资”清理工作，保障群众和集体经济利益。推进城市基层党建提质增效，完善社区“大党委”运行机制，深化“蝶城在线”应用，抓好社区工作队伍职业化体系建设。开展机关党建质量提升“三年攻坚行动”，践行“三个表率”，建设模范机关。稳步推进新兴组织领域党建工作“两个全覆盖”，深化“百企联百村”“苏—伊”结对共建行动，激发党建促发展活力。提升发展党员质量，清理不合格党员，加强党员教育管理，发挥好党员先锋模范作用。

强化干部队伍作风建设。持续深入开展“转作风、改作风、严作风”活动，健全作风建设工作制度和长效机制，坚决以铁的心、铁的手、铁的腕、铁的拳整治“松、慢、低、怕、差”的问题，推动干部作风持续转变。严格贯彻落实中央八项规定及实施细则精神，大力整治“四风”“四气”及隐形变异问题，加强公车、公房、公务接待管理，严厉查处机关干部不作为、慢作为、乱作为、损害群众利益的问题，切实转作风、正党风、促民风。严格落实基层减负各项措施，进一步精文减会、清理规范督查检查考核，最大限度把基层干部从“文山会海”中解脱出来。强化作风问题监督执纪问责，坚决发现一起、追责一起；常态开展警示教育，加大案件曝光力度，使广大干部时时处处警醒。

强化党风廉政建设和反腐败斗争。坚决落实党风廉政建设“两个责任”和“一岗双责”，坚持一手抓反分裂斗争、一手抓党风廉政建设和反腐败斗争，严格执行廉洁自律准则、纪律处分条例、问责条例，把反腐倡廉工作不断推向深入。加强纪律教育和廉政文化建设，教育引导党员干部知敬畏、存戒惧、守底线。建立健全惩防体系，协调推进纪律监督、监察监督、派驻监督、巡察监督，年内完成巡察工作全覆盖，用好监督执纪“四种形态”，构建不敢腐、不能腐、不想腐的工作机制。强化重大决策部署监督检查，推行重大决策事前、事中和事后全程监督，确保干部安全、资金安全。始终保持惩治腐败高压态势，突出重点消减存量、零容忍遏制增量，坚持有案必查、违纪必究、执纪必严，推动干部清正、政府清廉、政治清明。

全面深化对口支援工作。突出民生援疆、产业援疆、智力援疆，做好“十四五”援疆规划编制工作，重点抓好8289万元的援疆项目建设，确保援疆工作继续干在实处、走在前列。围绕旅游发展、工业经济、招商引资等重点工作，积极牵线搭桥、承接产业转移。加强干部培训交流，深化教育卫生“组团式”援疆，持续帮带巩留提升教育医疗水平。深化村镇结对、富余劳动力转移等帮扶机制，继续深化爱心援疆活动，让港城爱心惠及更多巩留群众。强化服务保障，关心关爱援疆干部人才，为他们扎根巩留、干事创业、施展才华搭建平台。

深化共建发展。驻县兵团、部队、单位、企业与地方要始终树立“一盘棋”思想,坚持维稳共担、团结共融、发展共促。积极推动兵地资源共享、基础设施互通、工业园区共建、干部人才交流等各项工作,形成兵地融合发展的生动局面。深化双拥共建,巩固军政军民鱼水情关系。积极为驻巩企业、单位做好服务,创优投资环境,全力支持他们为巩留稳定发展改革贡献力量。

巩固和发展民主政治。坚持党对一切工作的领导,充分发挥党委总揽全局、协调各方的领导核心作用。坚持国家的一切权力属于人民,支持和保障人大及其常委会依法行使职权,充分发挥好人大代表履行职责、依法监督、桥梁纽带、模范带头的作用。坚持依法行政,支持政府创优服务方式,提高行政效能,创建为民、务实、清廉的服务型政府。坚持民主协商,支持人民政协围绕中心大局献计出力,提高政治协商、民主监督、参政议政水平。加强对统战工作的领导,巩固和发展最广泛的爱国统一战线,充分发挥工青妇等群团组织联系群众的桥梁纽带作用,谋求最大公约数,画出最大同心圆,汇集起团结奋进的浩瀚力量。

新形势孕育新希望,新挑战激发新动力。让我们更加紧密地团结在以习近平同志为核心的党中央周围,在自治区、伊犁州党委的坚强领导下,不忘初心、牢记使命,奋发进取、奋力攻坚,决胜全面建成小康社会,为开创社会稳定和长治久安新局面、打造“生态和美,幸福安康”新巩留而不懈奋斗!

名词解释:

“1+3+3+改革开放”:“1”是社会稳定和长治久安总目标,第一个“3”是打好“三大攻坚战”,即防范化解重大风险、精准脱贫、污染防治;第二个“3”是抓好三个重点工作,即抓好丝绸之路经济带核心区建设、乡村振兴战略、旅游产业发展。

六个伊犁:平安伊犁、畅通伊犁、美丽伊犁、智慧伊犁、健康伊犁、幸福伊犁。

六个区:社会稳定的样板区、生态建设的引领区、民族团结的示范区、对外开放的先导区、经济发展的骨干区、民生改善的先行区。

四环线、三入口、两接合部:“四环线”即国道577线、578线、省道242线为骨干的四条交通环线,“三入口”即东入口(龙口)、北入口(巩尼公路)、西入口(阿克吐别克镇),“两接合部”即乡村与73团接合部、乡村与县城接合部。

两不愁三保障:不愁吃、不愁穿,义务教育、基本医疗、住房安全有保障。

七个一批:通过转移就业扶持一批,通过发展产业扶持一批,过土地清理再分配扶持一批通过转为护边员扶持一批,通过实施生态补偿扶持一批,通过异地扶贫搬迁扶持一批,通过综合社会保障措施兜底一批。

三个加大力度:加大教育扶贫力度,加大健康扶贫力度,加大基础设施建设力度。

十一个专项行动:实施特色产业带动专项行动、实施转移就业专项行动、实施住房建设专项行动、实施生态补偿专项行动、实施教育扶贫专项行动、实施社会保障政策兜底专项行动、实施民生改善专项行动、实施现代文化引领专项行动、实施社会扶贫专项行动、实施援疆扶贫专项行动、实施农村危房改造和环境整治专项行动。

“访惠聚”:访民情、惠民生、聚民心。

“1+2+5”:“1”是维护稳定;“2”是两项重点任务,即脱贫攻坚、群众工作;“5”是五个具体要求,即建强基层组织、落实惠民政策、拓宽致富门路、办好实事好事、壮大党员队伍。

政府工作报告

——巩留县第十七届人民代表大会第五次会议

（2020年1月20日）

一、2019年工作回顾

一年来，巩留县始终坚持以习近平新时代中国特色社会主义思想为指导，坚决贯彻落实新时代党的治疆方略，狠抓自治区“1+3+3+改革开放”工作部署，紧扣伊犁州打造“六个伊犁”美好愿景和“六个区”发展方向，在伊犁州党委政府和县委的坚强领导下，在县人大、政协的监督支持下，巩留县人民政府与全县人民一道，树牢“四个意识”、坚定“四个自信”、做到“两个维护”，全县呈现出社会大局更加安定、改革发展更加均衡、经济运行更加平稳、城乡建设更富魅力、人民生活更加幸福的良好局面。预计全县实现生产总值48.04亿元，增长6%；规模以上工业增加值5.88亿元，增长8%；固定资产投资7亿元，增长12%；一般公共预算收入1.9亿元，减少5.4%；社会消费品零售总额9.11亿元，增长7.5%；城镇、农村居民人均可支配收入分别达29251元、14028元，分别增长7%、8%。一年来，主要做了以下工作：

社会大局持续稳定。“三大攻坚战”成效显著。有效防范化解重大风险，积极稳妥化解存量债务，实现了违规零举债。加强金融风险防控，打击“E租宝”、套路贷等违法违规活动，金融形势保持稳定。精准打好脱贫攻坚战，扶贫政策精准实施，投入扶贫发展资金6210万元，实施了基础设施、产业发展等扶贫项目114个。培训贫困人口6150人次、就业2949人，改善1.02万人用水条件，保障3805户贫困户住房安全，补助教育、医疗惠民资金4843.05万元，实现119户443人稳定脱贫，10个贫困村、3686户13231人脱贫成果得到巩固提升。打好蓝天碧水净土保卫战，成功创建国家生态文明建设示范县。划定公布高污染燃料禁燃区，15家砖瓦厂脱硫除尘设备安装应用，完成10蒸吨及以下燃煤锅炉淘汰工作，优良天数占比96.28%，比去年提升9.6个百分点。河（湖库）长制全面落实，集中式饮用水水源地水质安全达标率100%，工业园区、城镇污水处理厂均达到一级A排放标准。开展农业面源污染防治、地膜应用和残膜污染监测，完成地膜回收76吨，面积1800公顷，畜禽粪污综合利用率达到82%。完成三北人工造林466.67公顷、退耕还林333.33公顷、人工种草1733.33公顷。

“三项重点工作”稳步推进。融入丝绸之路经济带核心区建设，加强与友好城市、对口援疆城市合作，推动了项目、教育、文化、人才等领域交流合作。乡村振兴扎实推进。实施乡村产业振兴，引进景曦、华凌、天蕴三文鱼等农业产业化企业5家，农业科技园区通过自治区验收，培育家庭农牧场57家、专业大户583户，油芍、贝母、制种玉米、苹果等“一村一品”促农增收，阿克塔木村、喀拉巴克村集体经济收入达100万元以上，4个村收入达50万元以上。实施乡村人才振兴，选派科技特派员78人；常态化轮训乡村干部6期630人次，75名优秀村级干部赴井冈山、红旗渠学习培训；新型职业农民集中培训200人次。实施乡村文化振兴，“三馆一站”长期免费开放，放映爱国、民族团结影片524场次、观看4.05万人次；创新“微演出+”，开展“我们的中国梦——文化进万家”、庆祝新中国成立七十周年等各类文化活动百余场次，各族群众品尝了精神文化大餐。实施乡村生态振兴，遴选自治区级示范村16个、县级示范村30个。投入1283万元实施8个自治区级示范村“千村示范”项目，“四环线、三入口、两结合部”环境卫生整治成效明显，完成农村改厕14520座、农村巷道硬化90.2千米、绿化花化459千米245.4公顷。打造了羊场核桃园社区、巴哈拜村2个"森林村庄"。整治违规"大棚房"215个、面积1.296公顷,全部复耕。实施乡村组织振兴,党委领导下的中心负责制、一支部五中心规范运行,调优配强村(社区)第一书记35名,动态调整村(社区)干部202人、"访惠聚"工作队员95人,5个软弱涣散基层党组织集中整顿通过县级评估验收,八星级以上村达28个。旅游产业复苏回暖。编制完成《巩留县全域旅游规划》等4个规划。投资2.3亿元建成了喀普其海、伊力格代等8个游客服务中心,库恰塔环线、吉尔格朗天山渔村、头道湾龙口自驾车营地等项目,带动一批酒店、民宿、农牧家乐消费营业,库尔德宁、野核桃沟景区完成提标改造并恢复营业,县域内景区面向巩留群众免费开放。"三难一不畅"问题有效化解,新建及提标改造旅游厕所26座,停车场13处2000个停车位。宣传推介初显成效,荣获"中国天然氧吧"称号,成功创建冰雪运动中心SSSS滑雪场、蝶湖AAA级景区,雪域圣礼驼乳粉、黑加仑干礼盒在"伊犁礼物"评选中荣获佳绩,库尔德宁杏花专列线路产品说明会在疆内外反响较好。全年接待旅游人数301.25万人次,同比增长53.05%,实现旅游综合收入25.79亿元,同比增长45.44%。

深化改革更具活力。"放管服"改革深入推进,"互联网+政务服务"平台建设全面启动,全县22个单位311项行政许可事项进驻县政务服务中心,进驻率达95.67%,分设司法、运管、人社等7个分中心服务群众和企业。35个党政机构、17个行政职能事业单位改革全面完成,成立了文化旅游、市场监管和农业综合行政执法队伍;监察体制、司法体制、国有农牧场等重点领域改革同步推进。优化了国有资本布局,组建县文旅投、瑞佳健康等公司,助推旅游、医疗等补齐基础设施短板。农村产权制度改革有序推进,3个试点村的690户农户承包地试点经营权证书发放完毕。"三资"清理,清理出集体土地3.57万公顷、核实固定资产1.39亿元。

一二三产业融合发展。农业经济提质增效。支农惠农力度持续加大,种植业结构不断优化,特色玉米、优质林果、中药材、良种畜、冷水鱼等主导产业占比不断增加,一二三产业比重由2018年的33.9%、36.9%、39.2%调整为2019年的25.96%、40%、34.04%,龙头企业带动、土地集中流转、股份合作、订单农业、特色种植养殖、品牌培育、农超商超对接等有利促进农牧业转型升级、带动农牧民持续增收。工业经济趋势向好。编制完成工业园区环评规划,污水处理厂、2千米天然气管道建成投用。开展"企业服务年"专项行动,从用地用工等28个方面优化营商环境,协商下调伊河电力执行电价,减税降费3900万元。招商引资持续用力,编制项目30个,完成招商引资7.13亿元,那拉乳业成人乳粉、宠物乳粉项目投产,众康医药无纺布公司落地建成。三产服务日渐活跃。积极搭建电商平台,全县电子商务经营户达25家,物流寄递企业达15家。建成九龙河物流、九成商贸、汇成商业园。宾馆酒店达18家(星级2家)、农牧家乐200家(星级45家)。星期天巴扎集市、富民市场、骏捷二手车交易市场、机电综合市场等经营日趋规范。

城乡一体化建设步伐加快。完成《巩留县总体规划(2012~2030)》、38个村庄规划修编,将县城5个周边乡镇纳入县城建设范围,中心城区达42平方千米,覆盖10万人。不断巩固"城市双修"成效,实施了蝶湖儿童游乐园、蝶湖退水生态"双湖"和再开西渠生态修复、县城主次干道、背街小巷硬化,完善游园绿地、人行道、公厕等公共服务设施,群众看得见山、望得见水、亲近得了自然。着力推进美丽乡村建设,打造了库尔德宁、阿克吐别克特色小镇,巴哈拜、莫合小镇等文化旅游村,城市绿化覆盖率52.3%,城镇化率达48%。

基础设施日益完善。实施项目106项、资金10.41亿元,建成一批事关长远发展的水利、交通、电力、土地平整、信息基础等项目,新修防渗渠108千米,改善灌溉面积6000公顷,新增高效节水333.33公顷,改善了农业生产条件;建设城乡道路91.31千米、安全生命防护工程335千米;完成69849户表计更换,改造电力线路5.8千米,提升2万多群众用电质量。完成第三次全国国土调查、违建别墅问题清理整治等工作，实施伊犁州直第五批土地整治项目，平整土地1713.33公顷；建设高标准农田133.33公顷。行政村光纤通达率92%，智慧支付推广普及，ETC发展应用工作全面完成。

民生保障成效显著。全年民生支出达14.85亿元，占财政支出的75.6%，有效解决一批热点难点问题。就业增收稳步扩大。扎实开展农牧民（居民）职业能力培训，培养了一批服务经济社会发展的新型职业农牧民、产业工人。实现农村富余劳动力转移4.49万人次、创收3.02亿元，有组织转移就业694人。教育事业均衡发展。积极推进集中办学，完成城南九年一贯制学校、高级中学宿舍楼、薄弱学校改造，调整了涉及3320多名中小学师生的教育布局，学前三年免费教育、义务教育"两免一补"等政策有效落实，9953名学前幼儿、28871名义务段学生实现应入尽入、应免尽免，国家通用语言文字教学全覆盖，率先在全州推行教育集团化办学新模式，义务教育优质均衡发展再上新台阶。促进普通高中和中等职业教育协调发展，本科上线率达72.41%，普职比实现大体相当。健康巩留加快推进。启动人民医院综合病房楼建设。医联体、医共体以点带面"传帮带"作用明显。严格实行药品"零差率""两票制"，农村户籍"先诊疗，后付费"受益群众12889人。第四轮全民健康体检做到应检尽检。严格执行人口与计划生育基本国策，实现违法生育"零发生"，人口出生率、自然增长率分别控制在7.08‰、3.24‰。社会保障扩面提标。城乡居民养老保险参保登记率、基本医疗保险参保率分别达94%、100.41%。累计发放低保、五保、救助等资金5385万元惠及1.89万人，集中供养特困老人132人、孤儿及特殊困境儿童79人，编密织牢困难群众基本生活"保障网"。悬挂烈属、退役军人等家庭光荣牌1820户，发放优抚对象生活补助及抚恤金342万元。安居工程得以保障。完成安居富民381户、牧民定居156户，棚户区改造完成率110%。新开发商品房28.5万平方米。文化事业丰富多彩。"学习强国"平台引领学习新风尚，国家公共文化服务体系示范区创建有序推进、4个乡镇文化站阵地恢复。加大文物保护力度，树立73个文物保护单位保护标志，实施齐那尔古树、古墓群等文化遗产保护修缮。城乡文化体育活动日益丰富，成功举办"森临其境·乐享自然"森林文化旅游季、"冬韵巩留·激情悦动"冬春文化旅游、"壮丽70年·奋斗新时代"系列活动和环湖长跑、高山滑雪邀请赛、冰雪摄影大赛等。成立融媒体中心，深入挖掘中华优秀传统文化价值内涵，开展"春节、端午节"系列主题网络文化宣传活动，开设"中华人民共和国成立七十周年"专栏2个，连续刊播道德模范和身边好人事迹，拍摄《我和我的祖国》《天耀中华》等短视频21部。

对口援疆成果丰硕。第九批33名援疆干部完成使命返苏，总投资2.4亿元的巩留张家港实验学校、城北中小微企业园标准化厂房等7大类50个项目交付使用。累计培养培训人才820多人次，柔性引进紧缺人才134人。两地党政对口交流密切，张家港市10个区镇与巩留12个乡镇（片区党工委、社区）结对，举办两届"新疆巩留风情节"，开设"张家港·巩留之家"旗舰店，为两地架起交流合作新平台。打造"1+1帮1"扶贫机制，结对帮扶800户贫困户全部脱贫。设立运营张家港（巩留）援疆公益关爱基金550万元，从爱心助学、医疗救助、老年关爱等方面救助12类特困群体。

政府建设不断加强。扎实开展"不忘初心、牢记使命"主题教育，推动学习贯彻习近平新时代中国特色社会主义思想入脑入心，达到"理论学习有收获、思想政治受洗礼、干事创业敢担当、为民服务解难题、清正廉洁作表率"的目标，并将主题教育成果转化为政府工作成效。健全依法决策机制，实行政府法律顾问制度，全年召开政府党组会议15次、常务会议11次，研究贯彻落实县委重点工作。"作风整治年"常抓不懈，不断强化行政监察和审计监督，实现扶贫领域专项审计、专项巡察全覆盖，严格落实中央八项规定精神，查处形式主义、官僚主义案件56件62人。落实"基层减负年"举措，政府全年共制发文件39件、召开各类会议22

次,分别同比下降60.6%、37%,实现了为基层干部松绑减负。强化监督落实,自觉接受人大法律监督、政协民主监督,办理人大代表建议65件、政协委员提案76件,办复率100%,办理县长信箱诉求35件。外事、气象、邮政通信、金融保险、工商联、统计、人防、妇女、儿童、老龄、残疾人和红十字会等工作取得新进步。

在肯定成绩的同时,我们也要清醒地认识到发展中还存在不少困难和挑战,主要表现在:一是稳定的基础还不牢固。工作中依然存在麻痹松懈、盲目乐观、被动应付的现象,影响社会稳定和长治久安深层次问题亟待破解,综合治理、社会治理、依法治理、源头治理还需强化。二是贯彻新发展理念还有差距。一二三产融合发展任重道远,农业农村、旅游、项目招商、农牧民就业培训"四大短板"突出,经济基础薄弱、产业结构不够合理,创新驱动不足,营商环境仍需改善。三是民生改善还有差距。巩留县属于典型的"吃饭"财政,公共服务领域供给不足,巩固脱贫成果的压力依然较大,民生领域的投入与人民群众日益增长的美好生活需要之间仍存在悬殊。四是作风建设仍需加强。作风不实仍然是最大的敌人,形式主义、官僚主义还不同程度存在,"河谷意识""牧区思维""冬窝子节奏"顽疾仍需下大力气整治。五是政府职能转变不到位。机构改革重组后,部分政府职能部门运转不畅,部分工作重叠、断档等问题凸显,机关单位工作不讲效率、投资不讲效益、机关不讲效能、办事不讲效果问题依然没有得到彻底整治。我们必定正视差距不气馁,破解难题不懈怠,在今后工作中认真加以解决。

二、2020年工作思路目标

今年,是全面建成小康社会和"十三五"规划的收官之年,是实现第一个百年奋斗目标的关键之年,做好全年各项工作,意义十分重大。县委十一届五次全委(扩大)会议确定的今年工作总体思路是:坚持以习近平新时代中国特色社会主义思想为指导,全面贯彻中共十九大和中共十九届二中、三中、四中全会精神,贯彻落实中央经济工作会议精神,贯彻落实习近平总书记关于新疆工作的重要讲话和指示批示精神,贯彻落实新时代党的治疆方略,贯彻落实自治区党委九届七次、八次全体会议和经济工作会议精神,贯彻落实伊犁州党委工作会议精神,聚焦社会稳定和长治久安总目标,聚力决胜全面建成小康社会,扎实推进治理体系和治理能力现代化,围绕打造"塞外江南"新伊犁,紧扣"六个伊犁"愿景和"六个区"发展方向,奋力开创社会稳定和长治久安新局面、打造"生态和美、幸福安康"新巩留。

目标任务是:社会大局稳定平安水平明显提升,经济保持平稳增长,人民生活水平和质量普遍提高,生产总值增长6%左右,固定资产投资增长7%以上,一般公共预算收入同比增长2%,社会消费品零售总额增长7%,城镇居民人均可支配收入增长7%以上,农村居民人均可支配收入增长7%,发展空间格局和经济结构进一步优化,城镇登记失业率控制在4%以内,人口自然增长率控制在3.4‰以内,贫困人口脱贫质量得到巩固提升,生态环境保持良好,社会文明程度显著提高,治理体系和治理能力现代化取得重大进展。

三、聚焦总目标,聚力新常态,统筹做好稳定发展改革工作

为实现2020年各项目标,主要做好以下十个方面工作。

(一)聚焦总目标,聚力新常态,持续保持社会大局和谐稳定。

(二)聚焦总目标,聚力新常态,持续打好"三大攻坚战"。抓重点、补短板、强弱项,既守住底线,又积极进取,集中力量打赢歼灭战。全力打好防范化解重大风险攻坚战。防范化解债务风险,严守政府债务限额红线底线,把地方政府债券作为政府举债的唯一合法途径,坚决做到违规零举债,逐步化解政府隐形债务。防范化解金融风险,持续深化地方金融监管,规范政府和社会资本合作模式、金融市场交易行为,坚决打击非法集资等违法违规活动。全力打好精准脱贫攻坚战。紧盯"两不愁三保障",坚持"六个精准""四个不摘"要

求、落实“七个一批”“三个加大力度”，强主责补短板。加大脱贫攻坚“冬季攻势”和脱贫攻坚普查工作力度，将扶贫同扶志、扶智结合起来，激发贫困群众内生脱贫动力。实施好产业发展、基础设施、就业技能培训等扶贫项目，确保精准到位。持续做好产业扶贫，以市场为导向，因地制宜发展特色种植养殖、小作坊等，引导鼓励贫困户务工就业，为群众发展生产、增加收入创造条件。高度重视收入水平略高于现行脱贫标准的群众生产生活问题，全面巩固提升10个已退出贫困村和3805户13674名已脱贫人口脱贫成果，确保贫困人口收入稳步增长不返贫，兑现“全面小康路上一个也不能少、共同富裕路上一个也不掉队”的庄严承诺。坚决打好污染防治攻坚战。围绕“生态建设的引领区”，深入践行“绿水青山就是金山银山、冰天雪地也是金山银山”的生态文明理念，严守生态红线底线，全面落实环保“一票否决”制，建设天蓝地绿水清的美丽巩留。持续提升环境治理能力，全力抓好中央环保督察反馈问题整改工作。打好蓝天保卫战，实施煤炭消费总量控制，禁止新建35蒸吨以下燃煤锅炉，确保煤炭消费总量比十二五末下降5%。严格控制秸秆露天焚烧，巩固县城区烟花爆竹禁限放成果，优良天数维持在95%以上。打好碧水保卫战，严格落实河(湖库岸)长制，实施最严格水资源管理制度，做好水源地水质保护工作，确保山口水库水源地水质优良率达到100%。打好净土保卫战，落实耕地保护制度，巩固化肥农药使用量零增长成果，持续开展废弃农膜回收，回收率达80%，畜禽粪污综合利用率力争达到95%以上。统筹山水林田湖草和湿地系统治理，坚决保护好巩留的森林、草原、湿地、野生动植物。加大退耕还林、退牧还草、草畜平衡等力度，推进国土绿化和修复工程，完成人工造林333.33公顷、封山育林666.67公顷、森林抚育1万公顷；落实好草原生态奖补机制，实施水涵养区禁牧2万公顷、一般禁牧6666.67公顷，草畜平衡21.53万公顷。

(三)聚焦总目标，聚力新常态，全力抓好“三项重点工作”。抓好丝绸之路经济带核心区建设融入工作。围绕“对外开放的先导区”，保持战略定力，放大资源优势，做足对内、对外两篇文章。借助丝绸之路交通大动脉建设，积极融入大伊宁“1小时经济圈”，全力推进东联西出、东引西进，争取将巩留建设成伊犁河谷中部重要交通枢纽。提升外向型经济水平，引导康龙粮油、那拉乳业等有实力、信誉好的本土企业“走出去”，扩大进出口贸易规模和水平。促进张家港等省市各类所有制企业和社会资本来巩留投资兴业，合力拓展市场，进一步融入“一带一路”供应链、产业链。

抓好乡村振兴工作。坚持农业现代化和农村现代化一体设计、一并推进，加快补齐农业农村发展短板，推动农业全面升级、农村全面进步、农民全面发展。持续抓好乡村产业振兴。依托自治区级农业科技园区、涉农企业、合作社、致富带头人等，统筹推进现代种养业、特色产业、农产品加工流通业、乡村休闲农业等，推进农业产业化向纵深发展，着力培育一批有示范带动作用的农业新型经营主体。持续抓好乡村人才振兴。建立科学人才培养体系，搭建多层次交往交流交融平台，多渠道引进农业技术人才，加大乡村两级干部学历提升，积极鼓励各类人才返乡下乡创业创新。壮大新型职业农牧民队伍，大力培养“土专家”“田秀才”，年内培育新型职业农民200人以上。持续抓好乡村文化振兴。加快构建现代文化服务体系，抓好基层综合性文化服务中心建设，持续推进农家书屋、东风工程，大力开展“文化、科技、卫生、法律”四下乡，满足乡村开展群众性文化生活需求。发挥好文化对文明乡风的引领作用，广泛开展“传家训、立家规、扬家风”活动，培育文明乡风、良好家风、淳朴民风。持续抓好乡村生态振兴。开展农村人居环境整治，推进自治区级“百村示范、千村整治”示范村建设，动员群众开展房前屋后种树种花，做好“院内院外六件事”，持续推进“厕所革命”，农村改厕4502个，自治区级示范村卫生厕所覆盖率达到90%，一般村达到40%，打造沙尔乌泽克村、东买里村2个“森林村庄”。持续抓好乡村组织振兴。推动乡镇党委领导下的中心负责制与村

(社区)“五大中心”无缝衔接、上下贯通。巩固提升8个软弱涣散党组织整顿成果,确保稳定脱帽。实施“头雁”培养工程,优化配强村队“第一书记”、支部书记,全面提升乡村两级干部整体素质。壮大村集体经济,力争50万元村、100万元村数量有突破,八星级以上村党支部达到35%以上。

补齐旅游产业短板。落实《自治州党委改革委库尔德宁景区体制机制改革方案》,着力理顺景区管理体制机制。坚持规划先行,以大库尔德宁为统领,完成《野核桃沟保护区生态旅游规划》《库尔德宁自然保护区生态旅游规划》评审。按照《全域旅游规划》,重点打造“一个基地、两个中心、三条景观廊道、五大景区、若干风情小镇、九个组团板块”。着力塑造品牌,打响“世界遗产·康养巩留”品牌,推进巩留县康养旅游试点工作,申报中国气候康养县、自治区全域旅游示范区;实施大库尔德宁AAAAA级景区,恰西—塔里木AAAA级景区,伊力格代、莫合小镇田园综合体、巴哈拜生态富芍基地AAA级景区创建工作;提升蝶湖AAA级景区品质,打造“中国画家村”。完善旅游设施,启用库尔德宁、喀普其海等游客服务中心;全面贯通库尔德宁—恰西—塔里木环线,与喀拉峻、那拉提、巴音布鲁克形成天山最美世遗风景廊道,打造“快行慢游”旅游交通体系;实施蝶湖景区青少年生态科普基地和文化馆项目,着力完善大库尔德宁、野核桃沟、伊力格代等景区的景观景点;补齐各景区及旅游道路沿线公厕、停车场、加油站短板,建立巩留旅游大数据中心,实现涉旅场所通信信号、免费Wi-Fi全覆盖,有效化解“三难一不畅”问题,将巩留打造成伊犁河谷东部游客集散基地,逐步把“绿水青山”发展为“金山银山”。丰富旅游业态,实施“旅游+”战略,有机融合旅游与农业、工业、文化、医疗等相关产业,大力发展生态观光、休闲度假、户外探险、冰雪运动、康养健身、养老服务等旅游;围绕大库尔德宁景区、蝶湖景区,依托阿克吐别克拉克小镇、库尔德宁贝母小镇、莫合小镇田园综合体、吉尔格朗天山渔村、头道湾村龙口自驾车营地、巴哈拜村、伊力格代村、大营盘村等特色村镇,鼓励发展乡村旅游、生态田园、星级民宿、农(牧渔)家乐,开发巩留风味的中药膳食、冷水鱼、拉克美食,打造别具风格的老城区、蝶湖片区夜市,购物广场、文化演艺等,发展假日和夜间经济,实现全时游,促进旅游消费。做实旅游服务,出台促进巩留旅游产业发展激励措施,设立旅游发展基金,引导社会力量、社会资本参与巩留旅游开发建设服务。加强旅行社、导游、宾馆酒店、民宿、餐饮、汽车租赁等旅游从业人员培训,人人当好巩留旅游形象代言人。强化涉旅领域执法检查,促进旅游业规范运营和管理。开发包装“巩留礼物”旅游纪念品,推进旅游商品品牌化经营和产业化发展。策划打造天山森林康养自驾游、喀拉峻—库尔德宁—巴音布鲁克世界遗产电力天路、林海穿越户外探险等精品线路。推动智慧旅游建设,与携程、美团、同城艺龙、新疆票务等开展合作,拓宽旅游推介销售渠道,实现一部手机游巩留。加大旅游推介,精心举办冬春文化旅游系列活动、森林文化旅游节等节庆活动,借助“两微一抖”等多角度宣传推介巩留,包装宣传“网红景点”,提升知名度、美誉度,争取旅游人数、综合收入均增长30%以上。

(四)聚焦总目标,聚力新常态,稳妥推进重点领域改革。深化“放管服”改革,优化营商环境,进一步放宽市场准入,再压减行政许可事项,继续推进“证照分离”,加大工程建设项目审批制度改革力度,加强社会信用体系建设。推进“互联网+”与各领域各项工作深度融合,推动100项以上高频政务服务事项实现“一网通办”。完成政务服务中心升级改造,开展“只进一扇门,最多跑一次”便民利企政务服务;建立政务服务“好差评”制度,提升工作效能和服务水平。深化国资国企改革,继续完善23个国有企业法人治理结构和现代企业制度,提升国有企业市场竞争力和市场化融资实力。做好事业单位分类改革,综合执法机构年内全部挂牌。稳步深化教育、卫生、三资清理、国有农牧场、土地管理制度和投融资体制等各项改革任务。

（五）聚焦总目标，聚力新常态，深入贯彻新发展理念。始终坚持稳中求进总基调，持续释放稳定红利，围绕“经济发展的骨干区”，落实好“巩固、增强、提升、畅通”方针，推动高质量发展实现新突破。

坚持一产上水平。加快发展粮经饲统筹、种养加一体、农牧渔结合的现代农业，促进农业结构不断优化升级。用工业化思维谋划农业。科学谋篇布局，盘活优势资源，重点打造“三带、一药谷、一水产基地、若干生态养殖区”。打造“三带”是：以巩留西翼平原区为主，打造南岸大渠南侧6666.67公顷特色林果带，抓好项目包装，以土地入股方式，招引林果企业分块分步实施；打造伊犁河南岸6666.67公顷滨河观光带，在符合环保要求前提下，布点建设滨水娱乐、观光旅游、休闲渔业于一体的田园综合体；打造中部区域6666.67公顷高效作物带，在稳定粮食产能基础上，以“龙头企业+合作社十基地+农户”模式，推动土地规模化、集约化、高效化经营，年内高效作物面积达到3333.33公顷以上。“一药谷”是：以巩留东翼山区为主，打造“天山药谷”，充分利用得天独厚的“黑土地”资源，建设天山伊贝、天山雪莲、天山羊肚菌基地，扩大黄芪、金银花、胆南星、铁线草等种植规模，发展黑加仑、马林等作物，年内中草药、药膳保健类作物种植面积达到2666.67公顷以上。一水产基地是：以喀普其海、伊河流域为主，打造全疆最大的冷水鱼基地，加快推进“三文鱼”项目，支持伊河鲟业扩大养殖规模，扶持壮大泉水蟹养殖，推动渔业大发展。若干生态养殖区是：依托西天山27.6万公顷天然草场，以草原规模养殖、农区合作社养殖为主，庭院养殖为辅，打造若干生态养殖区，重点发展优质有机肉牛、肉羊和马产业，扩大骆驼、草原鸡、蜜蜂等特色养殖规模。用产业化方式经营农业。培育和引进龙头企业，以市场牵龙头、龙头带基地、基地连农户，逐步打造产加销一条龙、贸工农一体化的农产品精深加工全产业链条，做大做强“特色玉米、优质林果、绿色粮油、中药材、良种畜、冷水鱼”等特色主导产业，实现订单种植6666.67公顷以上，有机牛羊肉、乳制品产量达到3300吨以上；年内培育自治区龙头企业1家（天福润）、州级2家（欣嘉药业、那拉乳业）。鼓励企业、个体工商户延伸开发肉制品、乳制品、休闲食品、土特产品、旅游小食品，有效拓展农产品增值空间。用市场化手段运作农业。坚持以市场为导向，打好“绿色、有机”牌，积极引导天福润、九河谷、那拉乳业等“专精特新”小微企业上规模、创品牌，让更多的产品纳入伊犁公共品牌和“十大全产业链”。加强疆内农产品收购网和疆外销售网建设，开展农超、农企、农社、农校等对接及农产品展销活动，深入推广“巩留采购联盟+第三方服务商+张家港销售联盟”合作模式，提升“北纬43°”销售品牌价值。实施品牌富民工程，扩大“三香红”苹果、“天畔”糯玉米、“原野”核桃等农业品牌知名度，稳步推进“两品一标”认证，年内认证绿色农产品4个。用高新技术装备农业。实施创新驱动发展战略，以自治区级农业科技园区为标杆，加强与农业科研院所、大中院校、现代化农业企业技术合作，试种新品种，推广良种、良法、良技，逐步将示范园打造为农技人员实训基地、产业发展带动基地、新型农民培训基地。加快深松整地机械、智能导航播种、无人机飞防技术、秸秆饲草打包粉碎、中药材采挖等新型高效农机具和智能农机设备引进推广应用，提高主要农作物全程机械化覆盖面。用非农化富裕农民。围绕促进农民增收、提升农民素质，优化整合职高、农机校、农广校、畜牧学校等资源，统筹优秀人才建立师资库，全覆盖开展农牧民实用技术培训。引导农牧民摆脱土地草场依赖，向一产产业链和二三产业转移，实现农村富余劳动力转移就业4.4万人次，向疆内外企业有组织转移城乡劳动力500人以上。用城镇化繁荣农村。持续推进乡村治理，优化配置城乡公共服务资源，鼓励农村人口进城落户，加快城镇基础设施向农村延伸、公共服务向农村覆盖、社会事业向农村普及、现代文明向农村传播，逐步形成田园乡村与现代城镇各具特色、交相辉映的城乡发展形态。

坚持二产抓重点。完成工业园区总体规划、

产业规划、环评规划评审,投资完善工业园区道路、供排水、供热管网等基础设施建设,储备工业用地220公顷以上,提高园区承载力。深入推进与兵团金岗工业园区在基础设施、招商引资、项目建设、产业布局等方面的合作,探索与特克斯县共建巩留工业园区的飞地项目利益分享机制,推动产业聚集、要素集约、企业集中。大力支持民营经济发展,继续深化“企业服务年”行动,落实领导干部联系民营企业制度,践行优化营商环境“十大行动”方案,全力支持嘉格森三期、晶维克三期、欣嘉明远二期、那拉乳业婴幼儿配方乳粉等重点项目生产建设,盘活阿勒玛、优博服装等僵尸企业,大力推进华凌、天蕴三文鱼、景曦林业等重大项目顺利实施,重点跟踪国投盛元工业硅生产线、20万吨纳米级微硅粉及科研基地项目、恒运微硅粉加工硅球、上海西域盛元1万吨精密冷轧带、昆山5万吨湿法(铵盐)体系电积金属锌、上海津台伊河鲟业鱼子酱、南通万豪600吨食品级干酪素生产项目,力争落地开工建设。大力发展实体经济,推进“个转企、企升规”,加快康龙粮油、环美有机肥、瑞龙制药等企业入规步伐。发展劳动密集型产业,依托城北工业园,辐射带动乡村民生坊、扶贫车间等发展,实现就业500人以上。抓好招商引资,完善招商项目库;出台招商引资奖励办法,激发招商热情;成立企业服务中心,优化营商环境,力争年内实现到位资金6亿元以上。

坚持三产大发展。依靠市场机制和现代科技创新,借助知名电商大公共平台,加快推动商贸物流、电子商务、信息通信等生产性服务业发展;合理布局多样化的育幼养老、住宿餐饮、康养休闲、家政快递、教育培训等生活性服务业。引导市场划行规市,建成德辉二手车汽车交易市场、冷链物流生态产业园,确保各类专业市场经营有序,形成布局合理、功能完善、业态多元、管理规范的现代服务业发展格局。

强化财税金融工作。坚持依法治税,大力培植财源,增强财政能力。积极争取债券资金和上级转移支付资金,有效盘活国有资产,缓解财政支出压力。牢固树立过紧日子的思想,按照10%比例缩减“三公经费”及一般性支出,全力保稳定、保工资、保运转、保基本民生、保重点项目。大力支持银行、保险等机构的发展,促进金融有效服务实体经济。

(六)聚焦总目标,聚力新常态,加快城乡发展一体化示范区建设。坚持“富规划、穷建设、留白未来”的理念,统筹划定“生态保护红线、永久基本农田、城镇开发边界”三条控制线,加快推进“多规合一”,编制巩留县国土空间规划,完善提升城镇规划体系,保护好天际线、山脊线、水岸线、绿地线。巩固“城市双修”,提升城市品质,实施好农村垃圾处理、再开西渠生态修复工程、棚户区改造等项目,继续完善县城道路、停车场、绿化、亮化、供排水、供热、供气等市政基础设施建设;突出“水韵巩留”形象,将蝶湖景区打造成景城融合发展示范点,启动黑水渠、北支干渠生态恢复工作,不断增强城市承载力。深入推进国家卫生县城创建,强化城市管理,加强城市执法大队、环卫队、青培中心园林服务队“三支队伍”建设,综合整治城市“牛皮癣”、城区户外广告等“城市病”,试点住宅小区生活垃圾分类投放,打造宜居宜业宜游宜养县城。以城带乡、以乡促城,推动县城中心区、阿克吐别克镇农工旅融合发展区、“大库尔德宁”景区旅游特色村镇建设。

(七)聚焦总目标,聚力新常态,着力推进基础设施建设。围绕国家、自治区支持新疆发展的产业政策和投资导向,做好“十三五”规划实施效果评估,论证储备“十四五”项目353项112.6亿元,争取一批重点项目进入国家、自治区规划大盘子。积极对接跑办,争取中央基建、政府专项债券资金,力保一批事关全局、长远发展的项目落地实施,全年新建续建项目100个以上,完成投资11亿元以上。交通方面。巩固提升“四好农村路全国示范县”成果,总投资14.8亿元打造“畅通巩留”,力争国道578线建成通车,对接争取省道242、省道341线复工;争取2020年中央车购税项目建设农村道路、安全生命防护工程;协助推进省道330线(那拉提—库尔德宁—喀拉峻）、伊宁—阿克苏铁路（巩留段）前期工作，持续改善群众出行条件。水利方面。争取5.1亿元实施好阿克加孜克沟小流域水土保持综合治理、农村安全饮水养护、山洪灾害治理、吉尔格朗农村饮水水源工程等项目，争取团结跃进灌区续建配套与节水改造、城乡一体化供水、团结干渠防渗等一批水利工程，改善生产生活用水条件。城乡基础方面。总投资1.6亿元实施好集中供热第二热源、城西污水处理厂；完善库尔德宁镇10万立方米和塔斯托别乡20万立方米的生活垃圾厂建设项目，力争农村生活垃圾治理全覆盖，城镇生活垃圾无害化处理率达到100%。土地整理方面。总投资7600万元提质改造耕地指标储备库耕地2000公顷，建设高标准农田1333.33公顷，提高土地产出率；投资1300万元实施库尔德宁镇喀班巴依街、阿拉尔村等3个地质灾害防治工程，提升地质灾害防治水平。电力方面。总投资1.59亿元实施巩留—喀拉峻Ⅱ回220千伏变电站建设，扩建大营盘110千伏变电站（二期），工业园区220千伏输变电工程，南岸干渠110千伏输变电技改工程，新建改造10千伏、0.4千伏线路配网，提升居民用电质量。信息产业方面。融入“智慧伊犁”建设，继续拓宽4G网络和光纤覆盖面。积极推进5G网络试点，完成5G基站规划布局，实现重点区域5G网络覆盖。

（八）聚焦总目标，聚力新常态，保障和改善民生。围绕“民生改善的先行区”，对标民生热点重点难点，持续加大投入力度，着力提高民生保障水平，使人民获得感、幸福感、安全感更加充实、更有保障、更可持续。

突出抓好就业创业。大力发展实体经济特别是主导产业，做好就业与创业的结合工作，把返乡创业与“双招双引”结合起来，与乡村振兴、全域旅游结合起来，提供更多更好的就业岗位。精准摸排、及时更新自治区城乡劳动力培训就业一体化信息管理平台，突出抓好高校毕业生、退役军人、城乡富余劳动力、困难群体等稳定就业，努力实现多元化就业。大力开展职业技能培训，扎实开展校企合作、订单培训，把国家通用语言文字、感恩教育、法律法规、民族团结等内容纳入岗前培训，培育更多适应发展需要的新型劳动者、产业工人，实现农牧民群众人人有技能、个个有岗位、户户有家业、家家有钱挣。年内力争实现城镇新增就业3600人，新培育创业就业孵化基地（中心）1个，新开发就业岗位2900个。不断建立健全保障农民工工资支付工作机制，开辟农民工工资维权“绿色通道”，强化欠薪失信联合惩戒。

优先发展教育事业。深入学习贯彻习近平总书记在思想政治理论课教师座谈会上的讲话精神，坚持党对教育工作的全面领导，为党育人、为国育才。积极推进集中办学，争取新建城西九年一贯制学校，实施乡村小规模学校和寄宿制学校建设，改造各中小学、幼儿园软硬件设施，持续改善办学条件，优化教育资源配置。把国家通用语言文字教学贯穿学校教育始终，确保到2020年少数民族学生基本掌握和使用国家通用语言文字。扩大普惠性幼儿园覆盖面，提升保教质量。发挥5个试点先行集团化办学的引领作用，在学校管理文化、优质师资、办学品牌、教育教学质量上有质的提升。加大“控辍保学”力度，确保2020年全县小学入学率达100%、巩固率达98.5%，初中阶段毛入学率达100%、巩固率达100%，确保顺利通过自治区对巩留县义务教育均衡发展巩固提高复验。全面普及高中阶段教育，有序推进普通高中实施新课程、使用新教材，力争高中阶段毛入学率达到92.5%，本科上线率保持在70%以上。推进普通高中教育和中等职业教育协调发展，积极探索校企合作、半工半读的办学之路，不断提升就业率。持续加大教师招聘补充交流力度，严格清理规范与中小学教育教学无关事项，加强学科类校外培训机构监管，减轻过重学业负担。

加快建设健康巩留。争取建成人民医院综合病房楼，持续推进乡镇卫生院、村队卫生室标准化工作，健全覆盖城乡居民的基本医疗体系。持续深化医药卫生体制改革，推行公立医院薪酬制度改革，大力推进医联体、医共体建设全覆盖，形成县带乡、乡带村“三位一体”医疗服务格局。重点开展“优质服务基层行”活动,逐步探索个性化签约服务和有偿签约服务方式。持续加强公共卫生和重大疫病防控。鼓励社会广泛参与3岁以下托育工作。高质量完成第五轮全民健康体检,打造结核病分级诊疗和综合防治服务试点,加大重大传染病、地方病、职业病防治救治力度,提高高血压、糖尿病等慢性病的早期发现率,推进疾病治疗向健康管理转变。落实计划生育基本国策,确保违法生育“零发生”,人口出生率控制在8.5‰以内。加强食品药品监管,确保百姓饮食用药安全。

着力兜牢民生底线。全面实施“全民参保计划”,城乡居民养老保险参保登记率达到就业人口的95%,基本医疗保险参保率达95%以上,贫困人口100%参保。健全完善社会救助、慈善事业、优抚安置等措施,织密织牢社会救助网。争取老年公寓项目,推进“五保户”和孤儿“双集中”工作,落实好残疾儿童基本康复服务,保障残疾人和妇女儿童合法权益。做好殡葬服务中心管理,持续加强“三沿五区”墓地的统计和检查整治。

持续改善居住条件。加快建立多主体供给、多渠道保障、租购并举的住房制度,分步骤推进老旧小区改造和保障性住房配套设施建设,完成棚户区改造240户、牧民定居51户、安居富民810户。促进房地产市场健康稳定发展,开发房地产20.77万平方米,城镇住宅物业覆盖率达到60%。

大力繁荣文化事业。大力健全现代公共文化服务体系,改造图书馆、文化馆,健全公共文化设施服务功能。推进县融媒体中心建设,抓好县乡村三级“新时代文明中心实践站所”建设工作。持续开展第十九个公民道德建设月、“我们的节日”主题活动、“我推荐我评议最美新疆人”网络评议活动,选树最美巩留人、身边好人、道德模范等,唱响昂扬向上正气歌。办好“百日文化广场”、红歌大赛等活动,推出“康养巩留·秀美蝶城”、中国天然氧吧全新文化品牌。发展体育事业,争取建设巩留县标准足球场,举办恰塔环线自行车越野赛等体育赛事,推进全民健身运动。抓好文化艺术精品创作,重点打磨一批反映历史人文特色、讴歌新时代、展现小康社会美好面貌的优秀文艺作品。

(九)聚焦总目标,聚力新常态,开创援疆兵地军地新局面。对口援疆是国家战略,是实现新疆社会稳定和长治久安总目标的重要举措,我们要认真做好第10批张家港援疆干部压茬交接工作,实施好总投资8289万元,涉及促进就业、教育、改善民生、推进产业发展等9大类21项援疆项目。充分发挥援疆干部人才“桥梁纽带”和“传帮带”作用,构建全方位、多层次、宽领域的援疆工作新格局。用足用好援疆资源,关心关爱援疆干部,积极支持他们更好地开展工作、发挥作用。支持兵团发展和驻县企业发展,是政府义不容辞的重要职责,我们要牢固树立“兵地一盘棋”的思想,坚持维稳共担、团结共融、发展共促、生态共创,推进兵地融合发展。积极为驻县企业、单位做好服务,创优投资发展、干事创业的环境,全力支持他们为巩留的稳定发展改革贡献力量。驻县部队是捍卫社会安宁的重要保障,我们要认真做好新时代退役军人服务管理工作,深化双拥共建活动,促进军民共建发展,争取建设烈士陵园,巩固发展同呼吸、共命运、心连心的军政军民关系。

(十)聚焦总目标,聚力新常态,强化政府自身建设。新时代、新征程,必须有新气象、新作为。政府党组一班人始终坚持在上级党委政府和县委的坚强领导下,驰而不息加强政府自身建设,着力打造人民满意的政府。

全面坚持党的领导。自觉用习近平新时代中国特色社会主义思想武装头脑、指导实践、推动工作,进一步增强“四个意识”,坚定“四个自信”,做到“两个维护”。政府党组带头做到对党绝对忠诚,充分发挥政府一套班子抓发展作用,强化政府系统主责主业意识,不折不扣地落实好县委决策部署。

巩固主题教育成果。推进“不忘初心、牢记使命”主题教育制度化、常态化,深入学习贯彻习近平新时代中国特色社会主义思想、新时代党的治疆方略,坚持在对标“守初心、找差距、担使命、抓落实”上狠下功夫，努力将主题教育成效转化为谋工作的思路、促工作的措施、干工作的本领。

全面推进依法行政。坚持和完善中国特色社会主义制度、推进国家治理体系和治理能力现代化，不断强化法治思维，严格依法办事，把依法行政贯穿于政府工作全过程。完善政府法律顾问工作机制，健全政府部门协调配合机制，及时回应和解决社会关切的问题，让行政权力在阳光下运行。

建设清廉高效政府。严格履行党风廉政建设主体责任，持续转变干部作风，刚性落实中央八项规定精神，加大基层减负力度，大力整治形式主义、官僚主义，重点解决干部“松、慢、低、怕、差”的问题，对懒政怠政、不作为、乱作为的行为严肃问责。加强行政监察、审计监督、群众监督，营造风清气正政治生态。

使命呼唤担当，使命引领未来，让我们更加紧密地团结在以习近平同志为核心的党中央周围，高举习近平新时代中国特色社会主义思想伟大旗帜，在县委的坚强领导下，不忘初心、牢记使命、担当作为、笃定前行，雷厉风行地干、争分夺秒地干、精益求精地干、争创一流地干，坚决打好“十三五”规划收官战，坚决打赢脱贫攻坚战，决胜全面建成小康社会，为加快建设“生态和美、幸福安康”新巩留不懈奋斗！

聚焦总目标 决胜全面小康 决战脱贫攻坚 全力推进巩留纪检监察工作新突破

——巩留县2020年度纪检监察工作会议报告

(2020年4月1日)

这次会议的主要任务是:坚持以习近平新时代中国特色社会主义思想为指导,深入贯彻落实中共十九大和中共十九届二中、三中、四中全会精神,贯彻落实中共十九届中央纪委四次全会精神,贯彻落实习近平总书记关于新疆工作的重要讲话和重要指示批示精神,贯彻落实自治区纪委九届五次全会、伊犁州党委和伊犁州纪委工作会议部署,聚焦新时代党的治疆方略、特别是社会稳定和长治久安总目标,回顾2019年工作,部署2020年任务。

伊犁州党委组织部常务副部长焦晓凡同志出席会议并讲话,围绕学习贯彻中共十九届中央纪委四次全会、自治区纪委九届五次全会和伊犁州纪检监察工作会议精神,对全县聚焦总目标、统筹疫情防控和脱贫攻坚、经济社会发展,推进全面从严治党、深化党风廉政建设和反腐败斗争进行了全面的安排部署,目标明确,措施有力,我们要认真学习领会,并抓好贯彻落实。

一、2019年工作回顾

2019年,在以习近平同志为核心的党中央正确指引下,在自治区、伊犁州纪委监委和县委坚强领导下,全县各级纪检监察机关增强"四个意识"、坚定"四个自信"、做到"两个维护",一以贯之学习贯彻习近平新时代中国特色社会主义思想,一以贯之督促党员干部坚定践行"两个维护",一以贯之贯彻落实全面从严治党的方针和要求,聚焦落实新时代党的治疆方略、特别是社会稳定和长治久安总目标,坚持稳中求进,突出主责主业,巩固发展维护反分裂斗争纪律重要阶段性成果和反腐败斗争压倒性胜利,纪检监察工作稳中有进、稳中提质,取得了新的成效。

(一)深入学习贯彻习近平新时代中国特色社会主义思想,强化初心使命担当。坚持把学习贯彻习近平新时代中国特色社会主义思想作为首要政治任务,县纪委理论中心组开展集体学习12次,深入学习贯彻中共十九届四中全会精神和习近平总书记重要讲话、指示批示精神;坚定"四个意识",做到"两个维护",充分发挥理论中心组学习示范引领作用,常态化开展政治理论学习,着力在学懂弄通做实上下功夫,切实提高思想认识和理论水平;扎实开展"不忘初心、牢记使命"主题教育,班子带头、全员参与,聚力纪检监察工作,积极统筹7项专项整治任务,办好2件为民实事好事,激扬履职尽责的"精气神"。

(二)严明政治纪律和反分裂斗争纪律,"两个维护"更加自觉。坚持把落实"两个维护"作为纪检监察工作的"纲"和"魂",汇集纪律监督、监察监督、派驻监督、巡察监督合力,常态化加强对执行党章党规党纪、落实党中央重大决策部署和习近平总书记重要指示批示精神情况的监督检查。

(三)持续聚焦群众身边的"微腐败"和"四风问题",作风建设再深再严。加大对群众身边腐败和作风问题的监督执纪问责力度,积极开展扶贫领域、民生领域专项治理,查处损害群众利益案件63件,给予党纪政务处分19人,组织处理44人;深挖彻查扶贫领域案件线索,查处55件55人,给予党纪政务处分18人,组织处理37人。投入53万元新建巩留县廉政警示教育基地,通过观看警示教育片，以案说纪教育警示身边人，受教育人数达3000多人；专题学习党规党纪及党风廉政专题知识65次；组织全县副科级以上党员领导干部600多人观看警示教育片；组织56名县处级领导、560名科级领导干部进行德廉知识测试，建立和完善全县各级领导干部的廉政档案，健全党内谈心谈话和约谈提醒机制，对99名新任职领导干部进行集体廉政谈话。扎实开展第21个党风廉政教育月活动，开展以案促改5次，受教育1080人，引导党员干部筑牢防线、守住底线、不碰红线。

（四）细化日常监督，让监督执纪更加精准。利用纪律监督、派驻监督和巡察监督进一步扩大日常监督覆盖面，坚持抓重要节点、抓重点人群，通过受理信访举报、列席民主生活会、建立廉政档案等形式开展常态化监督。深入整治形式主义、官僚主义，通过下发通知、节前约谈部门负责人等，督促压实主体责任，强化明察暗访。

（五）坚持问题导向，强化巡察监督效果。坚守政治巡察定位，全年完成二轮对21个党组织常规巡察和3个党组织“回头看”，发现各类问题374个，问题线索79条，立案审查8件，给予组织处理2人，党政纪处分1人。扎实做好“后半篇文章”，对前七轮被巡察的136个党组织整改落实情况进行督查，对5个整改责任落实不力的党组织负责人进行约谈，进一步传导压力、压实整改责任。

（六）稳步推进国家监察体制改革，不断完善纪检监察派驻（派出）机构职能。严格落实双重领导体制，重点工作、重要案件、重大事项及时请示报告，推动“两为主一报告”落实见效。积极履行协助职责，牵头制定“两个责任”清单和运用“第一种形态”具体规范，加大监督考核力度，推动管党治党责任不断落实落细。通过制定《巩留县纪律检查委员会监察委员会派驻（派出）机构职能配置、内设机构和人员编制规定》，不断调整优化派驻机构设置、职能权限配置和人员编制等配备情况，进一步明确职责定位，提升监督执纪效果。设立派驻纪检组6个，派出纪工委1个，监督县直机关单位55个；派驻机构人员已到位40人，到位率61.5%。

（七）突出主责主业，用好问责利器。深化运用“四种形态”，不断提高执纪标准和运用政策的能力，坚持激励与约束并重、严管与厚爱结合，严格落实容错纠错机制，实现惩前毖后、治病救人。

（八）多措并举深化标本兼治，提升审查调查质量安全。坚守审查调查关口，切实提高办案质量，严格执行监察法和监督执纪规则，落实各项监督审查制度，细化审查调查工作流程，把好案件“四关”，层层压实案件办理责任。严把办案程序关，切实保障办案安全。严格落实“走读式”谈话“六必知”等要求，谈话前后对被谈话人及时进行心理疏导，并做好被谈话人“手递手”交接等工作。全年开展“走读式”谈话382人次，实现办案安全“零事故”。

（九）坚持刀刃向内，锻造政治本领过硬的纪律“铁军”。落实中央、自治区、伊犁州纪委“打铁必须自身硬”的工作要求。持续推进“周一晨学”常态化，坚持每周集中学习不少于2小时，不断夯实纪检监察干部思想理论基础。通过组织开展封闭式培训、岗位大练兵、业务大比武、实战练兵等活动，多角度、全方位学习锻炼干部，有效实现纪法贯通和法法衔接，充分发挥实战演练对监督执纪问责工作的带动促进作用。举办纪检监察干部培训班2期，培训干部190人次。举办“大练兵及大培训”40场，纪检业务知识竞赛6场，“案例教学”演练5次。

成绩值得肯定，成绩来之不易。这些成绩的取得，离不开以习近平同志为核心的党中央领航掌舵，离不开习近平新时代中国特色社会主义思想的科学指引，离不开伊犁州纪委监委和县委的正确领导、关心指导，离不开县直各级党组织的主动担当、敢于作为，离不开各族干部群众的充分信任和鼎力支持，更离不开全县纪检监察干部的辛勤付出和无私奉献。特别是年初以来突如其来的新冠肺炎疫情，全县纪检干部以实际行动践行“两个维护”，为打赢疫情防控的人民战争、总体战、阻击战提供了坚强保障，个别纪检干部现在仍坚守在隔离点,用行动诠释了纪检干部的忠诚担当。

二、形势任务和总体思路

2020年是全面建成小康社会和“十三五”规划收官之年,是决战决胜脱贫攻坚历史任务之年,也是贯彻落实中共十九届四中全会精神开局之年,注定是极不平凡、极为关键之年,纪检监察工作面临新挑战新考验,我们务必以坚如磐石的信心、坚定如铁的定力,深思细谋、砥砺奋进。

全面从严治党永远在路上,反腐败斗争没有休止符。巩留县党风廉政建设、反分裂和反腐败斗争形势充分说明了这一点。反腐败任重道远,一些党员干部信仰缺失、律己不严,权力观扭曲、价值观错位,对党和人民、权力和责任、党纪和国法不敬畏,高压态势下仍然顶风违纪,不知止不收敛不收手。作风顽疾根深蒂固,在整治作风持续加压之下,违反中央八项规定精神、形式主义官僚主义问题依然存在,漠视和侵害群众利益问题仍然多发,特别是疫情防控中暴露出的学习不够、研究不够、担当不够、作为不够等作风问题十分突出。纪检工作存在短板,履行“协助”职责还有欠缺,主体责任落实“上热、中温、下冷”问题尚未全面解决;履行监督责任创新不足,对履行监督第一职责内涵范围、方法途径把握不深;“三项改革”还需深化,派驻纪检监察工作尚未全面推开,制度优势转化为治理效能还有差距。自身建设还有弱项,一些纪检监察干部,特别是乡镇纪检干部政治业务素质、履职尽责能力、自我革命精神不足。这些问题,我们要清醒认识、高度重视、切实解决。

今年工作的总体思路是:高举习近平新时代中国特色社会主义思想伟大旗帜,全面贯彻中共十九大和中共十九届二中、三中、四中全会精神,按照中共十九届中央纪委四次全会、自治区纪委九届五次全会、伊犁州党委工作会议和县委十一届五次全委(扩大)会议精神,增强“四个意识”、坚定“四个自信”、做到“两个维护”,聚焦落实总目标,坚持稳中求进总基调,协助县委深化全面从严治党,围绕坚持和完善党和国家监督体系、强化对权力运行的制约和监督、一体推进“不敢腐、不能腐、不想腐”,以纪律保障提速、日常监督提效、审查调查提质、治理效能提升、能力素质提高为主攻点,在推进县域治理现代化中充分发挥监督保障执行、促进完善发展作用,奋力推进巩留县纪检监察工作取得新突破,进一步巩固发展维护反分裂斗争纪律重要阶段性成果和反腐败斗争压倒性胜利,为决胜全面小康、决战脱贫攻坚、夺取疫情防控和经济社会发展“双胜利”提供坚强保障。

三、2020年工作任务

今年第一季度已过,受新冠肺炎疫情的影响,要完成全年的既定目标时间紧、任务重、难度大。全县纪检监察干部要充分认清当前的严峻形势,切实增强责任感、紧迫感、危机感,迅速回归正常状态,加油、加压、加力、加速,把耽误的时间抢回来,把落下的功课补回来,努力把疫情影响降到最低,全面抓好以下九方面重点工作:

(一)坚持不懈深入学习贯彻习近平新时代中国特色社会主义思想。要突出思想引领。巩固拓展主题教育成果,持续深入学习贯彻习近平新时代中国特色社会主义思想,与学习贯彻中共十九届四中全会精神、习近平总书记关于新疆工作的重要指示批示精神、新时代党的治疆方略特别是社会稳定和长治久安总目标紧密结合起来,增强“四个意识”、坚定“四个自信”、做到“两个维护”。要注重融会贯通。自觉把纪检监察工作放到全县的大局中去谋划、去部署、去推进,切实用理论武装头脑、指导实践、推动工作。要加强调查研究。紧紧围绕推进纪检监察工作高质量发展选准课题,聚焦重点难点调查研究,不断提高政治理论水平和服务群众能力。

(二)做实做细政治监督,推动落实“两个维护”。要推进政治监督具体化。始终把“两个维护”作为新时代强化政治监督的根本任务,切实把政治监督贯穿于日常监督、审查调查、派驻监督、政治巡察全过程。要紧盯重点常态监督。坚持党中央决策部署到哪里、监督检查就跟进到哪里,围绕党章党规党纪和宪法法律法规执行情况,党中央关于统筹推进新冠肺炎疫情防控和经济社会发展部署落实情况，“1+3”落实情况，各级党组织全面从严治党责任落实情况开展监督检查，及时发现问题、纠正偏差，以强监督促强落实。要深入跟进专项监督。督促抓好领导干部利用名贵特产特殊资源，特别是利用和田玉牟取私利问题，加大违建别墅和乱占耕地建房、林草系统腐败专项清理整治，坚决保障党中央专项部署落实到位。要持续严明党的政治纪律和政治规矩。聚焦反分裂和反腐败斗争，优先查处违反政治纪律案件，着力加强对各级党组织和党员干部遵守政治纪律政治规矩情况的监督检查，营造风清气正的良好政治氛围，厚植党执政的政治基础和群众基础。

（三）持续深化群众身边的腐败和作风问题专项整治，全力提升群众获得感幸福感安全感。要全力保障脱贫攻坚决战决胜。扎实开展扶贫领域腐败和作风问题专项治理，紧紧围绕“两不愁三保障”等政策落地，脱贫政策稳定性连续性、落实返贫监测和动态帮扶机制，以及“挂牌督战”、干部分包到户等开展常态化监督检查，对扶贫领域腐败和作风问题进行盘点梳理，对履职不力、弄虚作假搞“数字”脱贫的严肃问责，对贪污挪用、虚报冒领、优亲厚友的从严查处。要深化民生领域突出问题集中整治。坚决查处民生领域的“微腐败”、放纵包庇黑恶势力的“保护伞”、妨碍惠民政策落实的“绊脚石”，既抓顽瘴痼疾、又抓苗头性倾向性问题，既抓案件查办、又抓以案促改，对民愤集中、性质恶劣的直查直办，对工作不力、久拖不决的追查问责，坚决维护群众利益。要健全基层监督机制。发挥各乡镇（片区）纪检监察机构、村务监督委员会作用，促进基层党员干部廉洁公平为群众办实事、办好事。

（四）深入推进“三项改革”，持续健全完善监督体系。要协助县委健全全面从严治党制度。严格落实双重领导体制，规范纪检监察机关协助党组织履行全面从严治党责任，提请定期听取加强党内监督情况报告、分析研判政治生态状况，督促运用好监督执纪“第一种形态”，促进主体责任、第一责任、一岗双责和监督责任贯通联动、一体落实。要强化上级纪委对下级纪委的领导。严格落实“两为主一报告”制度，持续推进乡镇（片区）纪委（纪工委）书记向县纪委监委述职制度，推进纪检监察工作双重领导体制具体化、程序化、制度化。要着力健全监督体系。深化派驻机构改革，落实“三为主一报告”制度，按照“强监督、抓协同、建机制、提素质、压责任”要求，规范和指导派驻（派出）机构依规依纪依法履行职责。要完善上下贯通、左右衔接工作机制。理顺巩留县监督体制机制，强化纪委监委监督的协助引导推动功能，加强与执法、司法机关在线索移送、案件查办等方面相互协调，促进纪法贯通、法法衔接。

（五）专责监督持续发力，不断加强对权力运行的监督。要紧盯“关键少数”，注重管党治党责任压力传导；进一步完善发现问题、纠正偏差、精准问责有效机制，把同级监督作为落实两个责任的有力抓手。要强化日常监督，一体推进纪律监督、监察监督、派驻监督、巡察监督协调衔接，坚持问题导向，重点围绕疫情防控、脱贫攻坚、经济建设精准监督，紧盯中央脱贫攻坚专项巡视和上级巡察反馈问题督促对照整改落实。要准确把握运用“四种形态”。从苗头性、倾向性问题抓起，做到早发现、早提醒、早报告、早处置。用好廉政档案动态管理这一抓手，切实摸清干部“廉情底数，”让对党的纪律不知敬畏的干部无处遁形。严肃追查处理诬告陷害行为，保障党员权利，营造干事创业氛围。要规范精准问责。坚持严字当头、权责统一，督促各类问责主体齐抓共管，主动问责、规范问责、精准问责。对滥用问责、不当问责的及时纠正，造成不良影响的严肃追责。

（六）持续深化政治巡察，充分发挥巡察利剑作用。要突出政治属性。牢牢把握“两个维护”根本政治任务，坚持“六围绕一加强”，聚焦贯彻党的路线方针政策和党中央决策部署情况，聚焦群众身边腐败问题和不正之风，强化政治监督，发现问题、形成震慑，推动改革、促进发展。要创新方式方法。健全完善巡察机构与纪检监察机关和组织、信访、审计等部门协作配合机制，推动巡察与其他监督贯通融合。全年对24个党组织常态巡察和8个党组织巡察“回头看”,完成五年规划任务的90%以上,推动有形覆盖和有效覆盖相统一。要深化成果运用。完善巡察情况报告制度和巡察成果运行机制,压紧压实被巡察党组织整改主体责任,加大对移交问题线索的督办力度,确保巡察整改见底见效。

(七)持之以恒加强作风建设,不断纠治干部作风顽瘴痼疾。要大力整治形式主义、官僚主义。坚持从领导机关和领导干部抓起、改起,持续深化转作风改作风严作风专项整治,坚决整治贯彻党中央决策部署只表态不落实、敷衍塞责、弄虚作假问题,不担当不作为慢作为乱作为问题,注重安排不盯落实、有问题上推下卸、职责内情况不清问题,持续精准发力,坚决扭转局面。要严肃查处享乐主义、奢靡之风。坚守重要节点,紧盯薄弱环节,坚决查处违反中央八项规定精神行为,对不收敛不收手的从严查处,对典型案例坚决通报曝光。要健全作风建设常态长效机制。深化干部作风督导,集成职能部门合力,畅通群众监督和舆论监督渠道,让监督无处不在。

(八)驰而不息深化“三不”机制,持续巩固发展反腐败斗争压倒性胜利。要强化不敢腐的震慑。坚持无禁区、全覆盖、零容忍,努力提高治理腐败效能。对中共十八大以来不收敛不收手,严重阻碍党的理论和路线方针政策贯彻执行、严重损害党的执政根基,阻碍全面从严治党、落实总目标的腐败问题从严查处。严肃查处资源、土地、规划、建设、工程等领域的腐败,持续释放越往后执纪越严的强烈信号。要扎紧不能腐的笼子。推动财政支出、项目建设等重点领域监督机制改革和制度建设,做深做实查办案件“后半篇文章”,督促案发单位抓好整改、完善制度。坚持“三个区分开来”,落实容错纠错、澄清正名制度,激励干部担当作为。加强对处分决定执行情况的监督检查,做好回访教育和思想疏导,把惩前毖后、治病救人方针落到实处。要提升不想腐的自觉。持续开展好党风廉政教育月、党纪法规和德廉知识测试、新任职领导干部任前廉政测试,用好典型案例做实警示教育,推进以案释德、以案释纪、以案释法,引导党员干部修身律己、廉洁齐家。

(九)持续加强队伍建设,坚决打造让党放心、让人民群众满意的执纪铁军。要突出政治建设。坚持把学习贯彻习近平新时代中国特色社会主义思想摆在首位,带头增强制度意识、坚定制度自信、维护制度权威,在坚决做到“两个维护”上带好头;班子成员要以身作则、做好表率,带动全县纪检监察干部勤学习、善思考、勇实践、敢斗争。要提高履职本领。按照建设高素质专业化队伍要求,持续优化领导班子和干部队伍结构,加大干部培养管理、选拔任用和交流轮岗力度,完善纪检监察干部考核评价机制。深化全员培训和大练兵,坚持请进来与送出去相结合,自主培训、跟班带训、竞赛练兵相配套,推动全县各级纪检监察干部学习专业知识、提升专业能力、养成专业作风。加大先进典型、英模人物宣传力度,深入学习李淼、加思来提·麻合苏提同志先进事迹,引导全系统学习先进、争当标兵。要落实挂图作战。根据今年的工作形势,采取明确规划图、路线图,挂牌督战,落实时间表、任务书、责任人。要从严监督管理。主动适应新形势新任务新要求,建立健全自身权力运行机制和管理监督制约体系,坚持刀刃向内,严肃查处纪检干部执纪违纪、执法违法行为,坚决清除以权谋私、蜕化变质的害群之马,切实维护纪检监察队伍良好形象。

2020年纪检监察工作的蓝图已经绘就,让我们更加紧密地团结在以习近平同志为核心的党中央周围,在伊犁州纪委监委和县委的坚强领导下,不忘初心、牢记使命,加油加压,加力加速,以只争朝夕、敢打必胜的勇气和毅力,奋力谱写巩留县党风廉政建设和反腐败斗争新篇章,不断把全面从严治党落实落细,在特殊之年,全力推进巩留纪检监察工作取得新突破,为开创社会稳定和长治久安新局面、打造“生态和美、幸福安康”新巩留作出新的更大贡献!

专 记

ZHUAN JI

“访惠聚”驻村工作

巩留县始终坚持以习近平新时代中国特色社会主义思想和中共十九大精神为指导，贯彻落实党中央治疆方略和自治区、伊犁州党委决策部署，以总目标为统领，以提升组织力为重点，抓实“1+2+5”目标任务落实落地，推动“访惠聚”驻村工作全面提升提质提效，为社会稳定和长治久安奠定了坚实基础。

（一）提高站位，压实责任

高位推动，强化组织领导。县委高度重视“访惠聚”驻村工作，先后组织召开领导小组会议3次，汇报会、座谈会8次，高标准举办“访惠聚”驻村工作、基层组织建设、群众工作推进会1次，定期研究部署工作、分析解决问题。

坚持县委主要领导带头。31名县领导包联12个乡镇（片区）和80个村（社区），形成县级领导、乡镇领导、后盾单位主要领导、第一书记、支部书记“五位一体”包联体系，带动县乡村7300多名干部下沉一线，包联群众3.4万户，实现住户、走访全覆盖。持续充实村级工作力量，精选下派“访惠聚”工作队80个566人，选派乡镇下沉干部258人，配强村民小组长253人，村均工作力量达35人以上。

强化保障，提升驻村工作活力。保障“访惠聚”工作队为民办实事经费，按照“小村5万元、中村10万元、大村15万元”标准，投入976万元；保障“访惠聚”工作队经费，投入261.5万元；保障“访惠聚”驻村工作队员生活补助，投入1031.4万元；优化驻村干部109人，调整第一书记45人，提拔重用“访惠聚”干部67人，占提拔重用干部总数的82.3%；开展节日慰问450多次，发放慰问品价值62.3万元，解决驻村干部困难141件，开展心理疏导服务683人（次），走访慰问驻村干部家属886户（次）。

规范机制，常态化推进落实。构建县乡村三级工作联动、联述、联评机制，制定《巩留县村（社区）基层基础工作月积分考核管理办法（试行）》，将“访惠聚”、基层组织建设和群众工作捆绑考核，同安排、同部署、同落实，明确工作任务，压实工作责任。

（二）精准发力，全面落实“1+2+5”八项任务

社会大局持续稳定。始终把维护稳定作为“访惠聚”驻村工作首要任务、核心工作，全面落实各项措施。累计走访群众38.97万户（次），摸排上报有价值线索407条；扫黑除恶专题宣讲600多场（次），发放宣传资料7万多份，收集线索7条，完成3个涉恶案件核查结案，党纪政务处分1人、组织处理11人；推行“网格+联户+村民”管理模式，以网格化为抓手，管住常住人口、流动人口，排查化解矛盾纠纷、治理安全隐患1642件。

精准施策，坚决打赢脱贫攻坚战。坚持把脱贫攻坚作为最大的政治责任和历史使命，落实工作队包村“五项职责”、队员联户“五项责任”，紧扣“两不愁、三保障”，推进“七个一批”“三个加大力度”，抓好已脱贫3686户13232人的巩固提升和119户443人脱贫工作。落实教育、医疗、住房、就业培训、产业贷款、农业保险六大脱贫政策，为538名贫困大学生补助97.35万元，为贫困人口参加医疗保险补助442.95万元，为261户贫困户每户补助建房资金4.32万元，开展贫困群众职业技能和实用技术培训4476人（次），贫困人口转移就业2807人，其中有组织向疆内外转移就业539人；实现3805户贫困户结对全覆盖，开展走访1.2万人（次），投入帮扶物资79万多元，提升帮扶成效；制

定《巩留县贫困人口扶志扶智实施方案》，开展政策宣讲312场(次)，受教育贫困户1.8万多人(次)，持续加强18～45周岁贫困人口国家通用语言培训，切实提高自身发展能力。

凝聚民心民力，做深做细群众工作。统筹做好常态化住户和重要节点期间的住户工作，开展组团式住户，各级住户干部组织召开“家庭会议”3000余场(次)，开展各类宣讲7.5万场(次)，投入帮扶资金137.6万元，为群众办好事3.2万件；收集群众困难诉求3417件，解决3312件，解决率96.9%；开展升国旗宣讲、农牧民夜校8840余场(次)，受教育群众275.08万人(次)；抓好“三本白皮书”和政策法规宣传教育，着力正本清源、澄清思想迷雾，提升法治意识；对1.6万名群众分类办班，提升群众国家通用语言水平；常态化推进“民族团结一家亲”活动，开展联谊活动、文体活动5840场(次)，参与群众82.96万人(次)。

抓实“五个基本”，提升基层组织组织力。一是建强基本队伍。公开选调、社会招考竞聘上岗村干部74人，通过招聘、教师转岗110名社区工作者上岗；开展2314名村干部联审联查、动态管理，调整清退202名村(社区)干部。常态化轮训乡村干部6期630人(次)，国家通用语言示范教学送课12期1000多人(次)，组织开展为期4个月村干部能力素质提升培训2班次63人；选派75名第一书记、村干部赴井冈山、红旗渠学习培训，开阔眼界，拓宽思维。二是抓实基本活动。扎实开展“不忘初心、牢记使命”主题教育，举办学习班1030场(次)、参与25959人，交流研讨339场(次)、参与2034人(次)，确定专题调研209项，检视问题38539条，完成整改17945条。三是夯实基本阵地。投入1389万元，实施喀拉苏、再开西两个新拆分社区阵地建设；坚持“整顿软弱涣散”与“星级化创建”同步推进，确保8个常规软弱涣散村整顿巩固提升和4个软弱涣散村党组织集中整顿取得明显成效，8星级及以上村(社区)达到35%以上。四是完善基本制度。建立“支部+中心+网格+联户(党员)+群众”五级联动模式，深化网格化服务和积分制管理，构筑基层治理合力。实施亮牌行动，统一悬挂党员户标识牌3149个、联户长标识牌2658个。五是落实基本保障。投入5208万元，足额保障村干部工资待遇，投入2557万元，足额保障村级运转经费、服务群众专项经费，村(社区)均经费达到41.5万元；争取援疆资金57万元，实施小援疆村村结对项目19个；加大干部关心关爱力度，8名村(社区)干部通过考录转为国家干部，筹资35.5万元为1511名村(社区)干部办理意外伤害保险，为2595名乡村干部发放25.95万元的慰问物品。

落实惠民政策。始终把各族群众的安危冷暖放在最高位置，落实“四议两公开”制度，及时公开村务决策、经费补贴、项目建设等情况，规范管理、使用、发放各类惠民补贴(补偿)资金7340.8万元；开展国家通用语言文字、实用技术和劳动技能培训8002场(次)、81.83万人(次)，转移富余劳动力就业2.37万人(次)，实现创收1.46亿元。开展惠民政策宣讲5.93万场(次)、覆盖474.56万人(次)；落实农村学前幼儿伙食补贴1447.39万元，设置20条偏远乡村学生接送专线，解决1062名偏远乡村学生上学远问题；完成全民健康体检14.81万人，完成率99.3%；“先诊疗，后付费”受益群众12889人；发放城乡低保、五保供养、社会救助金等3524.6万元、惠及1.89万人；实施安居富民、牧民定居项目511户；解决群众水、电、路等民生问题，基本实现了村村通柏油路。

发展特色产业，不断拓宽致富门路。调整优化产业结构，规范提升合作社43家，流转土地7286.67公顷；建立油芍、伊贝、苹果、核桃、干杏、油葵、草莓、黄芪等八大特色产业基地。驻村工作队牵线搭桥，发展引进中小微企业、农村电子商务41家，助推农产品市场流通；投入1448.05万元，精细化发展庭院经济4903户，开辟农民增收新途径。

立足群众需求，办好实事好事。投入资金1120.52万元，为群众办实事好事2890件，受益人群7.8万人(次)；慰问各族困难群众5340户，慰问资金264.35万元；完成农村公路建设99.4千米，春季渠道清淤590千米，渠道维修16千米；抓好人居环境整治，清理垃圾3万吨，拆除残垣断壁35.84千米、违章建筑1400处；发动群众在房前屋后种树、种花、种草，完成农村巷道两侧绿化459千米，绿化面积246.4公顷，完成农村改厕14480座。

坚持政治标准，发展壮大党员队伍。一是严把发展党员质量关，坚持支部申请、党(工)委初审、组织部门复核的“三级预审”机制，严把发展对象审查关，提高预备党员发展质量。二是储备农牧民入党申请人2482人。三是吸收培养农牧民入党积极分子1236人，发展党员308人。

精准扶贫、精准脱贫工作

2019年，巩留县贫困人口3805户13674人，脱贫119户443人。围绕“一超过两不愁三保障”目标，落实“六个精准”，坚持“一个紧密结合”，推进“七个一批”，做到“三个加大力度”，全县呈现出社会大局保持稳定、经济持续发展的良好局面。

制定印发《巩留县2019年脱贫攻坚工作要点》，明确目标任务、细化工作举措、压实工作责任，2019年召开县扶贫开发领导小组会议10次，及时总结脱贫攻坚工作、分析研究存在的问题、督促指导下一步工作。

(一)全面解决“两不愁三保障”突出问题。2019年，通过中央专项扶贫资金520万元解决994户建档立卡贫困户自来水管网老化、水量、水质不达标等问题，切实改善了困难群众生产生活条件。2019年，为12户建档立卡贫困户新建保障性住房，完成3805户建档立卡贫困户住房安全鉴定。投入教育资金4681.54万元，新建第二小学、城北、城南九年一贯制学校和38所农村幼儿园。同年，建档立卡学前至高等教育在校人数3579人。扶持建档立卡大中专学生499人，补助资金119.7万元。同年，为贫困人口参加新型农村合作医疗个人缴费部分补助143.988万元，为2336名建档立卡贫困对象购买商业保险补助17.52万元，全面实施全民免费健康体检工程，制定出台《巩留县农村贫困患者县域内先诊疗后付费工作实施方案》，对22类67种特种重大疾病患者实行定点医疗机构补偿70%，保险公司或民政部门补充剩余30%，对所有危重贫困患者实行签约式服务，完成大病集中救治一批67人，慢性签约服务管理一批142人，重病兜底保障一批1人。

(二)做实扶贫工程。2019年，持续推进养殖业，发放新疆褐牛338头、羊122只、鸡苗41250只、鹅苗1000只、建设棚圈747户，支持贫困群众重点培育养殖产业。大力培育特色种植，为159户农户发展庭院经济发放马林苗子，每户补助3000元。拓宽企业吸纳贫困户就业能力，伊犁万邦、天福润、利世得、那拉乳业等企业及旅游景区，吸纳建档立卡贫困户282人。实施“一村一品”“联户多业”工程，产业发展投入扶贫资金1523.68万元，带动扶贫对象2522户家庭人均纯收入持续增加。2019年，开展技能培训建档立卡贫困户438人次。举办专场招聘会45场次，提供就业岗位2250余个；转移贫困家庭劳动力2949人。2019年，实施草原生态保护补助奖励总面积24.2万公顷，发放补助奖励资金2367.5万元，涉及建档立卡贫困户家庭558户，奖补资金355万元；制定《巩留县2019年生态护林员选聘工作实施方案》，选聘建档立卡贫困户20名担任生态护林员，实现每月户均增收1500元。2019年，将1184名符合条件的贫困对象纳入最低生活保障兜底范围。社会保障兜底105户173人。完成临时救助577人次，其中涉及建档立卡贫困对象49人，共支出救助资金51万元。

(三)落实扶贫项目。2019年到位扶贫发展资金6210万元，实施项目114个，其中基础设施类项目50个，投资3005.7万元；直接入户类项目59个，投资3074.3万元；技能培训项目1个，投资60万元；项目实施管理费4个，投资70万元。全年完成全部项目，项目资金已支付6042.3万元，支付率达到97.3%。

(四)增强内生动力。制定《巩留县贫困人员扶志扶智实施方案》，引导农牧民外出观摩、谈幸福、讲党恩，持续不断地做好贫困户思想工作，把贫困人口的思想行动引导到发展生产、增收致富上来。在少数民族聚居的村队，每周至少举办两期国家通用语言培训，提高18～45岁贫困人口国家通用语言水平。让贫困群众从内心自发感恩党、感恩社会，从“要我脱贫”向“我要脱贫”转变，激发贫困群众内生动力。

大事记

DA SHI JI

1月

5日 巩留县迎接首位中组部、团中央第19批博士服务团成员王前,担任挂职副县长,服务期一年。

8日 国网巩留县供电公司成立城区供电所、营业班、高压供电服务班,配电运检班设置和名称保持不变;配电运检班归口运维检修部管理,营业班、高压供电服务班归口营销部管理。

11日 博州财政局、博州卫计委代表自治区到巩留县检查清理清查奖励扶助资金工作。

16日 将原莫合农场变更为库尔德宁镇莫合社区。

18日 在巩留县青少年活动中心召开中共巩留县第十一届四次全委(扩大)会议。

20—22日 在巩留县青少年活动中心召开中国人民政治协商会议巩留县第十五届委员会第四次会议。

20—23日 在巩留县青少年活动中心召开巩留县第十七届人民代表大会第四次会议。

25日 巩留县公安局召开兵地道路交通管理职能移交授权工作会,并完成管理职能移交授权工作。

2月

19日 召开巩留县机构改革工作动员大会。县委常委、组织部部长沈慧娟宣读《巩留县机构改革方案》。县四套班子领导以及各乡镇(片区)、各部门(单位)主要领导参加会议。

26日 召开巩留县2019年脱贫攻坚工作暨中央第六巡视组巡视反馈意见整改工作会议。县委副书记、县长卓力得拜主持会议,各乡镇(片区党工委)递交《2019年脱贫攻坚责任书》《中央脱贫攻坚专项巡视整改责任书》。

27—28日 自治区中央环境保护督察反馈意见整改工作领导小组督导二组、自治区商务厅副巡视员穆塔里甫·苏皮等一行4人在伊犁州党委常委库兰和州环保局副局长董建国的陪同下,对巩留县工业园区污水处理厂、城镇污水处理厂提标改造和野核桃自然保护区进行督导检查。

3月

2日 巩留县文化体育广播影视局和巩留县旅游局组建成立巩留县文化体育广播电视和旅游局,正式挂牌成立。

3日 巩留县应急管理局挂牌成立。

4日 卫生和计划生育委员会更名为卫生健康委员会,并挂牌成立。

9日 自治区政协党组成员、副主席木太力甫·吾布力一行7人到巩留县专题调研民族团结活动。

11日 巩留县法律援助中心驻巩留县检察院值班律师工作站正式挂牌成立。

15日 巩留县人民政府在县市场监督管理局召开“3·15”国际消费者权益日发布会,并在垃圾填埋场举行销毁假劣商品活动。共销毁假劣食品、药品、医疗器械、保健品、日常用品、烟草、肉类等7大类,459个品种,价值13.2万元的产品。

16日 自治区财政专项扶贫资金专项整治情况调研组一行8人到巩留县开展财政专项扶贫资金专项整治情况调研。

4月

16日　援疆工作组协同张家港国贸酒店负责人到巩留县开展转移就业合作洽谈。

17日　巩留县中医医院开展医养结合暨家庭签约医生试点工作。

18日　自治区脱贫攻坚指导组第二片区第四组组长刘凯一行6人赴巩留县指导脱贫攻坚工作并在五楼小会议室召开见面会，县委常委叶尔肯、各乡镇党委书记、片区党工委书记、扶贫开发领导小组主要成员单位主要领导参加会议。

同日　新疆人大财经委副主任委员、自治区人大常委会财经工委主任贾立新一行8人到巩留县调研防范和化解地方政府性债务风险情况。

25日　自治区人大常委会副主任马宁·再尼勒带领自治区人大常委会水污染防治执法检查组一行15人到巩留县就《中华人民共和国水污染防治法》贯彻落实情况进行执法检查。

27日　新疆伊河鲟业科技股份有限公司申报的自治区科技成果转化示范专项——科技精准脱贫攻坚计划项目《西伯利亚鲟与施氏鲟杂交组合繁育技术集成与应用》，获自治区科技厅批准立项，项目资金30万元。

30日　伊犁州生态环境局巩留县分局挂牌成立。

5月

1日　县委副书记、县长卓力得拜带领部分乡镇负责人前往湖北仙桃康舒电子有限公司、广东省惠州市国威运动器材集团有限公司看望慰问巩留外出务工人员。

7日　自治区教科院调研组办公室主任丁鹏飞一行4人到巩留县教育局开展教研室现状调研工作。

16日　库尔德宁景区恢复营业。

24日　自治区林业和草原局、自治区应急厅组成的森林草原防火督查组一行3人到巩留分局，对森林和草原防火工作进行专项督查。

29日　张家港援疆专家黄海伟在巩留县妇幼保健计划生育服务中心完成1例阴道壁囊肿剥除术，填补了当地医疗技术空白。

31日　巩留县农村土地确权登记颁证首发仪式在阿尕尔森镇头道弯村举行，巩留县农村土地承包经营权确权登记颁证工作取得阶段性成果。

同日　生态环境部生态环境执法局督察专员马建华、自治区生态环境厅副巡视员魏忠勇、伊犁州党委常委库兰·赛富汗等陪同下，到巩留开展集中式饮用水水源地环境问题排查整治调研。

6月

3日　伊犁州旅游局、伊犁州旅游协会组织州直60多家旅游企业到库尔德宁镇莫合社区开展旅游推介活动。

9日　巩留县成立驻湖北省仙桃市和广东惠州市转移就业人员管理服务站临时党支部。

18日　自治区纪委书记、监委主任杨鑫到巩留县调研指导工作。

20—21日　张家港市人大工作研究会会长彭建平率代表团一行12人到巩留县开展对口交流工作。

23—24日　苏州市委常委、纪委书记、监委主任刘乐明率领考察团赴巩留县考察援疆工作，看望慰问张家港市援疆干部、人才。

25日　巩留县融媒体中心正式挂牌成立。

7月

3日　巩留县妇联举行最美家庭、美丽庭院挂牌仪式，全县12个乡镇、片区党工委授牌最美家庭855户，美丽庭院834户。表彰获得伊犁州级最美家庭2户、县级最美家庭、美丽庭院20户。

8日　自治区公安厅监管总队副总队长张金革一行3人到巩留县看守所开展调研和帮扶送教工作。

同日　江苏省公安厅政治部副主任顾博礼一行到巩留县公安局开展警务考察交流工作。

22日　巩留县首座户外劳动者服务站示范点

在蝶湖公园旁举行揭牌仪式。县委常委、组织部部长沈慧娟、县政府副县长王前参加揭牌。

27日 克州市司法局局长吐尔逊为组长一行代表自治区司法厅公证互查组到巩留县检查公证工作,对公证案件规范情况进行互查,并提出存在问题及建议。

8月

2日 巩留县纪委监委成立6个派驻纪检监察组、1个派出纪检监察组。

9日 由自治区卫生健康委员会主办,伊犁州卫生健康委员会、巩留县人民政府承办的"健康扶贫天山行暨2019年中医中药中国行走进伊犁"主题宣传活动在巩留县人民广场举行启动仪式。

14日 中国工程院院士黄璐琦带领考察组一行到巩留县考察中药材种植基地发展情况,并提供技术指导和帮助。自治区卫健委巡视员张刚强、自治区、伊犁州相关部门领导及县委副书记、县长卓力得拜陪同。

15—16日 新华社记者一行4人到巩留县围绕旅游兴疆富民、生态环境保护、脱贫攻坚等主题开展实地采访。

23日 自治区公安厅国保战略支撑工作交叉检查组一行4人到巩留县公安局检查指导工作。

同月 县委组织部督促指导全县154个党支部届满开展换届选举,制定下发《巩留县党支部换届选举工作指导手册》。

9月

1日 巩留县野核桃沟景区恢复营业。

3日 河南省人大常委会财经预算工委副主任张玉民领队一行5人到巩留县调研指导人大工作。

5日 巩留县生态环境局申请到中央、自治区农村环境整治项目资金80万元,完成阿克吐别克镇哈雷社区、巩留镇塔什干沙孜村农村生活污水入户项目。

15日 巩留县红十字会采集15名造血干细胞志愿者血样送到伊犁州红十字会,并将志愿者信息录入国家志愿者信息库。

24日 自治区检察院党组书记蒲仕裕一行到巩留县检察院调研指导工作。

10月

10日 自治区总工会党组书记、副主席陈忠宽一行到巩留县调研城市困难职工解困脱困工作开展情况,走访慰问困难职工家庭。

14日 巩留县教育局新增4条线路,为确保新增246名学生享受免费车辆接送。

28日 张家港代表团和县委四套班子主要领导在库尔德宁大酒店参加对口援疆座谈会。在会上举行第九批张家港市对口支援巩留县项目交接仪式和张家港(巩留)援疆公益关爱基金第二批救助金发放仪式。

11月

5日 巩留县纪委监委警示教育基地正式投入使用。

8日 巩留县教育集团化办学授牌仪式在巩留县青少年活动中心举行,县委常委、教育工委书记詹大军参加授牌仪式。

13日 生态环境部发布《关于命名第三批国家生态文明建设示范市县的公告》,巩留县获得国家生态文明建设示范县命名。

16日 自治区生态环境厅生态检测处副处长杨新利,带领国家重点功能区县域生态环境质量检测评价与考核现场核查组一行5人到巩留县检查指导工作。

27日 巩留县农业科技园通过自治区验收。

12月

2—5日 北京爱佑慈善基金会免费救助巩留县先天心脏病患者11人。

14日 巩留县蝶湖景区被评为国家AAA级景区。巩留县伊力格代滑雪场评为国家SSSS级滑雪场。

26日 自治区卫健委党组成员、副主任周美林一行人到巩留县督导计划生育工作。

概 况

GAI KUANG

【基本情况】 巩留，因辖地广阔，取"巩吉斯"和"特克斯塔留"地名前后两字，成为"巩留"县名，意为"巩固长留"。巩留县位于北纬42°54′～43°38′、东经81°34′～83°35′之间，地处伊犁河上游南侧，东翼是林海草场，西翼是河谷平原，四周分别与新源、尼勒克、伊宁、察布查尔、特克斯及巴音郭楞蒙古自治州的和静县相邻，平均海拔900米，最高海拔4257米。县境东高西低，东西长南北窄，东西长162千米，南北最宽42千米，中部最窄处仅为6千米，总面积4528平方千米。县城距伊犁州首府伊宁市公路里程97千米。

巩留县年平均气温8.7℃，平原年均降水量275.7毫米。无霜期140天左右，年均日照时数2775.2小时。属北温带大陆性干旱气候。县境有大小河流40条，地表水自产水量13.36亿立方米，平均流量42.36立方米/秒；有过境河特克斯河、边界河伊犁河两大河流，其中特克斯河年径流量80亿立方米。已探明矿藏有煤、石灰石、石膏、凝灰岩、页岩、石棉、石英、水晶石、花岗岩、绿柱石、云母、金、铅、锌、铁、铜、钨、铀等，开发利用的有煤、石灰石、金、凝灰岩、石膏。野生动植物100多种，其中国家一级保护动物有5种；二级保护动物有23种。林地面积8.97万公顷，森林覆盖率19.8%；天然草场27.62万公顷。珍稀野生植物物种有野生核桃林、雪岭云杉、野山杏、野苹果、山杨、桦树、山柳、花楸等，其中雪岭云杉形成国内独特、面积最大的森林，入选全国十大美丽森林之一，是伊犁州的州树。主要旅游景区有世界自然遗产地库尔德宁景区（国家AAAA级）、亚洲第二大野生核桃林野核桃沟景区（国家AAAA级）、塔里木景区（国家AAA级）、国家级森林公园恰西景区、喀普其海水库等；文物古迹有乌孙古墓群、齐那尔阿吾列洞、喇嘛昭遗址、萨尔布群古墓群、奥尔塔克尔古墓群、莫合尔古墓群、巩额尔塔比尔古墓群及铁尔木图岩文、斯木塔斯古岩画等。

2019年，巩留县辖6个镇、2个乡、4个片区党工委，驻县单位有新疆生产建设兵团第四师七十三团、天山西部国有林管理局巩留分局、伊犁河流域开发建设管理局喀普其海水利枢纽管理处、巩留县森林消防大队、巩留县消防救援大队、中国人民武装警察部队伊犁支队执勤四大队巩留中队6个。

【经济社会发展】 2019年，巩留县预计完成生产总值54.29亿元，比上年增长5%（按不变价计算，下同）。其中，第一产业18.94亿元，比上年增长5.1%；第二产业13.07亿元，比上年下降0.4%；第三产业22.28亿元，比上年增长9.8%。经济结构有所调整，全县三次产业比重由2018年的33.9∶36.9∶29.2调整为34.9∶24.1∶41.0。人均生产总值27816元。年末全县总人口194391人，人口出生率8.71‰；死亡率5.13‰；人口自然增长率3.57‰。男女分别占比为51%、49%。

耕地面积4.9万公顷。农作物总播种面积（含复播）5.64万公顷，其中：粮食作物播种面积5.25万公顷，经济作物播种面积0.39万公顷。经济作物播种面积中，油料面积为0.1万公顷，蔬菜面积为0.036万公顷，甜菜面积为0.013万公顷，其他作物0.25万公顷。

农林牧渔服务业产值23.45亿元，其中农业产值12.4亿元，林业产值0.11亿元，牧业产值10.84亿元，渔业产值0.1亿元，主要农产品产量为粮食

474887吨,小麦97092吨,玉米356982吨,油料2383吨,甜菜10192吨,瓜果4731吨,蔬菜20845吨。牲畜存栏59.29万头(只),出栏牲畜51.59万头(只)。肉类总产量26054吨,牛奶46893吨,羊毛730吨。农业机械总动力26.81万千瓦,化肥施用量2.47万吨,农村用电量1535万千瓦时,有效灌溉面积4.05万公顷。

工业总产值209543.5万元,工业增加值59229.9万元,主要工业产品产量为发电量291520万千瓦时,水电291520万千瓦时,原煤85.85万吨,工业硅51590吨,小麦粉16768吨,饲料5340吨。全县房地产投资23026万元,其中住宅投资16973万元,商业营业用房投资3858万元。

全社会固定资产投资增长12.56%。在总投资中,第一产业投资下降6.65%;第二产业投资下降66.64%;第三产业投资下降20.98%。社会消费品零售额89535.8万元,其中城镇社会消费品零售总额为55330.8万元,乡村社会消费品零售总额34205万元。接待游客301.25万人次,增长53.05%;旅游收入25.79亿元。地方财政收入累计完成29297万元,下降5.17%。一般公共预算收入为18972万元,其中税收收入14626万元。地方财政支出231336万元,一般公共预算支出196490万元。年末银行各项存款余额44.32亿元,增长10.5%。城乡居民储蓄存款余额30.67亿元,增长12.1%。年末银行各项贷款余额21.19亿元,增长9%。城镇居民人均可支配收入29250元,比上年增加1913元,同比增长7%;农村居民人均可支配收入14042元,比上年增加1053元,同比增长8.1%。全县在岗职工平均工资66216元。

全县有学校100所,其中职业高中1所,高级中学1所,九年一贯制学校6所,初级中学1所,小学23所,幼儿园68所。全县在校学生42279人。

全县有电影院1个,文化馆1个,档案馆1个,调频广播发射台1座,县级电视台1座,乡级文化广播站12座,电视人口覆盖率99%,195个大喇叭,广播覆盖率99%。有线数字电视用户5177户。

全县有卫生计生医疗机构133家,其中县级医疗卫生机构4所(人民医院、中医医院、妇幼保健计划生育服务中心、疾控中心)、乡镇卫生院(社区卫生服务中心)9所,牧区卫生院1所,社区卫生服务站5所,村(队)卫生室68所,个体诊所43所,民营医院3所;全县医疗卫生机构编制床位810张;全县实有床位778张,其中县医院320张、中医院168张(包括急救)、妇幼保健院30张,三家民营医院55张、乡镇卫生院205张;医疗卫生人员1360人。

全县有10533人参加失业保险,13588人参加职工基本养老保险,60132人参加城乡居民基本养老保险。171178人参加基本医疗保险(其中城乡居民基本医疗保险参保154345人)。

城镇居民中得到最低生活保障救济2435人,农村得到最低生活保障救济10264人。

年末开发就业岗位3446个;实现城镇就业安置3669人,城镇登记失业率在3.5%以内;发放创业担保贷款114人744万元;完成农业富余劳动力转移4.49万人次,实现劳务创收3.02亿元,有组织转移就业694人。

全县有基层党组织317个,其中党委8个、机关党委1个、总支21个、支部287个;另有工委3个、党组39个。全县党员9543人,其中新发展党员688人。

援疆工作

YUAN JIANG GONG ZUO

【张家港市对口支援巩留县工作组成员】

组长：邵军民（巩留县委副书记）

副组长：马春青（巩留县副县长）

援疆干部：周国新（组织部副部长） 邱树立（发展和改革委员会副主任） 孙屹东（公安局副局长） 许建东（住房和城乡建设局副局长） 黄蓉（商务和工信局副局长）

援疆教师：李洪波（高级中学副校长 高级中学语文老师） 毛伟敏（女，高级中学生物教师） 曾艳辉（高级中学数学教师） 侯佩瑾（女，高级中学英语教师） 徐宜强（高级中学物理教师） 裴志刚（高级中学生物教师）

留任援疆教师：吴传昌（高级中学数学教师） 张广斌（高级中学化学教师） 刘栋（高级中学英语教师）

援疆医生：黄海伟（人民医院副院长） 倪善军（人民医院骨科副主任） 林海（中医院内科医生） 袁晓琳（人民医院普外科副主任） 戴强（中医院内分泌科医生） 陈天文（中医院神经内科医生）

对口援疆

【概况】 2019年，张家港市对口支援巩留县工作组（简称援疆工作组）内设一室四部（办公室、干部人才部、项目规划部、建设管理部、产业合作部）。有7名援疆干部、6名援疆教师，3名留任援疆教师，6名援疆医生，共22人。

【项目援疆】 2019年，援疆工作组结合当地经济社会“十三五”发展规划和实际需求，会同巩留县委、县政府以及相关职能部门，仔细排查、审核备选项目，按照8289万元标准，规划实施7大类21个援建项目，其中民生项目6757万元，占比81.5%；脱贫攻坚项目6993万元，占比84.3%。在巩留县委县政府的支持下，21个援建项目均按时按计划开工建设。

【产业援疆】 2019年，援疆工作组协助编制《巩留县全域旅游发展总体规划》《野核桃沟自然保护区总体规划》《恰西—塔里木景区和库尔德宁景区及伊力格代景区景观景点设计方案》《巩留县全域旅游规划环境影响评价》；参与谋划实施旅游公共服务设施建设和景区提升项目。投入援疆资金400万元，建成3个旅游服务中心项目。投入援疆资金1850万元，建设完善巴哈拜村游客中心，设置农家乐、家访点、3D墙体画、马车、观光自行车等体验项目，5月正式开园。投入援疆资金3900多万元，建设1.5万平方米的城北中小微企业创业园标准化厂房，入驻众康医用材料、麦琪尔宠物食品、瑞龙农业科技等项目，企业全部投产后，安排劳动力650人。在张家港设立巩留农产品公共仓，制定出台《巩留农产品购销合作引导资金管理暂行办法》，构建“巩留采购联盟+第三方服务商+张家港销售联盟”合作模式。同年5月，占地3000平方米的“张家港·巩留之家”开业，集巩留特色农产品销售旗舰店、巩留驻张家港旅游宣传联络站、巩留驻张家港招商联络处为一体，组织巩留乃至伊犁州各地的特色农副产品展示销售，并对购买巩留特色农产品的大客户，授予“援疆使者”方式，让市民通过消费，换一种方式援疆。目前已授予“援疆使者”称号202名，形成一个稳定的新疆农产品消费群体。

【人才援疆】 2019年,援疆医生开展新技术新项目30项,填补巩留医疗领域的空白,开展各级各类手术800多例,协同接诊病人6037人次,抢救危重病例200多人次,开展专题讲座、巡回义诊,调研流行病分布,送医送药2万多元,3000多人次受益。34名援疆支教教师支援巩留建设,深入青年教师课堂192次,开设示范课25节,各级各类公开课95节,德育讲座6次,县级学科讲座13次,伊犁州级学科讲座3次。开展少数民族教师国家通用语言文字培训工作,培训2456人。分四批次引进柔性人才44人,通过开设讲座、考察调研、专题辅导、互动交流等方式,对巩留建设发展问诊把脉、建言献策,提出建议意见178条。注重教学资源的积累,建立并共享学科资源库,引进"微光·苏州资源库"物理教学资源。

【基层建设】 2019年,援疆工作组安排268.63万元,完成标准化警务室(二期)建设,为巩留县110指挥中心配置警务设备。320万元用于保障70名援疆警察在巩留期间工作和生活需要。安排援疆资金40万元,对2家公立医院优秀医疗人才进行奖励。

【双向交流】 2019年,援疆工作组组织开展张家港人游伊犁(巩留)活动,全年有212批4099人次张家港人到伊犁巩留旅游考察。5月19日至6月2日,在"塞外江南 诗画伊犁"文化和旅游江苏推广周张家港分会场活动期间,在张家港市永联小镇和杨舍老街举办为期15天的第二届新疆巩留风情节,体验游客超过6万人次。推动张家港巩留两地销售巩留旅游商品300多万元,增加就业人数300多人。暑期开展巩留当地和张家港学校手拉手民族团结主题教育夏令营活动1次,青少年"万里鸿雁传真情"手拉手书信交友活动,有1900名学生参与。安排8名优秀高中生,在张家港沙洲中学交流培养。

【干部培训】 2019年,援疆工作组结合《巩留县2018~2022年轻干部教育培训实施办法》和干部人才队伍建设需求,投入援疆资金488万元,举办14期培训班,选派335名学员赴张家港、浙江大学、延安、红旗渠等地培训;举办领导干部大讲堂3期,受益领导干部1800多人次。组织4期种植技术培训,助推巩留农业结构调整。

【劳动力转移】 2019年,援疆工作组组织56名巩留贫困家庭富余劳动力赴张家港金鹿集团、国贸酒店等务工。推动两地人社部门合作,在张家港建立巩留县富余劳动力有组织转移就业基地。

【招商引资】 2019年,援疆工作组牵线搭桥引进华菱农牧育肥基地和交易中心项目,总投资2亿元,已开工建设。

【帮扶工作】 2019年,援疆工作组安排援疆资金703.7万元,对262户建档立卡贫困户、低保户、残疾户和特困群体等四类重点对象按2万元/户标准补助资金,对195户牧民定居建房按1万元/户标准补助,资金全部补贴到位。巩留、张家港两地同步下发《关于进一步深化"港城巩留一家亲 同奔小康心连心"援疆扶贫工作的实施意见》,重新梳理巩留800名帮扶党员干部名单和联络信息,携手共商帮扶措施,制定精准帮扶计划,将"1+1帮1"援疆扶贫机制落到实处,援疆扶贫800户贫困户已全部实现脱贫。制定《2019年度张家港(巩留)援疆公益关爱基金预算方案》,发放救助金382.6万元。结合民族团结一家亲活动,22名援疆干部与45户少数民族家庭结对帮扶,帮助解决子女就业、就医治病等方面的困难。投入援疆资金162.6万元资助其他省市新疆巩留籍贫困大学生271人,安排援疆公益关爱基金61.5万元资助疆内贫困大中专生,援疆公益关爱基金45万元资助县内贫困中小学生。

(孟令剑)

政 治

ZHENG ZHI

中共巩留县委员会

【巩留县委领导】

副书记：卓力得拜·吉尔哈力拜（哈萨克族） 李鸣（9月离任） 杨全国（9月任职） 邵军民（援疆干部，12月离任） 陆德峰（援疆干部，12月任职）

常委：黄润庭（6月离任） 淳永林（12月任职） 乔雪刚 叶尔肯·齐那斯里（哈萨克族） 艾尼瓦尔·巴哈尔丁（维吾尔族） 沈慧娟（女） 玛丽娜·巴合达提（女，哈萨克族，5月任职） 吐拉力·达吾特别克（女，哈萨克族，3月离任） 孔海东 詹大军 黄晓伟（援疆干部，12月任职）

【概述】 2019年，巩留县召开常委会议39次，财经领导小组会议7次，巩留县委下发文件69份，巩留县委办公室下发文件84份。

【巩留县委文件（部分）】

《关于印发〈巩留县2019年农业农村工作要点〉的通知》（巩党发〔2019〕1号）

《关于转发〈中共新疆维吾尔自治区委员会实施《中国共产党党务公开条例》（试行）细则〉的通知》（巩党发〔2019〕2号）

《对县人大常委会党组〈关于补选巩留县人大代表、县人大常委会委员的请示〉的批复》（巩党发〔2019〕3号）

《关于召开中共巩留县第十一届四次全委（扩大）会议的请示》（巩党发〔2019〕4号）

《对县人大党组〈关于召开巩留县第十七届人民代表大会第四次会议的请示〉的批复》（巩党发〔2019〕5号）

《对县政协党组〈关于召开政协巩留县第十五届委员会第四次会议的请示〉的批复》（巩党发〔2019〕6号）

《关于召开巩留县委常委班子2018年度党和国家机关党员领导干部民主生活会的请示》（巩党发〔2019〕16号）

《关于呈报〈巩留县机构改革方案（送审稿）〉的请示》（巩党发〔2019〕18号）

《巩留县委常委班子2018年度党和国家机关党员领导干部民主生活会情况通报》（巩党发〔2019〕19号）

《关于申报2019年全国五一劳动奖、全国工人先锋号和开发建设新疆奖、自治区工人先锋号集体和个人的批复》（巩党发〔2019〕20号）

《巩留县关于北疆前方指挥部2月4日—8日督导调研反馈问题整改情况报告》（巩党发〔2019〕21号）

《巩留县关于自治州群众工作督导组反馈未处理完毕问题线索整改报告》（巩党发〔2019〕22号）

《关于印发〈巩留县贯彻落实中央第六巡视组开展脱贫攻坚专项巡视反馈意见整改方案〉的通知》（巩党发〔2019〕23号）

《关于巩留县2018年地方政府隐性债务情况的报告》（巩党发〔2019〕24号）

《关于表彰巩留县"建功新时代"优秀妇女的决定》（巩党发〔2019〕25号）

《巩留县关于对州党委常委班子及班子成员脱贫攻坚专项巡视反馈意见整改专题民主生活会征求意见建议》（巩党发〔2019〕26号）

《中共巩留县委员会 巩留县人民政府关于对2018年度考核定等优秀公务员奖励的决定》(巩党发〔2019〕35号)

《关于成立巩留县委退役军人事务工作领导小组的通知》(巩党发〔2019〕36号)

《中共巩留县委员会关于表彰优秀共产党员优秀党务工作者和先进基层党组织的决定》(巩党发〔2019〕42号)

《关于调整巩留县全面推行河长制领导小组、总河长及县级河流河长组成人员的通知》(巩党发〔2019〕48号)

《中共巩留县委员会 巩留县人民政府关于表彰2018—2019学年巩留县“四有”老师和“优秀教育工作者”的决定》(巩党发〔2019〕49号)

《印发〈中共巩留县委员会关于在全县开展“不忘初心、牢记使命”主题教育的实施方案〉的通知》(巩党发〔2019〕55号)

《关于印发〈巩留县委常委工作分工〉的通知》(巩党发〔2019〕56号)

《中共巩留县委员会关于表彰第四届巩留“身边好人”和“美德少年”的决定》(巩党发〔2019〕57号)

《关于印发〈巩留县公务员职务与职级并行制度实施方案〉的通知》(巩党发〔2019〕58号)

《关于表彰优秀科技特派员的决定》(巩党发〔2019〕59号)

《对县人大常委会党组〈关于调整巩留县人大常委会党组成员的请示〉的批复》(巩党发〔2019〕62号)

《对县人大常委会党组〈关于补选巩留县第十七届人大代表、县人大常委会组成人员的请示〉的批复》(巩党发〔2019〕63号)

《中共巩留县委员会 巩留县人民政府关于表彰第九批张家港市优秀援疆干部人才的决定》(巩党发〔2019〕66号)

《关于加强农牧民(居民)职业能力培训工作实施方案》(巩党发〔2019〕67号)

【巩留县委办公室文件(部分)】

《关于转发〈自治区党委实施《党委(党组)国家安全责任制规定》细则〉的通知》(巩党办发〔2019〕1号)

《关于印发〈巩留县“中国天然氧吧”创建工作实施方案〉的通知》(巩党办发〔2019〕2号)

《关于进一步深化“港城巩留一家亲,同奔小康心连心”援疆扶贫工作的实施意见》(巩党办发〔2019〕3号)

《巩留县关于进一步引导农村土地经营权有序流转发展农业适度规模经营实施方案(试行)》(巩党办发〔2019〕8号)

《巩留县贯彻落实党的十九大报告重要改革举措实施规划(2018—2022年)》(巩党办发〔2019〕11号)

《关于〈巩留县机构改革方案〉的实施意见》(巩党办发〔2019〕14号)

《巩留县干部作风问题排查整顿工作实施方案》(巩党办发〔2019〕16号)

《关于调整党组(党委)、党工委设置及职数确定的通知》(巩党办发〔2019〕18号)

《巩留县关于进一步聚焦社会稳定和长治久安总目标全面推进新时代机关党的建设实施方案》(巩党办发〔2019〕19号)

《关于2018年度绩效考评结果的通报》(巩党办发〔2019〕20号)

《巩留县2019年改善农村人居环境工作要点》(巩党办发〔2019〕21号)

《巩留县关于聚焦总目标开展作风整治年活动持续推进转作风改作风严作风的实施方案》(巩党办发〔2019〕56号)

《巩留县2019年重点工作责任分工方案》(巩党办发〔2019〕58号)

《巩留县2019年创建国家生态文明建设示范县实施方案》(巩党办发〔2019〕60号)

《转发〈关于命名伊犁州教育局等一批州级文明单位、文明村镇、文明社区的决定〉的通知》(巩党办发〔2019〕61号)

《巩留县关于配合中央扫黑除恶专项斗争督导工作方案》(巩党办发〔2019〕62号)

《关于成立巩留县贯彻落实中央第六巡视组开展脱贫攻坚专项巡视反馈意见整改工作领导小组专项工作组的通知》(巩党办发〔2019〕64号)

《自治区关于进一步强化有扶贫任务的非贫困县脱贫攻坚工作的意见》(巩党办发〔2019〕65号)

《巩留县关于加强新型农业经营主体培育促进农业产业化发展工作实施方案》(巩党办发〔2019〕67号)

《关于调整巩留县委国家安全委员会办公室联席会议成员单位的通知》(巩党办发〔2019〕68号)

《巩留县配合自治区指导组指导脱贫攻坚工作实施方案》(巩党办发〔2019〕69号)

《贯彻落实自治区党委办公厅〈关于解决形式主义突出问题为基层减负的20条措施〉的实施方案》(巩党办发〔2019〕72号)

《巩留县2018—2022年干部教育培训实施办法》(巩党办发〔2019〕74号)

《巩留县贯彻落实伊犁州〈关于隆重庆祝中华人民共和国成立70周年广泛组织开展"我和我的祖国"群众性主题宣传教育活动的实施方案〉的任务分解方案》(巩党办发〔2019〕76号)

《关于成立巩留县"不忘初心、牢记使命"主题教育领导小组和派出主题教育指导组的通知》(巩党办发〔2019〕77号)

《关于巩留县纪委监委派驻(派出)机构编制事宜的通知》(巩党办发〔2019〕78号)

《巩留县创建"中国气候康养地"实施方案》(巩党办发〔2019〕80号)

《巩留县委外事工作委员会工作规划》和《巩留县委外事工作委员会办公室工作细则》(巩党办发〔2019〕82号)

《巩留县委管理的领导班子和领导干部2019年度(绩效)考评工作方案》(巩党办发〔2019〕83号)

《〈巩留县推进实施"一带一路"建设领导小组工作规则〉〈巩留县推进实施"一带一路"建设领导小组办公室工作细则〉的通知》(巩党办发〔2019〕84号)

【中共巩留县第十一届四次全委(扩大)会议】 1月18日,在县文化活动中心召开中共巩留县第十一届四次全委(扩大)会议,会期1天,参会人员包括县四套班子领导、法检两院主要领导、各乡镇党政主要领导、村(社区)书记、主任,县委,县政府部、委、办、局,企事业单位主要领导457人参加,县委领导作《聚焦总目标 立足新常态 展现新作为努力建设"生态和美、幸福安康"新巩留》的工作报告,县长卓力得拜作总结发言。

【巩留县委第五次常委会会议】 2月17日,在县委四楼会议室召开巩留县委第五次常委会议,内容为:安排部署巩留县机构改革有关事宜,研究讨论推荐自治区"访惠聚"驻村工作2018年度先进工作队、先进工作者和优秀组织单位有关事宜,研究讨论推荐2019年全国五一劳动奖和全国工人先锋号、开发建设新疆奖和自治区工人先锋号建议单位和人选。

【巩留县委第二十一次常委会会议】 7月9日,在县委四楼会议室召开巩留县委第二十一次常委会议,内容为:研究讨论干部人事议题,研究部分县领导人事档案存在问题鉴定事宜。

【巩留县委第三十九次常委会会议】 12月29日,在县委四楼会议室召开巩留县委第三十九次常委会议,主要研究讨论巩留县县级领导2019年度考核定等事宜。

【巩留县"大棚房"问题专项清理整治行动推进会议】 3月13日,在县委五楼小会议室召开巩留县"大棚房"问题专项清理整治行动推进会议,内容为:各相关乡镇、片区党工委加快违规"大棚房"工作进度,各相关乡镇、片区党工委要积极解决好违规“大棚房”拆除后群众临时性居住问题,由各相关乡镇、片区党工委牵头对违法违规占用耕地建设“大棚房”进行强制拆除,不得违反国家法律、法规,不得损害国家、集体的利益和公民的合法权利。

【巩留县党政联席会议】 3月27日,在县委五楼小会议室召开巩留县党政联席会议,内容为:传达学习《赵天杰书记“3·25”重点工作安排部署会讲话》精神,审议通过《巩留县2019年重点工作责任分工方案》,听取李鸣关于近期稳定工作汇报,听取邵军民关于近期旅游和援疆工作汇报,听取乔雪刚关于近期防范金融风险、污染防治攻坚战、经济工作、劳动力转移、安全生产等工作汇报,其他方面工作。

5月23日,在县委五楼小会议室召开巩留县党政联席会议,内容为:传达学习伊犁州城市工作会议精神,研究《巩留县重点项目责任分工方案(初稿)》,观看《康养巩留 秀美蝶城》巩留县城乡建设汇报专题片,做好服务企业和招商引资工作,调整部分县领导分工。

【巩留县近期重点工作部署会议】 4月18日,在县委四楼会议室召开近期重点工作部署会,内容为:要坚决打赢扫黑除恶攻坚战,要坚决打赢脱贫攻坚战,做好相关人员帮扶管理工作,做好群众工作,做好春耕生产工作,做好城乡环境卫生综合整治工作,抓好植树造林工作,做好农村劳动力外出转移就业工作,做好安全生产工作。

【巩留县城乡规划工作会议】 5月9日,在县委四楼小会议室召开巩留县城乡规划工作会议,内容为:传达学习《赵天杰书记在自治州城市工作会议上的讲话》,讨论巩留县在伊犁州城市工作会议上的发言材料,对旅游工作进行安排,对重点项目进行部署。

【巩留县发改委现场办公会议】 12月12日,在县发改委召开现场办公会,内容为:研究粮食购销公司与虎爆之间的债务债权事,研究国有企业监管事宜,研究差额事业单位、自收自支事业单位监管事宜。

【巩留县委财经领导小组第一次会议】 1月23日,在县委四楼会议室召开巩留县委财经领导小组第一次会议,内容为:研究城南九年一贯制学校建设项目资金方案事宜,研究嘉格森执行和解协议事宜,研究退库PPP项目工程结算的事宜,研究引进高层次紧缺人才相关政策待遇的事宜,研究高级中学2019年春季收费的事宜,研究预算单位资金需求。

【巩留县委财经领导小组第二次会议】 3月12日,在县委四楼会议室召开巩留县委财经领导小组第二次会议,内容为:研究2019年财政收支预算事宜,研究2019年一般公共预算收入预测事宜,研究拟签订的退库PPP项目合同变更主要内容事宜,研究2019年第一批撤并建制村通硬化路建设项目调整事宜,研究预算单位资金需求。

【巩留县委财经领导小组第三次会议】 4月20日,在县委四楼会议室召开巩留县委财经领导小组第三次会议,内容为:研究调整县聘人员基本工资的事宜,研究解决巩留县耀中房产公司及马耀总拖欠挂牌出让(拍卖)欠款的方案,通报政法系统工程类和货物(设备)类等实施项目手续办理及资料归档整理情况,关于办理三座水电站工程不动产权证事宜,通报巩留县国运公司8600万元旅游扶贫中长期贷款,研究预算单位资金需求。

【巩留县委财经领导小组第四次会议】 5月23日,在县委四楼会议室召开巩留县委财经领导小组第四次会议,内容为:研究2019年部门专项业务费预算安排事宜,研究2019年新增专项债券和融资贷款资金项目建设的事宜,研究巩留县PPP项目情况的事宜，研究政法系统工程类和货物（设备）类等实施项目手续办理及欠款情况的事宜，研究开展金融服务绩效考核（试行）的事宜，研究农发行融资贷款项目论证情况的事宜，研究解决巩留县耀中房产公司、马耀总拖欠政府土地出让金及拍卖款的事宜，研究预算单位资金需求。

【巩留县委财经领导小组第五次会议】 6月18日，在县委四楼会议室召开巩留县委财经领导小组第五次会议，内容为：研究通报截至2019年6月15日财力情况的事宜，研究解决县公安局协警伙食费的事宜，研究将巩留县国有资产投资公司社会公益性建设设施租赁于政府部门使用的事宜，研究将巩留县冰雪运动有限责任公司股权无偿划转至巩留县文化旅游投资发展有限公司的事宜，研究县爱心学校资产处置调拨的事宜，研究解决伊犁万邦农业科技有限公司拖欠员工工资的事宜，研究2019年扶贫项目和移民项目建设情况的事宜，研究预算单位资金需求。

【巩留县委财经领导小组第六次会议】 10月15日，在县委四楼会议室召开巩留县委财经领导小组第六次会议，内容为：研究通报截至2019年10月10日财力情况的事宜，研究通报专项债券及旅游融资款使用情况的事宜，研究对社保基金实施保值增值定期存款的事宜，研究调整团结路—伊力格代村安保工程项目的事宜，研究巩留县国投公司闲置土地处理的事宜，研究巩留县2019年移民资金使用方案的事宜，研究塔斯水泥公司破产税收债务及涉华凌集团税收问题的事宜，研究通报安康热力有限公司6200万元集中供热第二热源及垃圾处理建设项目中长期贷款的事宜，研究法院、检察院公用经费和人员支出的事宜，研究生态防洪工程建设项目抵押土地解冻的事宜，研究发放乡镇工作补贴的事宜，研究城北九年一贯制学校、第一幼儿园建设项目存在问题的事宜，研究巩留县天蕴渔业有限公司在吉尔格朗乡征占地的事宜，研究预算单位资金需求。

【巩留县委财经领导小组第七次会议】 12月1日，在县委四楼会议室召开巩留县委财经领导小组第七次会议，内容为：通报2019年财政收支情况，通报新城区绿化工程情况，研究发放乡镇干部工作补贴的事宜，研究发放村干部、协警、特岗教师、青年培训中心等各类人员支出的事宜，研究2019年绩效考核涉及资金考核要求的事宜，研究目前急需解决农民工工资相关事宜，研究拖欠中小企业账款的事宜，研究巩峰公司国有资本经营预算收支事宜，研究对已经征收国有土地房屋再利用的方案，研究农村供水管网专项债券项目建设方案，研究旅游专项债券项目建设方案，研究园区基础设施专项债券项目建设方案，研究巩留县国有企业公司制改制工作的事宜，研究差额事业单位、自收自支事业单位、国有企业重大事项报告的事宜，研究预算单位资金需求。

县委机关工作

【巩留县委办公室负责人】

主任：刘小利（3月离任）

副主任：任晓晔（4月主持工作）

【概况】 2019年3月，县委办公室机构改革后将县委全面深化改革领导小组、县委财经领导小组、县委国家安全协调小组改为县委全面深化改革委员会、县委财经委员会、县委国家安全协调委员会，3个委员会办公室设在县委办。不再保留县委机要局、县委保密委员会办公室、信息督查室。对外加挂县委机要保密局（县国家保密局、县密码管理局）、县档案局牌子。保留县档案馆，作为县委办所属事业单位，县委党史研究室（地方志办公室）改为县委直属事业单位。巩留县委员会办公室内设有综合科、秘书科、信息科、督查科、机要保密科、档案监督科6个机构。设有机要保密技术服务中心、专用通信局、信息化管理办公室、机关后勤服务中心、档案馆、接待处6个事业单位。县委办核定编制63个（行政编制22个、工勤编制12个、事业编制29个),实有44人,有党员47人(含退休党员)。

【信息督查】 2019年,县委办公室向县级领导呈送《提醒函》130个、下发至各单位《督查通知》138期,及时督查工作落实情况、存在问题,向县委主要领导呈报《督查情况》118期。加大信息编报力度,全年编发《巩留要情》15期、上报《信息快报》505期。为上级党委和县委决策部署提供第一手信息服务。 (王蕾)

【办文办会】 2019年,县委办公室不断规范工作程序,提升办文办会质量。把好文稿政治关、政策关,做好国家有关部委检查、自治区省级领导驻点督导、伊犁州领导督导调研、大型观摩会材料准备工作,全年准备各类文稿80多份,下发党发文件69份、党办发文件84份、内部明电139份。在办会方面,坚持统筹兼顾、通力合作,对重要会议和活动提前介入、周密安排、做好预案,高质量完成民主生活会、稳定、组织、纪检、宣传思想、脱贫攻坚、农业农村等会议,以及中共巩留县第十一届四次全委(扩大)会议等大型会务活动。 (田俊杰)

【接待工作】 2019年,县委办公室接待处完成国家级、自治区级、伊犁州级及县级接待231批次2500人。重大接待有水利部、生态环境部、中国地震局地壳应力研究所、自治区中央环保督察组、自治区中央扶贫评估组;张家港市党政代表团等。配合县委、人大、政府、政协、政法委、组织部等部门完成各级各类会务接待。 (王浩雷)

【机要保密工作】 2019年,县委办公室机要保密局组织专题保密培训8场次,对县直企事业单位指导检查2次,对乡镇、片区党工委(含队、社区)全覆盖指导检查5次,杜绝失泄密事件发生。全县8000多名领导干部通过法宣在线进行保密知识学习和考试,全年下发各类保密宣传资料600多份。组织开展信息类产品国产化替代,已完成台账报送及替代计划276台计算机和242台打印机及一体机。 (陆建明)

【信息化管理和专用通信工作】 2019年,县委办公室信息化管理办公室进行2次安全自查及2次安全巡查,及时排查隐患,立查立改,确保巩留电子政务内网高效率运行。开办电子政务内网密码专管员和操作员培训班1期。规范电子政务内网管理制度,对新增内网单位及变更及时进行规范,提升各单位内网使用与操作水平。对机构撤销的招商局、畜牧兽医局等10家单位进行设备回收。对搬迁及新成立应急管理局、医疗保障局2家单位及时迁移调测。此次涉改收回密码机1台,电脑10台,打印机10台,防火墙4台。将乡镇卫生院11个单位接入电子政务内网"内部域",至2019年底机房办公环境达标,设备已采购、三合一、客户端申请到位,数据KEY制作完成。

专用通信局全年保障电视电话会议235场次,其中国家级26场次、自治区级124场次、伊犁州直68场次、县级17场次。会议到达乡镇片区党工委场54场次。对乡镇片区党工委电视会议系统进行3次巡检。做好自治区公文传输系统的运行和维护。全年协助保密检查2次。 (王瑞)

【财务工作】 2019年,县委办公室财务室对各部门固定资产进行一次全面清查,对不能正常使用的资产按程序报批处理;对于盘亏资产,要求使用部门说明情况,充分做到财务管理制度要求的账账相符、账实相符;完成300多人次的工资正常晋升、五年踩级、职务工资变动、高定调标调整等工作,全力以赴做好年终财务决算工作和2020年经费预算工作;上报2019年预算公开和2018年决算公开报表和说明;配合巡察组巡查团委、妇联等预算单位的账务,对巡视组提出的问题认真对待及时整改。完成政府财务报告编制工作。 (平燕)

【后勤保障】 2019年,县委办公室后勤服务中心落实"定人、定时、定量、定区域"的保洁制度,加大对重点楼层、重点时段的清扫频次。做好会场布置、音响控制、卫生保洁、茶水供应、水电保障、安全保卫等会前准备、会中服务和会后清场等工作。落实安全巡查制度,坚持安保人员24小时值班和来访人员、车辆登记检查等制度。对乱停乱放车辆进行整治,明确车辆停放位置,使车辆摆放井然有序。在消防方面,按时清查所辖区域内消防器材和消防栓,更换办公大楼所有灭火器。对大院的水电表进行全面检测、检修,有效地保障正常运转;做好设备检修、维护和应急故障的排除工作。机关食堂掌握就餐人数,辅助降低食堂的服务成本,增强服务意识、卫生意识,确保机关食堂卫生整洁。 (赵俊峰)

【档案工作】 2019年,县委办公室档案馆根据新颁布《机关档案管理规定》,4月、7月开展两轮全覆盖业务指导,现场反馈存在问题并落实整改,推动全县档案规范化建设。7—8月,开展27个事业单位分类改革前期摸底工作。指导全县22个重点涉改单位制定档案管理与处置工作方案,明确档案归属流向,全程参与监督档案交接过程,开展5次督查,督促涉改单位完成机构改革中档案归档和处置移交。全年接待社会各界查阅档案125人次877卷(件)次。 (何媛媛)

【机构简介】 2019年,巩留县信息化管理办公室为股级事业单位,核定事业编制5个,实有3人,有党员3人。

负责人:王瑞

2019年,巩留县专用通信局为股级事业单位,核定事业编制3个,实有2人,有党员2人。

负责人:王瑞

2019年,巩留县委接待处为副科级事业单位,核定事业编制5个,实有4人,有党员2人。

负责人:岳茂林(11月离任)、王浩雷(11月任职)

2019年,巩留县档案馆为副科级事业单位,核定事业编制7个,实有5人,有党员5人。

负责人:李奎凤(女,2月离任)、文春梅(女,3月任职)

2019年,巩留县委机关后勤服务中心为股级事业单位,核定事业编制3个,实有3人,有党员1人。

负责人:赵俊峰

2019年,巩留县机要保密技术服务中心,正科级事业单位,核定事业编制5个,实有人员无,借调2人。

负责人:任晓晔

组织工作

【巩留县委组织部负责人】

部长:沈慧娟(女)

副部长:李建刚 王磊 张德全 宋文军(3月离任) 邵锋(11月任职) 江鸿雁(女,11月任职)

【概况】 2019年3月,县委组织部撤销干部科、干部监督科、信息调研室、组织科、新兴组织工作委员会、绩效办、基层办、电教中心;成立组织一科(党代表联络办、新兴组织科)、组织二科(基层组织建设领导小组办公室)、干部科(举报中心)、人才工作科(干部教育科)、干部考核科,增挂公务员局牌子,保留远程教育管理中心(党员电化教育中心)、党员干部信息中心。核定编制20个(行政编制16个、工勤事业4个),实有14人,有党员12人。

【党员干部队伍建设】 2019年,县委组织部突出政治标准,提拔使用干部131人,其中117人具有基层一线工作经历,占89.3%。储备干部114人,基层一线挂职锻炼年轻干部77人,派驻到村年轻骨干61人。发展党员688人,其中农牧民党员398人,处置17名不合格党员。对落实干部管理制度不严格、工作精神状态差的32名领导干部给予组织处理。62名作风不实干部参加作风转化教育培训。严格落实容错纠错机制,重新使用13名受处分干部。

【人才工作】 2019年,县委组织部召开引进人才座谈会2次，搜集整理建议类20条，问题类8条，为全县人才工作提供重要参考。选拔县委联系专家人才21人，引进12人，全县高层次紧缺人才队伍总量65人。投入人才发展专项资金316万元。深化援疆工作，拓宽人才工作渠道。积极与县直各单位(部门)对接，确定22个行业部门40个柔性引进人才岗位，制定2019年柔性引进人才岗位需求目录。分四批次引进柔性人才44人。

【干部教育培训】 2019年，县委组织部分批次组织选派335名干部人才赴浙江大学、井冈山、延安等地教育培训；举办领导干部大讲堂3期，受益领导干部1800多人次；选派39名领导干部参加自治区、伊犁州党校以及赴援疆省市相关培训；选派5名组工干部、选调生赴江苏、自治区锻炼培训。

【基层组织建设】 2019年，县委组织部推行开放式主题党日活动，实现全县80个村社区全覆盖，解决群众困难诉求287件。完成154个届满党支部换届选举，调整优化党员超50人党支部11个。172名大学生村官全覆盖80个村(社区)；按照法定程序，补选村委委员194人；加快社区职业化进程，招聘社区干部60人，转岗教师50人；调整第一书记46人、党支部书记21人，动态调整村社区干部202人，干部队伍结构持续优化提升。统一悬挂党员户标识牌3149个(党员示范户873个)、联户长标识牌2658个。申创八星级以上村社区28个，8个常规整顿村(社区)巩固成效明显。制定城市党建任务清单10条，推动城市基层党建工作；组织24个行业部门专题讨论研究事权下放工作，将5大类18项事权下放至城镇政府。成立9个社区大党委，建立9个社区党群服务中心，12个党群服务站。

【各领域党建】 2019年，县委组织部制定《全面推进新时代机关党的建设实施方案》，召开县直机关党的建设工作会议，实施三级联述联评联考机制。制定下发《关于加强新时代中小学校党的建设工作的实施方案》，对全县32个学校党支部书记进行优化调整，考核评定10个县级“六个好”服务型学校党组织。制定《巩留县巩固提升民营企业、社会组织党组织组织力实施方案》，抓实18名党建指导员工作职责。加强党建示范点建设，打造商圈市场党群服务站2个。落实党建经费8.5万元。

【绩效考核管理】 2019年，巩留县委对54项重点工作考核，实行平时考核占60%、年终占40%的考核机制，区别乡情、部门职责，科学优化乡镇、县直部门、垂管部门“一类一策”差异化指标体系。年度综合考核工作方案、指标册中分别首次新增考核指标精准差异分值表、考核指标一览表，考核责任部门、共性、差异指标分值一表通览。取消8个乡镇101个二级站所考核，不打破站所干部编制，理顺考核机制，干部统筹整合纳入党建工作、群众服务、经济发展等五大中心，形成五大板块考核。

【远程教育】 2019年，县委组织部利用远程教育平台完成14348期党员和农牧民远程教育培训，培训党员干部、农牧民群众60.68万人次，站均时间448分钟；利用党费支出投入7.375万元，伊犁党建网信息采用1320条，昆仑网采用130条，主流媒体采用83条。巩留组工微信平台全年发布1348条，单条最高浏览量5.3万多次，关注量超过1.1万人。

【群众工作】 2019年，巩留县统筹做好常态化住户工作，住户干部召开家庭会议3000多场(次)，开展各类宣讲7.5万场(次)，投入帮扶资金137.6万元，为群众办好事3.2万件，住户质量持续提升。收集群众困难诉求3417件，解决3312件，解决率96.9%。召开信访联席会议5次，排查信访矛盾纠纷137件，办结131件，办结率95.6%，未发生群体性上访事件。培训乡村国家通用语言文字教师221人，对1.6万名群众分类办班，国家通用语言文字水平得到提升。发放关爱资金46.72万元，引导群众移风易俗、文明生活。

【“访惠聚”工作】 2019年，巩留县下派“访惠聚”

工作队80个566人(其中自治区派3个队25人、伊犁州派11个队90人、巩留县派70个队451人)、选派第一书记80名。召开联户长会议2789多场,召开联户家庭会议5256场。协助村两委全面落实六个精准、五个一批措施,抓好2014年以来已脱贫人口3777户13380人巩固提升工作,完成剩余121户436人脱贫攻坚任务。开展升国旗宣讲、农牧民夜校8840多场(次),受教育群众275.08万人(次);抓好三本白皮书和政策法规宣传教育;常态化推进民族团结一家亲活动,开展联谊活动、文体活动5840场(次)、参与群众82.96万人(次),促进各民族交往交流交融。轮训乡村干部6期630人次。储备农牧民入党申请人2482人。发挥工作队员、村干部和党员帮带作用,吸收培养农牧民入党积极分子1236人,发展党员308人,入党人员储备数量和质量得到双提升。协助村队深入推进九项惠民工程落实,开展各类宣讲7.5万场(次),投入帮扶资金137.6万元,为群众办好事3.2万件,收集群众困难诉求3417件,解决3312件,解决率96.9%。

【机构简介】 2019年,远程教育管理中心(党员电化教育中心),副科级事业单位,核定编制30个,实有17人,有党员16人。

负责人:田小奇

2019年,党员干部信息中心,科级事业单位,核定编制6个,实有4人,有党员1人。

负责人:周建波

(姜琦)

宣传工作

【巩留县委宣传部负责人】

部长:吐拉力·达吾特巴克(女,哈萨克族,3月离任)

副部长:田振 古扎来·皮达(女,维吾尔族) 文川江(11月任职) 李涛(8月任职)

【概况】 2013年6月,成立对外宣传办公室,副科级,参照公务员法管理事业单位,核定编制2个。2019年,根据巩留县机构改革方案,中共巩留县委员会宣传部为正科级。挂巩留县新闻出版局(巩留县版权局)、巩留县人民政府新闻办公室、巩留县精神文明建设指导委员会办公室牌子。内设办公室、意识形态工作科、对外联络推广科。宣传部核定编制8个(行政编制6个、机关事业工勤编制2个),实有13人,有党员14人。

【理论教育】 2019年,县委宣传部抓好各级党委(党组)理论中心组学习。县委中心组学习15次,其他党委(党组)中心组学习1200多次。开展主题示范宣讲456场次,受教育群众6.51万人次,其他宣讲1768场次,受教育群众47.44万多人次。举办宣讲员培训班2期,发放白皮书500本、报纸5万份。

【网络安全管理】 2019年,县委宣传部编报网络信息简报200多期、网络专报15期。开展网络安全知识普及,发放宣传单500多份,张贴海报50处,开展网络安全讲座9场次。

【精神文明建设】 2019年,县委宣传部发放张贴社会主义核心价值观公益广告103幅。推荐自治区第六届道德模范候选人2人,评选表彰第四届巩留身边好人和美德少年11人。动态管理伊犁州级文明单位(村镇)75个,申报伊犁州文明校园35所。指导创建自治区文明单位22个、文明村镇20个、文明校园3所,推荐自治区民族团结好少年1人。

【文化建设】 2019年,县委宣传部挑选1.66万册适合基层群众的文化产品进农家。改造农村大喇叭171套、检修户户通设备252台,确保全县4.08万台户户通和171个大喇叭正常使用。举办民族团结、脱贫攻坚专题摄影展和典型展,展出作品470多幅、展板68块。举办百日广场文化活动、各类体育活动20多场次;开展我们的中国梦——文化进万家演出52场次;送图书下乡、送文化下乡活动50多场次;放映农村数字电影423场次,观看人数4.1万人次。实现乡镇文化站和村(社区)文化中心建设全覆盖;在城东蝶湖公园建设篮球场2处、排球场2处、6.67公顷科普园、儿童游乐园等,完成2700平方米的科普馆规划。

【媒体宣传】 2019年,巩留县电台广播、《巩留新闻》播稿6489条,伊犁州电视台采用569条,伊犁州广播电台采用418条,新疆电视台采用25条,中央电视台采用7条。“学习强国”采用短视频、图说30条;巩留零距离发布短视频88条,浏览量63.21万次;巩留融媒体中心官方抖音账号发布原创视频167个,播放150万次以上;转载中央媒体视频246条。开展翻译、制作等各类培训、学习86次,素质检验考试7次,抖音短视频大赛1次。

【审读工作】 2019年,县委宣传部按程序调整充实审读专家库29人,坚持先审后发,县域内的文艺作品、讲座、论坛、宣传资料等未经审批不得开展。确保各文化用品经营机构五证齐全,同时,联合县教育局集中审读校外教辅教材,确保送进校园的书籍都有保障。

【扫黄打非】 2019年,县委宣传部建立扫黄打非工作站12个,联络站82个。联合扫黄打非成员单位开展检查100多次,出动执法人员330人次,整改落实隐患95条,举报、清理不良信息、广告453条,梳理非法宗教宣传品案件线索2条,结案2件。检查县域范围内市场、商场、超市等经营主体1580户次,收缴各类过期、三无等食品33种、205袋(瓶、包)、110多千克。

【机构简介】 2013年4月,成立社会科学界联合会(简称社科联),正科级事业单位,核定编制5个,实有1人,有党员1人。

主席:空缺

副主席:熊猛斌

2012年4月,成立文学艺术界联合会(简称文联),副科级事业单位,核定编制4个,实有2人,有党员2人。

主席:古丽美娜·霍达斯(女,哈萨克族,1—3月任职) 吴翠芳(女,3—11月任职) 孙萍(女,12月任职)

(芦英丽)

统战工作

【巩留县委统战部负责人】

部长:艾尼瓦尔·巴哈尔丁(维吾尔族)

副部长:马慧军(回族,3月任职) 郭永明(兼工商联党组书记、副主席)

【概况】 2019年,巩留县委统战部挂民族宗教事务局、县人民政府侨务办公室牌子。核定行政编制7个,工勤编制2个,实有7人,有党员6人。

【宗教活动场所管理】 2019年,建立健全宗教活动场所各项规章制度,制定宗教活动场所应急处突预案,严格落实宗教活动场所常态化24小时值班备勤制度,实现了宗教活动场所安全、规范、有序。做好宗教活动场所环境卫生整治工作,实现绿化、美化、硬化、花化。落实国旗、宪法法律法规、社会主义核心价值观、中华优秀传统文化“四进”宗教活动场所要求,巩留县宗教活动场所“四进”做到全覆盖。

【宗教活动管理】 2019年,宗教活动场所严格按照自治区统一印发的规范讲经内容,确保讲经解经规范有序,实现正面讲经解经工作全覆盖,宗教活动依法规范开展,信教群众正常需求得到保障。

【宗教人士管理培训】 2019年1名宗教人士参加中央社会主义学院培训班,17名参加自治区集中培训班,1名参加自治区经学院2年制大专班学习,8名参加伊犁州集中培训。23名宗教人士参加伊犁州党委统战部举办的党的十九届四中全会精神和“三个白皮书”内容的专题培训班,3名宗教人士赴江苏、北京、山西等地参观学习。各乡镇(片区党工委)每周组织宗教人士学习1次,统战部每月组织宗教人士学习1次。

【驻村管寺工作】 2019年,每2个月组织全县统战干事、驻村管寺干部开展党的宗教政策法律法规知识、习近平总书记关于宗教工作的系列重要讲话、“三个白皮书”等内容的培训,共开展6次集中培训测试,参加1次党校“三个白皮书”专题培训,参观1次反恐、廉政教育基地、观看1次红色电影《我和我的祖国》。成立驻村管寺工作专项指导组定期对驻村管寺管委会工作开展情况进行指导,2019年实地指导检查回头看共计9场次。

【落实两项制度】 2019年,落实县、乡、村三级领导经常性联系宗教活动场所制度,与宗教人士谈心谈话,了解宗教活动场所开展活动情况、宗教人士家庭生产生活情况,及时协调解决实际生产生活困难,切实做好关心关爱,同时做好教育引导,切实发挥宗教人士桥梁纽带作用。

【党外知识分子工作】 2019年,巩留县委统战部加强统战干部队伍建设,把党外知识分子团结在党的周围,注重发挥统战工作的优势和作用,最大限度地调动一切积极因素,把握新时代统战工作的正确方向,推动全县统战工作再上新台阶。

【民族团结工作】 2019年,巩留县委统战部在全县13个重点村打造民族团结教育示范基地;全县选出30名优秀典型人物,将他们的事迹通过电视、广播、微信平台、电子显示屏等形式宣传报道。举办故事图片展,征集民族团结先进人物事迹50多篇、图片270多幅、展出展板20个。全年评选民族团结巷道249个,民族团结示范网格103个,评选民族团结示范户1754户。全县申报74个伊犁州级民族团结进步模范单位,66个县级民族团结进步模范单位。全年选树、征集、上报6批66个典型作品;开展干部结亲住户活动,捐款108.5万元、捐物5.6万件、办好事实事6200多件;举办各类民族团结联谊活动960多场次,文体活动483场次,参加人数5.6万人次。

【机构简介】 2009年9月,成立归国华侨联合会,事业单位,参照公务员法管理,正科级,核定编制2个,实有1人,有党员1人,2019年3月并入统战部。负责人:艾热甫·卡布力别克(哈萨克族)

(王娜)

网络安全和信息化

【巩留县委网络安全和信息化委员会办公室负责人】

主任:李涛

【概况】 2017年8月成立网络安全和信息化委员会办公室(简称网信办),位于青少年活动中心二楼。中共巩留县网络安全和信息化委员会办公室与巩留县委网络安全和信息化领导小组办公室、巩留县互联网信息办公室“一个机构、三块牌子”,为县委直属正科级机构,内设网络党建办、网络舆情科。核定事业编制20个,实有15人,有党员4人。

【互联网党建】 2019年,网信办有网站11家、云平台1家,微信公众平台145个。其中体制内网站4家,分别是政府网、党建网、教育云平台、旅游网(关停状态);微信公众平台14个,分别是巩留零距离、水韵巩留、巩留组工、张家港援巩在线、巩留女声、青春巩留等。微博1家,为巩留县人民检察院;将全县12家网站备案详情、主体责任人、党组织建设、注册证件等信息,作为原始档案留存单位、创新“一档一册”分类管理模式。统一印制《巩留县网站、微信公众平台管理工作记录簿》,内容包括《互联网领域党组织基本职能》《网站党建工作指导员职责》《互联网党组织基本职能》等。记录簿填写情况等纳入日常绩效考核。体制内网站、微信公众平台、微博等已由本单位党组织统一管理。

【专项整治】 2019年，巩留县委网信办开展6+1、清朗行动、网络生态治理、扫黄打非、低俗信息、净网2019等专项清理整治行动，清理网上涉贩卖假证、淫秽色情、诈骗、网上赌博等有害信息1030条，开展互联网违法和有害信息举报工作。全年向自治区平台报送各类有害信息2.5万多条，清理低俗色情信息1000多条。组织属地网站、新媒体平台负责人，配合全县扫黑除恶工作。

【网站宣传】 2019年，巩留县委网信办开展新中国成立70周年，不忘初心、牢记使命主题教育等主题宣传活动。全年发布各类信息208条，阅读量8万人次；开展网络中国节、两会、电信诈骗、扫黑除恶、禁毒、新疆是个好地方、云游新疆等主题外宣活动，发布各类稿件839篇，阅读量近11万人次。开展网络安全讲座8场次，网络安全周发放宣传单500多份，张贴海报50处，零距离发布网络安全宣传稿件30篇。转发正能量稿件1300多篇167万多次。结合巩留县举办的同城共读·万卷共知主题活动，组织网站负责人、党建指导员、网站党员、党小组成员17人在微信群组中开展阅读1小时活动，通过文章分享，说感悟，聊看法，汲取知识。

【帮扶工作】 2019年8月，巩留县委宣传部、网信办、妇联、融媒体中心联合开展"微爱·一路同行"之金秋助学爱心一元捐网络公益活动，为即将开学学子送上全县人民的爱心，筹款3.2万元，为16名贫困女大学生每人资助2000元。 （齐盛杰）

机构编制

【巩留县委机构编制委员会办公室负责人】

主任：潘然（女）

【概况】 2019年3月，巩留县委机构编制委员会办公室更名为中共巩留县委员会机构编制委员会办公室（简称编委办），作为县委议事协调机构，归口组织部管理。核定行政编制5个，工勤编制1个，实有10人，有党员8人。

【机构改革】 2019年3月，编委办印发巩留县委办公室、县人民政府办公室《关于〈巩留县机构改革方案〉的实施意见》《巩留县涉改部门编制调整方案》《巩留县涉改部门资产移交方案》《巩留县涉改单位办公用房调配方案》《巩留县党政部门转隶挂牌工作方案》《关于做好巩留县深化党政机构改革中档案处置移交工作的通知》等方案。指导9个部门的挂牌工作，11个县委机关、23个政府工作部门"三定"方案制定，155名涉改人员转隶工作，15个单位办公用房调配，38个部门资产移交工作，22个涉改部门档案的移交工作，完成党政机构改革工作；经县2019年第四次编委会研究通过巩留县纪委监委派驻（派出）机构编制方案。对巩留县市场监管、生态环境保护、文化市场、交通运输、农业五个领域，以及深化和扩大城市管理等领域开展了综合行政执法改革专题调研，为行政执法体制改革做好准备工作；配合伊犁州环境保护局、森林公安完成监测监察执法垂直管理制度改革、森林公安管理体制改革。

【事业单位分类改革】 2019年，编委办完成承担行政职能事业单位改革，理清政事关系，实现政事分开。将完全承担行政职能的事业单位进行整合。主要和部分承担行政职能的事业单位，行政职能回归直管部门，调整为公益事业单位或并入其他事业单位。加大整合力度，减少承担行政职能事业单位17个。指导涉改部门加大"小、散、弱"事业单位撤并力度，推进职能相近事业单位机构整合，优化布局结构，强化公益属性，提高服务能力和水平；上报《巩留县科级事业单位调整改革的请示》，为下一步改革实施做好准备。完成巩留县粮食交易市场管理改革任务。

【机构编制管理】 2019年,编委办召开编委会4次,研究组建和设立机构5个,办理人员调动406人。开展2018年度全县机构编制年度审核工作,对全县62个党政群机关和334个事业单位的《机构编制管理证》及实名制信息平台进行全面审核。完成机构编制实名制大平台党政机构改革涉改部门机构、编制及转隶人员的调整工作,更换机构编制统计及实名制网络管理系统。为巩留县城南中学调剂全额事业编制136人。新组建县融媒体中心,将原县广播电视台人员编制划转县融媒体中心,为县政务服务中心、退役军人事务保障中心、县河(湖)长制事务保障中心、县文博院调剂解决全额事业编制12人。开展巩留县推进和规范事业单位调整调研、巩留县城南中学机构设置事宜调研,巩留县党政机构改革后挂牌机构运行情况,乡镇站所管理体制改革等9项调研工作。

【事业单位登记管理】 2019年,编委办完成217个事业单位年度报告公示工作,对217个事业单位年度报告情况进行综合评价,随机抽取14个事业单位开展信息核查,办理51个部门(单位)统一社会信用代码证初领、变更、撤销工作。

【监督检查】 2019年,编委办加强与组织、人社、财政等部门协调配合,健全完善机构编制管理与人事调整、人员工资、财政预算管理等方面的配合制约机制。通过月工资审核、机构编制年度报告和事业单位法人年度报告公示工作,加强对各单位机构编制执行情况的监督管理,及时发现存在的问题,及时整改落实,切实维护机构编制的权威性和严肃性。

【扶贫帮困】 2019年,编委办慰问"访惠聚"及驻村管寺干部9次,送去慰问品及各类物资4500多元。全年走访群众126次,宣传教育群众覆盖70人,同时对包联的4户建档立卡贫困户和3户非建档立卡贫困户坚持每月一走访,送去慰问物资价值3000多元。 (魏洁)

机关党建

【巩留县县直机关工作委员会负责人】

书记:宋文军

【概况】 1987年11月,成立中共巩留县县级机关委员会,1999年1月,更名为中共巩留县县直机关工作委员会。无内设机构。2019年编制10个,实有7人,有党员8人(含退休人员)。

【支部改选换届】 2019年,巩留县直机关工委做好支部调整改选、换届选举工作,新成立党总支3个、党支部7个、联合党支部2个,临时党支部3个、撤销党总支5个、党支部19个,调整改选(补选)党支部15个、更名党组织6个。完成71个党组织、1432名党员信息及党组织信息采集、审核、录入工作。转接党员组织关系297人次。

【发展党员】 2019年,举办入党积极分子培训班1期,县直机关及各单位参加培训142人;发展对象培训班1期,参加培训236人;举办党务干部培训班1期,参加培训102人。审核重点发展对象29人,吸收预备党员28人,按期转正22人。

【述职评议】 2019年,巩留县直机关工委对所属11个党总支、20个独立支部、71个党组织书记开展2019年抓机关党建工作述职评议。开展机关党支部书记实体化建设,单位班子成员兼任党支部书记100%;抓好7个国有企业党建,发挥国企党支部战斗堡垒作用和党员先锋模范作用。

【基层党组织建设】 2019年,巩留县直机关工委落实党建工作联做、社会管理联抓、社区资源联享、服务难题联解、公益事业联办、环境卫生联治、民族团结联创的七联工作要求,引导1000多名机关在职党员发挥特长,每人认领1~2个服务岗位,采取组团式或单个式开展志愿服务,开展各类活动1000多场次,全年开展党建指导4次;开展不忘初心、牢记使命主题教育,各级党组织开展专题学习3100多次、专题讨论780场次。组织县直机关党组织举办党务干部运动会1次、微党课大赛1次、知识竞赛1次。督促县直机关党组织认真学习了《中国共产党党组工作条例》《中国共产党支部工作条例(试行)》《中共中央关于加强党的政治建设的意见》《关于加强和改进中央和国家机关党的建设的意见》等11个重要条例、规定和意见。组织县直机关1017名党员干部参与《中国共产党支部工作条例(试行)》网络考试,956名党员干部参与《中国共产党农村基层组织条例》网络考试,1017名党员干部参加了学习强国平台学习。发放《习近平在正定》《党章电视辅导教材》《习近平新时代中国特色社会主义思想学习纲要》《习近平关于"不忘初心、牢记使命"论述摘编》《中国共产党的九十年》《习近平总书记关于新疆工作重要讲话重要指示精神学习资料摘编》《"不忘初心、牢记使命"优秀共产党员先进事迹选编》等学习资料3580多本(套)。

【慰问】 2019年,巩留县直机关工委节庆期间,慰问老党员、生活困难党员、贫困户、结对认亲户等6人,发放慰问金(慰问品)1万多元。

(马瑞)

老干部工作

【巩留县委老干部工作局负责人】

局长:刘辉(11月离任) 江鸿雁(女,11月任职)

总支书记:刘辉(兼)

【概况】 2019年3月,巩留县委老干部工作局(简称老干局)由县委组织部管理调整为县委工作机关,下辖老年活动中心、关心下一代工作委员会办公室2个事业单位,老龄工作委员会办公室划归卫健委。核定编制5个(含工勤编1个),实有3人,有党员2人。

【老干部政治待遇】 2019年,巩留县委老干局为10个社区、11个乡镇场的离退休老干部征订《老年康乐报》155份,为老年活动中心的老干部征订报纸杂志19种。建立老干部微信学习群,每月组织一次学习讨论活动,组织老干部开展集中学习讨论9次,学习伊犁州党委工作报告、巩留县第十一届四次全委(扩大)会议工作报告、扫黑除恶知识、观看张富清老英雄的先进事迹报告会、开展专题研讨、专题调研活动;在不忘初心、牢记使命主题教育工作中,为老干部党员发放学习资料60多本,每周组织支部老党员与在职党员开展集中学习,对行动不便的老党员开展送学。

【老干部生活待遇】 2019年,巩留县委老干局落实14名离休老干部相关待遇的问题;国庆节与县组织部慰问老干部、老党员14人,发放慰问金8400元;走访慰问生病住院的老干部,为7名老干部党支部书记发放工作补贴1.2万元。春节、古尔邦节慰问全县离休干部、县处级退休干部及遗孀104人,发放慰问金5.2万元;注重培养老干部健康的生活方式,增强安全防范意识。

【组织建设】 2019年,巩留县委老干局有老干部党支部9个,由7名离退休干部担任党组织书记。选送5名老干部党员参加伊犁州组织的老干部骨干党员培训,推荐2名老干部党员担任企业党建指导员。选派老党员指导基层抓好党支部工作和老干部党支部工作,开展主题党日活动。组织12个乡镇片区党工委22人参加的离退休干部党支部工作培训会,通过三个专题辅导,明确老干部党支部的工作目标和要求。同年9月撤销老干局党总支,老干部党员由相应的党支部管理。

【老干部管理】 2019年,巩留县全县有离退休干部2059人,其中离休干部12人,退休干部2047人(机关退休干部703人,事业单位退休干部1292人,企业退休干部52人)。召开2次老干部情况通报会,66名老干部参加会议。组织雪云杉舞蹈队和太极队成员50人，参加全国中老年电视春节联欢晚会的录制和广西桂林第六届全国人民优秀节目邀请赛、察布查尔县广场舞比赛，参加伊犁州民族团结一家亲第三届武术比赛、诗韵伊犁·畅想未来老干部诗歌朗诵会、第一届夕阳红杯老年人柔力球交流活动。

【关心下一代工作】 2019年，巩留县委老干局“爱心妈妈团”深入学校、社区、乡镇开展金秋助学、扶贫帮困、基层演出等活动10多次，为弱势群体捐款、捐物金额1.4万元。开展“爱心一元捐”活动，全局干部及老干部54人参与此次捐款活动。“爸妈爱心团”开展金秋助学活动，为乔勒潘社区1名大学生捐赠1000元，联合伊犁州爱心妈妈协会，为30名贫困学生捐赠爱心大礼包。深入村、社区、学校开展文化下基层和“民族团结一家亲”联谊活动。

【机构简介】 2019年，老年活动中心，副科级事业单位，核定编制4个，实有4人，有党员1人。

主任：贺红（女）

2019年，关心下一代工作委员会办公室，股级事业单位，核定编制2个，实有2人，有党员2人。

主任：阿佳尔·艾山江（女，维吾尔族）

2019年，老龄工作委员会办公室，正科级事业单位，核定编制2个，实有2人，有党员2人，4月划归卫健委。

主任：闫若丰

（何卫萍）

党史研究

【巩留县党史研究室（地方志办公室）负责人】

主任：渠成

【概况】 2019年3月，巩留县委办公室机构改革后将巩留县党史研究室（地方志办公室）（简称县党研室）改为县委直属事业单位。正科级事业单位，参照公务员法管理，核定编制5个，实有4人，有党员5人（含退休）。

【县志工作】 2019年，巩留县党研室经过8年努力，完成130万字的《巩留县志（1991~2010）》，全书共33编186章682节，印刷1500册，已发放至县直机关、乡镇100多个单位。完成《张家港市巩留县援建工作志》补充修改完善工作。

【年鉴编纂】 2019年，巩留县党研室完成《巩留年鉴（2019）》县直相关部门、县审读领导小组、伊犁州党研室审核，报自治区出版社申请书号。完成《伊犁年鉴（2019）》文字资料和图片的收集、编纂和上报。收集图片20张，文字1万字。完成《新疆年鉴（2019）》文字资料和图片的收集、编纂和上报。收集图片12张，文字7000字。

【大事记工作】 2019年，巩留县党研室完成《中国共产党巩留县历史大事记（2019年1月~12月）》编撰工作。

【评审培训工作】 2019年，巩留县党研室参与全疆县市志评审5次，培训交流学习2次。

（褚彦平）

党校教育

【巩留县委党校负责人】

校长：沈慧娟（女，3月兼职）

党支部书记：高友军（3月任职）

常务副校长：刘晓雨（女，3月任职）

【概况】 中共巩留县委党校成立于1953年，隶属县委直接领导，实行校务委员会领导体制。巩留县委党校、巩留县行政学校、巩留电大工作站合署办公，内设行政办公室、教务科、科研办、后勤科。党校承担全县科级以下党员干部的培训任务。有现代化教学设备，可容纳500多名学员学习。2019

年,党校编制12个,实有16人(参照公务员管理人员13人、事业人员3人),有党员12人。

【主体班和非主体班培训】 主体班:2019年,举办巩留县春季中青班,参训30人;举办秋季中青班,参训30人。非主体班:举办纪检监察干部综合业务培训班,参训91人;举办脱贫攻坚致富带头人培训班,参训250人;举办村级社会事务中心干部培训班,参训167人;举办村级经济发展中心干部培训班,参训157人;举办脱贫攻坚返乡大学生感恩教育培训班,参训300人;举办学习贯彻《中国共产党支部工作条例(试行)》培训班,参训398人;举办干部作风教育转化班,参训61人;举办入党积极分子培训班,参训141人;举办新发展党员培训班3期,参训429人;举办村干部能力素质集中培训班,参训67人;举办老干部党员培训示范班,参训60人;举办妇女骨干党员培训示范班,参训100人;举办2018年度新录用公务员暨2019年引进人才岗前培训班,参训52人;举办卫健系统骨干党员培训示范班,参训79人;举办基层团干部培训班,参训121人;举办基层党支部书记不忘初心、牢记使命主题教育培训班2期,参训288人;举办县直机关党务工作者党员培训示范班2期,参训202人;举办新兴组织和农牧民党员培训示范班,参训83人;举办人大代表培训班,参训97人;举办脱贫攻坚扶贫干部培训班,参训360人;举办基层文化干部培训班,参训95人;举办领导干部、知识分子学习贯彻党的十九届四中全会精神和系列白皮书精神培训班3期,参训873人;先后4次组织教师到13个乡镇场宣讲伊犁州党委工作会议精神、县委十一届四次全委(扩大)会议精神、中共十九届四中全会精神等12场次,受教育1万多人次。

【教研工作】 2019年,党校教师和中青班学员一起深入基层调研课题11个;撰写完成2019年度全疆党校(行政学院)系统第十九届理论研讨会论文2篇;在省级期刊《新丝路》杂志发表论文7篇;退休老干部孔布拉提·阿白都拉撰写的《不忘初心 牢记使命 坚定信念 争做新时代合格党员》在伊犁州党校学报发表。

【广播电视大学巩留县工作站】 2019年,广播电视大学巩留县工作站招生243人,为210名毕业学员发放毕业证书,7名优秀学员获得国家开放大学和新疆及伊犁州电大三级奖学金。

【教师队伍建设】 2019年,党校选派1名教师到延安、井冈山干部学院学习,2名教师到张家港考察学习,1名教师到江苏省委党校学习,3名教师到自治区党校学习。 (田玉忠)

巩留县人民代表大会

【巩留县第十七届人民代表大会常务委员会】

主任:萨尔山·斯马义(哈萨克族)

副主任:田刚 马卫东(回族) 党菊莲(女) 多力坤·依比布拉(维吾尔族,人大常委会副主任候选人) 沈金豹(人大常委会副主任候选人)

党组成员:塔依尔江·伊斯拉依(维吾尔族)

【概况】 2019年,巩留县人大常委会有人大代表173人,人大常委会委员25人。下设办公室、法制工作委员会、教育科技文化卫生工作委员会、财政经济工作委员会、代表人事工作委员会。核定编制24个,实有23人。有党员40人(含离退休27人)。

【巩留县第十七届人民代表大会第四次会议】 1月20—23日,在县文化活动中心召开巩留县第十七届人民代表大会第四次会议。出席代表154名,因事、因病请假17名,实际出席会议的代表137名,符合法定人数。会议主要内容:听取和审议巩留县人民政府工作报告;审查和批准巩留县2018年国民经济和社会发展计划执行情况及2019年国民经济和社会发展计划(草案)的报告;审查和批准巩留县2018年财政预算执行情况和2019年财政预算(草案)的报告;听取和审议巩留县人大常委会工作报告;听取和审议巩留县人民法院工作报告;听取和审议巩留县人民检察院工作报告;选举巩留县人民政府县长1人、人民检察院检察长1人,补选巩留县第十七届人大常委会委员5人。

【第十四次人大常委会会议】 1月16日在县人大三楼大会议室召开,会议主要内容:审议通过巩留县第十七届人民代表大会第四次会议代表资格审查报告;审议通过巩留县人大常委会工作报告(草案);审议通过巩留县第十七届人民代表大会第四次会议议程(草案);审议通过巩留县第十七届人民代表大会第四次会议主席团和秘书长名单(草案);审议通过巩留县第十七届人民代表大会第四次会议关于设立大会议案审查委员会、计划预算审查委员会的决定(草案);审议通过巩留县第十七届人民代表大会第四次会议议案审查委员会、计划预算审查委员会名单(草案);审议决定巩留县第十七届人民代表大会第四次会议列席人员名单(草案);审议通过巩留县第十七届人民代表大会第四次会议关于代表提出议案及其审议程序的决定(草案);审议通过人事任免事项。

【第十五次人大常委会会议】 4月16日在县人大三楼大会议室召开,会议主要内容:听取和审议县人民政府《关于2019年巩留县政府债务预算调整方案(草案)的报告》;审议《巩留县人大常委会2019年工作要点》;审议通过人事任免事项。

【第十六次人大常委会会议】 6月24日,巩留县第十七届人大常委会第十六次会议在县人大三楼大会议室召开,会议主要内容:听取和审议县人民政府《关于2019年巩留县第二批政府债务预算调整方案(草案)的报告》;审议巩留县人民政府关于《中华人民共和国道路交通安全法》执行情况的报告;审议巩留县人民政府关于《中华人民共和国传染病防治法》执行情况的报告;审议通过人事任免事项。

【第十七次人大常委会会议】 8月23日在县人大三楼大会议室召开,会议主要内容:听取和审议县人民政府关于《巩留县2018年度财政总决算的报告》;听取和审议县人民政府关于《巩留县2018年度本级财政预算执行和其他财政收支情况的审计结果报告》;评议县水利局工作;评议县卫健委工作;审议通过人事任免事项。

【第十八次人大常委会会议】 11月25日在县人大三楼大会议室召开,会议主要内容:听取和审议县人民政府《关于2019年巩留县预算调整方案的报告》;听取和审议县人民政府关于《中华人民共和国物业管理法》执行情况的报告;听取和审议县人民政府关于《自治区农村扶贫开发条例》执行情况的报告;审议通过人事任免事项。

【代表工作】 2019年,县人大举办自治区、伊犁州、县三级人大代表培训班1期,邀请伊犁州人大常委会专家对《中华人民共和国全国人民代表大会和地方各级人民代表大会代表法》、代表议案、建议的编写等内容进行培训。组织110多名各级人大代表视察全县社会稳定、农业产业化、乡村环境整治、城市建设等重点工作情况。邀请各级人大代表参与专题调研、执法检查、列席县人大常委会会议等活动,建立代表履职记录,保证每名代表在届内都能至少参加1次人大常委会组织的活动。

【乡镇人大工作】 2019年,县人大坚持乡镇人大主席列席常委会议制度,参加视察、执法检查、调研活动,组织乡镇人大干部参加疆内外举办的各类培训班,增长知识,开阔视野,提升工作能力和水平。每季度检查指导乡镇人大工作1次,促进乡镇人大工作有序开展。

【任免工作】 2019年,县人大依法任命国家机关工作人员108人、免职71人。并通过任前法律测试、颁发任命书、向宪法宣誓、任职表态等形式,增强新任干部的责任意识和法治意识。

【议案办理】 2019年,县人大组织部分人大代表前往教育、水利、文化体育广播影视等部门,检查代表建议办理情况,专题听取县人民政府办理代表建议情况的报告,督促政府及相关部门进一步提高办理实效。十七届人大四次会议代表共提出意见和建议65件,至2019年底,代表建议已全部办理完毕。

(马进喆)

巩留县人民政府

【巩留县人民政府领导】

县长:卓力得拜·吉尔哈力拜(哈萨克族)

副县长:乔雪刚(常务副县长) 詹大军、努尔兰·阿西木(哈萨克族) 张海江 阿不力米提·买买提(维吾尔族,3月去世) 郑玲(女,4月离任) 宋庆云 马春青(援疆干部,12月离任)

党组成员:木合塔尔·托合塔尔伙加(哈萨克族,4月退休) 吐尔干·乌拉力别克(哈萨克族)

【概况】 2019年,巩留县人民政府召开政府常务会议11次。会议分别就稳定、经济发展、安全生产、安居富民、道路交通、城市建设、动物防疫、环境整治、教育、医疗、水利、防灾减灾等工作进行了安排。召开党组会议15次,主要议题是集体学习、研究关于人事任免、分管领导汇报工作等。巩留县人民政府下发文件230份,巩留县人民政府办公室下发文件118份。

【巩留县人民政府重要文件(部分)】

《巩留县人民政府工作规则》(巩政发〔2019〕1号)

《关于2019年巩留县政府债务预算调整方案(草案)的报告》(巩政发〔2019〕3号)

《关于组建巩留县阿克加孜克沟小流域水土保持综合治理项目法人的批复》(巩政发〔2019〕7号)

《关于对省道242线巩留至尼勒克公路改线段及连接线等项目用地以划拨方式供地的批复》(巩政发〔2019〕10号)

《关于对巩留工业园公共基础设施项目用地以划拨方式供地的批复》(巩政发〔2019〕11号)

《关于同意成立巩留县粮食质量检验站的批复》(巩政发〔2019〕13号)

《关于申请解决农村公路改建项目资金的请示》(巩政发〔2019〕14号)

《关于协调将巩留县省道242线改造工程纳入敦那高速连接线建设投资计划的请示》(巩政发〔2019〕15号)

《关于巩留县2018年地方政府隐性债务情况的报告》(巩政发〔2019〕18号)

《关于国道577线旱田至特克斯段公路改建项目建设用地的请示》(巩政发〔2019〕20号)

《关于同意巩留县全域旅游建设项目选址意见的批复》(巩政发〔2019〕22号)

《关于解决巩留县综合客运站新建项目资金的请示》(巩政发〔2019〕23号)

《关于申请解决农村公路改建项目资金的报告》(巩政发〔2019〕24号)

《关于协调解决巩留县龙口至库尔德宁景区道路改造建设项目资金的请示》(巩政发〔2019〕27号)

《关于协调解决巩留县塔斯托别乡至阿克吐别克镇道路(Y070线、Y011线、Y004线)改建项目资金的请示》(巩政发〔2019〕28号)

《关于巩留县牛场公共租赁住房建设项目选址意见的请示》(巩政发〔2019〕32号)

《关于巩留县气象局西天山云降水物理综合观测系统建设Ⅰ期项目用地以划拨方式供地的批复》(巩政发〔2019〕36号)

《关于对县自然资源局〈实施巩留县2019年土地收储计划的请示〉的批复》(巩政发〔2019〕39号)

《关于巩留县城镇保障性安居工程专项清查整改工作开展情况的报告》(巩政发〔2019〕42号)

《关于申请实施巩留县小吉尔格朗河生态清

洁小流域建设项目报告》(巩政发〔2019〕43号)

《关于申请将省道242线塔尔德萨依—巩留公路纳入国道218线墩麻扎—那拉提公路项目一并建设的请示》(巩政发〔2019〕45号)

《关于巩留县提克阿热克镇塔勒德村易地扶贫搬迁项目建设用地的请示》(巩政发〔2019〕50号)

《关于巩留县大村(社区)拆分项目建设用地的请示》(巩政发〔2019〕51号)

《关于巩留县东买里镇易地扶贫搬迁项目建设用地的请示》(巩政发〔2019〕52号)

《关于巩留县农村信用社阿尕尔森镇、提克阿热克镇营业部变更土地使用权类型的批复》(巩政发〔2019〕60号)

《关于巩留县旅游服务用地以划拨方式供地的批复》(巩政发〔2019〕61号)

《关于巩留县实施村镇规划2019年度第一批次建设用地的请示》(巩政发〔2019〕66号)

《关于对巩留县旅游基础设施建设项目(蝶湖生态科普园)选址意见请示的批复》(巩政发〔2019〕67号)

《关于2019年巩留县第二批政府债务预算调整方案(草案)的报告》(巩政发〔2019〕69号)

《关于对注册成立巩留县瑞佳健康项目发展有限公司的批复》(巩政发〔2019〕70号)

《关于对巩留县第三次全国国土调查农用地调查为未利用地的批复》(巩政发〔2019〕72号)

《关于确定巩留县公共租赁住房准入标准的批复》(巩政发〔2019〕73号)

《关于巩留县集中供热第二热源及垃圾处理建设项目选址意见的批复》(巩政发〔2019〕75号)

《关于巩留镇再开西社区和综合档案馆建设项目选址意见的批复》(巩政发〔2019〕76号)

《关于巩留县提克阿热克镇塔勒德村易地扶贫搬迁项目、集中供热第二热源工程建设项目用地的批复》(巩政发〔2019〕77号)

《关于雅玛渡水电站项目用地的批复》(巩政发〔2019〕79号)

《关于将巩留县第三次全国国土调查农用地调查为未利用地的批复》(巩政发〔2019〕80号)

《关于伊犁州森林消防支队巩留大队营房改扩建项目选址意见的批复》(巩政发〔2019〕82号)

《关于巩留县公安局派出所建设项目、阿克吐别克镇公安检查站建设项目选址意见的批复》(巩政发〔2019〕83号)

《关于将巩留县安康热力有限公司委托县住建局监管的批复》(巩政发〔2019〕87号)

《关于上报巩留县烈士纪念设施规划建设总体方案的请示》(巩政发〔2019〕89号)

《关于提请审议巩留县2018年度本级财政预算执行和其他财政收支审计工作的报告》(巩政发〔2019〕90号)

《关于对2019年巩留县棚户区改造地方政府专项债券资金及实物安置项目实施方案的批复》(巩政发〔2019〕92号)

《关于巩留县基本农田整改补划方案的报告》(巩政发〔2019〕93号)

《关于对县教育局下属部分事业单位名称进行变更、新增和撤销申请的批复》(巩政发〔2019〕94号)

《关于提请审议巩留县2018年财政总决算的报告》(巩政发〔2019〕95号)

《关于对巩留镇再开西社区和综合档案馆建设项目用地的批复》(巩政发〔2019〕97号)

《关于巩留县人民医院综合病房楼建设项目用地的批复》(巩政发〔2019〕100号)

《关于巩留县申请参加第三批国家生态文明建设示范县评选的报告》(巩政发〔2019〕103号)

《关于保留野核桃自然保护区管理站用于林业用途设施的请示》(巩政发〔2019〕104号)

《关于牛场片区党工委、良繁片区党工委部分社区合并及综农片区党工委原第三生产队移交至巩留镇喀拉苏社区管理的批复》(巩政发〔2019〕105号)

《关于巩留县改善农村人居环境库尔德宁镇垃圾填埋场项目建设用地的请示》(巩政发〔2019〕

106号)

《关于巩留县巩留镇喀拉苏社区项目建设用地的请示》(巩政发〔2019〕109号)

《关于巩留县有机废弃物综合利用、治理及新型生态肥料技术集成与农业产业化项目建设用地的请示》(巩政发〔2019〕110号)

《关于巩留县城西污水处理厂项目建设用地的请示》(巩政发〔2019〕111号)

《关于巩留县改善农村人居环境农贸市场项目建设用地的请示》(巩政发〔2019〕112号)

《关于第四师省道316线—七十三团—省道242线公路工程建设用地的请示》(巩政发〔2019〕113号)

《关于巩留县巩尼路加油站项目建设用地的请示》(巩政发〔2019〕116号)

《关于对巩留县2019年国家重点生态功能区转移支付资金使用计划请示的批复》(巩政发〔2019〕118号)

《关于巩留工业园220千伏输变电工程建设用地的请示》(巩政发〔2019〕119号)

《关于巩留县阿尕尔森镇龙口检查站建设项目建设用地的请示》(巩政发〔2019〕120号)

《关于巩留县实施城镇规划2019年度第一批次建设用地的请示》(巩政发〔2019〕121号)

《关于巩留县公安局良繁场、综合农场派出所项目用地的批复》(巩政发〔2019〕122号)

《关于对国有农牧场办社会职能改革资产、债务划转的批复》(巩政发〔2019〕123号)

《关于巩留县旅游基础设施建设项目选址意见的批复》(巩政发〔2019〕124号)

《关于对巩留县沿线道路旅游公厕建设项目选址意见的批复》(巩政发〔2019〕125号)

《关于巩留县2019年预算调整方案的报告》(巩政发〔2019〕126号)

《关于巩留县阿克吐别克镇总体规划及库尔德宁镇阔克巴克村、阔克塔勒村等38个村庄规划编制及修编的请示》(巩政发〔2019〕137号)

《关于对巩留县违建别墅项目清理整治验收的报告》(巩政发〔2019〕139号)

《关于对巩留县国有企业公司制改制的批复》(巩政发〔2019〕146号)

《关于上报〈巩留县拆除校园内通讯基站整改方案〉的报告》(巩政发〔2019〕147号)

《关于对提克阿热克镇阔乃桑村生猪养殖场项目等五个设施农用地的批复》(巩政发〔2019〕150号)

《关于东买里镇坎尔森布拉克村文化广场文化活动中心建设项目用地的批复》(巩政发〔2019〕151号)

《关于伊犁华昊科技有限公司巩留县计算机服务器生产线及测试一期建设项目的初审意见的报告》(巩政发〔2019〕153号)

【巩留县人民政府办公室文件(部分)】

《巩留县2019年城乡劳动力向疆内外企业有组织稳定转移就业工作实施方案》(巩政办〔2019〕2号)

《巩留县企业投资项目"多评合一"实施方案》(巩政办〔2019〕3号)

《巩留县关于建立完善守信联合激励和失信联合承接制度,加快推进社会诚信建设的实施意见》(巩政办〔2019〕5号)

《巩留县域内中小学布局调整专项规划(2019—2020)》(巩政办〔2019〕9号)

《关于做好巩留县政府办公室深化党政机构改革中档案处置移交工作的处置方案》(巩政办〔2019〕10号)

《巩留县城乡劳动力有组织赴内地稳定转移就业服务管理办法(暂行)》(巩政办〔2019〕14号)

《关于印发〈巩留县第三次全国国土调查实施方案〉的通知》(巩政办〔2019〕15号)

《巩留县旅游促就业三年规划2019年工作安排》(巩政办〔2019〕16号)

《巩留县2019年农村安居工程建设实施方案》(巩政办〔2019〕17号)

《巩留县打赢蓝天保卫战三年行动计划实施

方案(2018~2020年)》(巩政办〔2019〕18号)

《关于印发〈巩留县2019年棚户区改造实施方案〉的通知》(巩政办〔2019〕21号)

《巩留县民间高利借贷行为专项整治工作实施方案》(巩政办〔2019〕22号)

《巩留县全面实施预算绩效管理实施意见》(巩政办〔2019〕23号)

《巩留县2019年城乡居民基本养老保险参保缴费工作实施方案》(巩政办〔2019〕27号)

《巩留县工程建设项目审批改革工作实施方案》(巩政办〔2019〕28号)

《关于印发巩留县四好农村路全国示范县专项工作制度的通知》(巩政办〔2019〕32号)

《巩留县深化医药卫生体制改革重点工作实施方案》(巩政办〔2019〕34号)

《巩留县2020年国家重点生态功能区县域生态环境质量监测、评价与考核工作实施方案》(巩政办〔2019〕35号)

《巩留县推动非户籍人口在城市落户实施方案》(巩政办〔2019〕38号)

《巩留县国土空间规划编制实施方案》(巩政办〔2019〕39号)

《巩留县电子商务进农村工作实施方案》(巩政办〔2019〕41号)

《巩留县冬春火灾防控工作实施方案》(巩政办〔2019〕42号)

《关于印发巩留县建立残疾儿童康复救助制度实施方案的通知》(巩政办〔2019〕43号)

《巩留县工程建设项目审批改革工作实施方案》(巩政办〔2019〕44号)

政府机关工作

【巩留县人民政府办公室负责人】

总支书记、副主任:马武

副主任:吴拉尔斯·哈列汉(哈萨克族,主持工作,11月离任)

扶贫办主任:李虎

信访局局长:安尼沙尔·塔西(维吾尔族)

【概况】 巩留县人民政府办公室是人民政府工作部门,正科级,内设综合科、信息督查科、政务服务管理办公室、机要保密科。核定编制60个(含所属事业单位4个)、(行政编制25个、工勤编制13个、事业编制22个),实有42人,有党员27人。2019年3月根据《巩留县机构改革方案》(巩党办发〔2019〕14号),加挂巩留县扶贫开发办公室、巩留县委外事工作委员会办公室、巩留县信访局牌子;将巩留县移民局职能机构合并至巩留县扶贫开发办公室、政府应急管理办公室职能机构合并至巩留县应急管理局、归国华侨联合会职能划至巩留县委统战部(归国华侨联合会机构编制未划出)。

【行政审批服务】 2019年8月,行政服务中心升格为正科级,更名为政务服务中心。巩留县政务服务中心进驻窗口单位7家(公安、不动产、税务、市监、住建、教育、林业)、中介公司2家(谦百百咨询服务公司、新疆精工测绘有限公司)、便民服务事项单位2家(热力、住房公积金)。巩留县政务服务事项(许可、公共服务)26家473项(许可325项、公共服务148项)。2019年底,已进驻许可事项7家135项,综合窗口授权13家142项,进驻率85.2%。进驻大厅窗口全年办件量为71365件,综合窗口办件量为248件。县直各部门录入政务服务事项2832项,其中网上已发布事项1212项,许可事项325项,公共服务事项148项;上级推送依申请公开事项527项(权责清单6类),巩留县认领499项,认领率93.1%,网办事项508项,网办率为82.87%。

【文秘工作】 2019年,巩留县人民政府办公室围绕县委、县政府的发展思路和中心工作认真做好文秘工作。起草各类公文448份(巩政发155份、巩政办45份、领导讲话稿37份),参与编写各类汇报材料100多份,及时向领导和上级部门反映巩留县各项事业发展情况,同时积极参与巩留县两会和各类调研、政府会议100多次,做好各项服务工作。向伊犁州人民政府网投稿211篇,采用105篇,上报政务信息43篇。做好人大代表建议、议案和政协委员提案的办理工作,全年办理人大代表提出的建议65件,政协委员提案76件,办结率100%,人大代表和政协委员对办理结果的满意率100%。规范收发文登记、传阅、归档、立卷工作。全年筹备政府常务会议11次、党组会议15次、政府全体会议1次、各类专题会议20次。

【信息督查】 2019年,巩留县人民政府办公室及时收集、整理和反馈信息,综合分析全县各方面的重要情况和信息,上报政务信息57期。对中央、自治区、伊犁州和县委的决定、决议、重要工作部署贯彻落实情况进行督促检查以及领导批示件、交办件的催办落实,下发《关于上报〈巩留县政府工作报告〉中100项重点工作推进情况的督查通知》。重点对城乡居民基本养老保险、城乡居民基本医疗保险、贫困人员参加城乡居民基本养老保险征缴情况及ETC办理工作进行专项督查,并通报督查情况,形成督查反馈14期。

【外事服务】 2019年,巩留县人民政府办公室办理涉外案件10人。开展集中下乡宣传活动6次,大厅宣传讲解10多次,发放宣传手册200份,宣传单1500份,张贴海报10多份,利用自助受理终端办理照相21人,通过互联网预约、预受理办事平台办理群众3人,为4名异地人员办理相关证件,运用微信支付811人,开通的延时服务受理100多人。

【扶贫工作】 2019年,全县贫困人口总规模为3805户13675人,全年完成119户443人脱贫任务,提升脱贫攻坚成果,中央、自治区、伊犁州下达扶贫专项资金6210万元,着力解决了"两不愁三保障"突出问题,实现了所有建档立卡贫困户衣食无忧,安全住房、安全饮水、生活用电保障实现全覆盖,贫困家庭适龄学生无辍学,补助资金119.7万元扶持疆内疆外建档立卡学生544人,贫困户有地方看病、方便看病、看得起病。完成对中央、自治区、伊犁州层面反馈204条问题整改落实和全面"回头看"工作;推广土地流转、牲畜托管等做法,全年产业发展投入扶贫资金1523.68万元,发放新疆褐牛338头、羊122只、鸡苗41250只、鹅苗1000只、建设棚圈747户,发展庭院经济,为159户发放马琳苗子,每户补助3000元,带动扶贫对象2522户家庭人均纯收入持续增加,全年转移贫困家庭劳动力2949人(就地就近就业1990人、疆内转移就业794人、疆外转移就业165人),加强贫困群众脱贫攻坚政策、使用技术、国家通用语言文字学习、感恩教育等内容培训,参加职业技能培训946人次、实用技术培训4476人次,提升贫困群众的脱贫动力。

【政府采购】 2019年,采购办完成政府集中采购项目75批次,采购金额达8783.80万元,较财政预算资金9279.55万元,节约财政资金495.75万元,其中公开招标项目5批次,财政预算价722.27万元,中标价695.87万元,节约财政资金26.40万元。竞争性谈判采购项目53批次,财政预算价6871.8万元,中标价6493.23万元,节约财政资金378.57万元。单一来源采购项目2批次,财政预算价142万元,中标价138.13万元,节约财政资金3.87万元。询价采购15批次,财政预算价1543.48万元,中标价1456.57万元,节约财政资金86.91万元。

【信访工作】 2019年,巩留县群众上访反映的诉求主要集中在土地草场纠纷、政策享受、拖欠民工工资、历史遗留信访问题、涉法涉诉类等方面。其中,涉法涉诉问题出具不予受理告知书13件。信访局根据《巩留县党政领导接访制度》,落实领导信访接待日制度,坚持每周二集中定期接访、每个工作日领导随时接访、群体访由分管领导随时接待、领导干部带案下访约访四种接待方式。全年,16名县领导接待群众来访21件27人次,均已化解。实行县领导包案化解制度。

【电子政务】 2019年,巩留县人民政府办公室根据政务公开要求,发布政府信息4675条。其中政务公开信息379条、政民互动32条、政务动态306条、部门动态信息252条、基层动态139条,其他类别3567条。

【移民工作】 2019年,移民办落实大中型水库移民后期扶持政策,核定巩留县大中型水库移民人口为6387人。其中直补后扶人口5194人,项目扶持人口1193人。完成移民资金投入663.16万元,其中完成移民后扶直补资金293.58万元,完成项目投资369.58万元。完成移民项目5个,库尔德宁镇阿拉尔村卫生室建设项目,投资32万元;阿尕尔森镇别斯沙拉村环境卫生整治建设项目,投资54万元;东买里镇公尚村环境卫生整治基础设施建设项目,投资142万元;塔斯托别乡英买里村环境卫生整治基础设施建设项目,投资73万元;塔斯托别乡库克塔拉村环境卫生整治基础设施建设项目,投资68.58万元。

【公共机构节能】 巩留县2019年认真贯彻落实《公共机构节能条例》,印发《巩留县公共机构节能考核评分标准》,将节能工作纳入县政府对各单位的年终绩效管理考评体系。建立联络员制度,全县确定公共机构联络员87人。定期巡查各公共机构水、电、油等设施设备运行情况,杜绝跑、冒、滴、漏等浪费现象和不安全因素,定期检查各公共机构办公室的电源、电脑、照明灯、打印机、复印机等用电设备使用情况。巩留县人均综合能耗同比下降2.22%,单位建筑面积能耗同比下降2.34%,人均用水下降3.15%。全县公共机构均建立节能统计台账制度,统一使用节能统计软件,规范节能数据上报、收集、整理工作。加强节能用品采购的跟踪检查,严格审核节能采购预算,确保依法采购,推广应用节能产品和技术。

【机构简介】 2008年5月,成立行政服务中心,副科级事业单位。2019年9月,更名为政务服务中心,级别正科级,核定编制11个,实有2人,有党员2人。

负责人:田祥

2009年4月,成立电子政务办公室,股级,核定编制6个,实有5人,有党员3人。

负责人:周舟

2019年,矛盾纠纷调处中心,股级,核定编制3个,实有4人,有党员3人。

负责人:波拉提·依斯得勒(哈萨克族)

2006年9月,成立政府采购中心,为县人民政府直属独立核算、全额拨款事业单位,核定编制3个,实有2人。

负责人:王秀芝(女)

(刘光耀)

中国人民政治协商会议巩留县委员会

【巩留县政协第十五届委员会】

党组书记:艾力木拉提·卡依力别克(哈萨克族)

主席:塔西买买提·艾拜(维吾尔族)

副主席:艾力木拉提·卡依力别克(哈萨克族) 秦晓伟

常委:塔西买买提·艾拜(维吾尔族) 艾力木拉提·卡依力别克(哈萨克族) 艾尼瓦尔·巴哈尔丁(维吾尔族) 秦晓伟、艾提木哈买提·苏勒坦(哈萨克族) 张培兢 孙仁国 崔杰 闫小林 王永军 托依西别克·苏来曼(哈萨克族) 燕国华(回族) 木拉提·伊沙克(哈萨克族) 阿不都克依木·阿不来提(维吾尔族) 丁成才(回族) 孔坚坚(锡伯族) 阿斯亚·巴哈夏尔(女,哈萨克族) 阿曼泰·孜那里别克(哈萨克族) 赛力克·吐尔斯拜(哈萨克族) 哈丽达·哈布德热合曼(女,塔塔尔族)

【概况】 2019年,政协巩留县十五届委员会设主席1人、副主席4人、常委20人,委员127人。常务委员会内设办公室、经济委员会、提案委员会、民族宗教文史资料委员会。核定编制18个,实有21人。有党员26人(含退休党员)。

【政协巩留县第十五届委员会第四次会议】 1月20—22日,中国人民政治协商会议巩留县第十五届委员会第四次会议在县文化活动中心召开。大会应出席委员120人,实到114人。塔西买买提·艾拜代表十五届县政协常委会,向大会报告工作。县委副书记、县长卓力得拜·吉尔哈力拜、县人大常委会主任萨尔山·斯马义等县四套班子、法检两院的领导和县政协离退休老领导代表,驻巩留县自治区、伊犁州政协委员以及各乡镇场、县直机关、垂管单位的负责人应邀列席会议。会议由县政协党组书记、副主席艾力木拉提·卡依力别克主持。

【政协巩留县常委会】 1月17日,政协巩留县第十五届委员会召开第一次常委会。会议审议通过县政协十五届委员会常委会工作报告(草案)、县政协十五届委员会常委会提案工作情况报告(草案)、会议议程、秘书长、副秘书长、提案审查委员会主任、委员名单、日程和委员分组讨论名单(草案)。会议由县政协党组副书记、主席塔西买买提·艾拜主持会议。

1月22日,政协巩留县第十五届委员会召开第二次常委会。会议听取各组讨论情况的汇报,审议通过政协巩留县第十五届委员会副主席候选人名单(草案)、会议选举办法(草案);通过政协巩留县第十五届委员会第四次会议总监票人、监票人名单(草案);通过政协巩留县第十五届委员会第四次会议提案审查情况的报告(草案);通过政协巩留县第十五届委员会第四次会议常务委员会工作报告的决议(草案);通过政协巩留县第十五届委员会第四次会议提案工作情况报告的决议(草案);通过政协巩留县第十五届委员会第四次会议政治决议(草案)。会议由县政协党组副书记、主席塔西买买提·艾拜主持会议。

【提案办理】 2019年,政协收到委员提案115件,审查立案105件,合并梳理提交政府有关部门承办76件。其中农牧林水类19件,占总数的25%;交通住建电力类19件,占总数的25%;科教文卫类22件,占总数的29%;劳动人事类2件,占总数的3%;发展改革财经类4件,占5%;其他类10件,占总数的13%。从办理情况看,76件提案已全部办理完毕,答复率100%,提案得到解决或基本解决的37件,占49%;正在解决的17件,占总数的22%;已列入计划将逐步解决的20件,占总数的26%。所提提案不能解决的2件,占总数的3%。对办理结果满意的有68件,占90%。 (王鸿强)

纪检监察

【巩留县纪律检查委员会、监察委员会负责人】

书记:阿克木江·阿西木(维吾尔族,4月离任) 玛丽娜·巴合达提(女,哈萨克族,5月任职)

副书记:托巴江·帕孜尔别克(哈萨克族) 秦凤平(藏族,6月离任)

纪委常委:高英芝(女) 奴尔布拉提·加依尔别克(哈萨克族) 梁进进、尚海龙(回族)

监委委员:高英芝(女) 尚海龙(回族) 马海利 玉米提·肖开来提(维吾尔族)

【概况】 2019年3月,巩留县纪委监委机构改革,纪委监委分为三个部分。纪委监委机关内设11个部室,即办公室、组宣部、信访室、党风政风监督室、第一纪检监察室、第二纪检监察室、第三纪检监察室、第四纪检监察室、干部监督室、案件审理室、案件管理室。核定行政编制31个、工勤编制3个,实有31人,有党员28人;县委巡察办公室,行政编制15个,实有3人,有党员9人;派驻机构6个(纪委监委第一纪检监察组至纪委监委第六纪检监察组),行政编制60个,实有37人,有党员36人。另有派出机构县直属机关纪检监察工委,行政编制5个,实有2人,编制及人员列入县直机关工委。

撤销事业单位纠正行业不正之风办公室。

【党风廉政建设】 2019年，巩留县纪委监委围绕脱贫攻坚、扫黑除恶等上级重大决策部署，紧盯中心工作和热点问题、突出问题，开展公款吃喝、公款送礼、公车私用等问题调查审查，对重点部位开展检查450次，检查公车524辆，做好中央巡视反馈问题整改，配合中央第六巡视组开展工作，对巡视组转办案件线索立交立办，快查快结，层层压实责任，推进整改落实。

【案件查办】 2019年，巩留县纪委监委以扶贫、民生等领域为重点，加大对群众身边腐败和作风问题的监督执纪力度。开展农村集体三资、扶贫、低保、大棚房等专项治理，215个超面积看护房已全部整改完毕，发现问题线索6条，立案4件4人，结案4件4人，给予党纪政务处分4人；下发以案促改通知书和监察建议书51件，督促主责部门落实整改工作。

【监督检查】 2019年，巩留县纪委监委严查各类违反中央八项规定精神案件7起7人，给予党政纪处分6人，组织处理1人；查处形式主义、官僚主义案件56件62人，党纪政务处分11人，组织处理51人。对反馈问题梳理分解、研究讨论，及时排查。全年伊犁州群众工作督导反馈问题72条，全部整改，处理64人。

【政治巡察】 2019年，巩留县纪委监委开展第六轮、第七轮巡察。第六轮巡察12个部门党组织，发现各类问题151个，移交问题线索42条，已立案审查6件，给予组织处理2人。第七轮巡察124个部门党组织，发现各类问题231件、问题线索39件。

【警示教育】 2019年，巩留县纪委监委通过观看警示教育片，以案说纪教育警示身边人，受教育3000多人，专题学习党规党纪及党风廉政专题知识65次；组织县处级领导、科级领导干部进行德廉知识测试，建立和完善全县各级领导干部的廉政档案，健全完善领导干部党内谈心谈话和约谈提醒机制，对99名新任职领导干部进行集体廉政谈话。召开会议研究党风廉政建设和反腐败工作5次，做出相关批示20多次；组织召开巩留县党风廉政建设和扶贫领域专项治理暨作风建设推进会1次。

【队伍建设】 2019年，巩留县纪委监委推进周一晨学常态化活动，坚持每周集中学习不少于2小时。组织纪检监察干部培训班2期，培训干部190多人（次）。各乡镇分别举办纪检业务培训40场（次）、纪检业务知识竞赛3场（次）、案例教学演练5次，乡镇纪检书记和纪检干部35人参加。（陈君）

法 治

FA ZHI

政法委工作

【巩留县政法委负责人】
县委副书记、政法委书记:杨全国
副书记:陈强(5月离任) 苗全国(3月任职) 郭建勋(11月任职) 阿布力克木·伊玛木(维吾尔族,3月离任) 裴亮(5月任职)

【概况】 2019年,巩留县政法委内设机构有办公室、研判中心、维稳办、综治办、综治中心、执法监督室、扫黑办,下设事业单位维稳指挥中心。政法委行政编制9个,工勤编制1个,实有11人,有党员15人(含退休)。

【严打严防】 2019年,政法委坚持情报信息与人力情报、基层微线索紧密结合,加强综合分析研判,提升预测预警预知能力。及时获取预警性、行动类情报信息,提高主动发现和精准打击能力,按照不漏案、不漏线、不漏罪、不漏人、不漏根、不漏物要求,深入排查存疑案件限时办结销号。

【综合管理】 2019年,政法委依托便民警务站、警务点、治安检查站,形成车巡、步巡与视频巡逻相互联动格局。强化"1分钟、3分钟"快速处置圈,常态化应急演练,提升实战能力水平。加强管制刀具和液化气钢瓶打码工作,管制器具销售点3家、液化气站1家实行二维码和实名登记销售制度。落实寄递物流三个100%和"一采四拍"制度,对全县17家物流寄递企业统一实行集中园区管理,落实油、气、电实名购买和异常报警100%,全县16家加油气站采集加油人员信息38.26万条,预警2463次。落实机动车修理业及废旧品收购业实名登记制度,对182名从业人员进行逐一审查,清退有前科劣迹人员2人。

【流动人口管理】 2019年,巩留县政法委落实流动人口及有组织转移其他省市伊犁籍务工人员服务管理工作,全面推广使用手机APP自主采集、警综平台、点对点核查平台、流动人口全域管控平台应用力度,做实流动人口登记、信息采集等环节,做到流动人口底数清、情况明。做好巩留籍其他省市务工人员服务管理工作,同年,成立驻其他省市企业管理服务办公室1个,管理服务站3个,抽调随队管理工作人员10人,全年有组织分批次向其他省市转移就业305人。

【扫黑除恶】 2019年,巩留县政法委扫黑办收集线索57条,已办结线索52条,未办结线索5条。接收伊犁州级交办线索57条,已全部办结;发放宣传单3万张,张贴公告5000张、宣传标语口号426条;开展扫黑除恶专项宣讲572场次,受教育群众9万多人;开展集中宣讲139场次、国旗下宣讲活动2600场次,受教育群众19万人次;开展农牧民夜校3500场次,受教育群众7万多人次。查结企业虚开增值税专用发票案件4起,涉案金额2500多万元;查处"黑车"188辆,行政处罚101万元;开展农村赌博整治专项行动,办理赌博案件19起,涉案81人;办理涉黄案件2起3人;办理涉毒品交易案13起14人;出动稽查人员891人次、检查经营单位455家次。

【禁毒、反邪教工作】 2019年,巩留县政法委推进全国禁毒示范州创建,组织各乡镇、片区党工委对吸毒人员数据进行核实,建立台账,强化专案侦查和破案攻坚,破获贩卖毒品案13起,抓获嫌疑人14人,依法强制戒毒9人、刑事拘留3人、行政拘留4人。对判刑邪教人员家属入户走访,做好帮扶工作。

【平安建设】 2019年,巩留县政法委实施平安建设巩固、提升、示范、引领四项工程,平安单位、平安村队(社区)、平安校园、平安医院、平安宗教活动创建率100%,全县平安家庭创建率96%,平安商铺创建率95%。全县设立固定宣传牌207个,散发宣传单51989份,悬挂横幅321条,利用国旗下宣讲、农牧民夜校等方式大力宣传平安创建活动1364次,营造浓厚创建氛围,群众参与率100%,知晓率、满意率、公众安全感95%以上。

【维稳指挥中心】 2019年,成立维稳指挥中心,正科级事业单位,核定编制5个,实有4人,有党员3人。

负责人:赵学荣

（杨婧）

公 安

【巩留县公安局负责人】

党委书记、局长:孔海东

【概况】 2019年,巩留县公安局内设机构12个(其中综合管理机构3个,执法勤务机构9个),派出机构16个,监管场所2个。

【打击违法犯罪】 2019年,巩留县公安局开展刑事案件和涉黑涉恶问题打击力度,破案率84.1%。核查伊犁州公安局经侦支队推送可疑交易线索12起,共计核查18人,核查可疑资金7000多条(一笔资金算一条),未发现违法犯罪情况。联合工商局、税务局、烟草局、食药监局等部门开展大型非法集资犯罪行动宣传咨询活动4次,发放宣传单7500多份,受教育群众10000多人次。治安案件查处率为100%。

【网络侦查】 2019年,巩留县公安局开展短视频有害信息巡查报送工作,上报有害短视频140条,并举报处置;加强涉网单位场所管理,现场检查48次,整改11家,下达整改通知书5份;加强网络安全宣传,提高全民网络安全意识,散发宣传单2000多份,接受群众咨询260多次,在人员流动、车流量比较密集的5个便民警务站电子显示屏滚动播放宣传标语。开展防电信诈骗宣传教育900多场次,印制谨防电信诈骗张贴类宣传单6万份,发放宣传单3万份。

【社会面管理】 2019年,巩留县公安局巡逻防控大队建立指挥调度、巡逻防控(步巡组、车巡组)、快速处置三个勤务机制。打造静和路、湿地公园、客运站3个中心站带动周边警务站,实现对城区"中心圈"东、中、西3个片区警务站"扁平化、可视化"二级指挥体系,主城区警务站"30秒、60秒快速处置圈"。在县城街面设置31处盘查点,不定时、不定点开展盘查工作。查获涉嫌盗窃28起、抓获盗窃嫌疑人32人,盗窃案较上年同期相比下降19.8%,查获涉嫌赌博案件2起。

【治安管理】 2019年,巩留县公安局开展安全检查和指导,出动警力600多人次,警车120多台次,检查公共娱乐场所90次,清理出租房屋108次,清查旅店67次,清查暂住人口900多人。查处农村赌博案件14起,处理84人;查处涉黄案件6起,处理18人;查处涉毒案件7起,处理7人;收缴储存鞭炮55件;办理非法携带管制刀具案3起;非法储存、销售烟花爆竹1起;通过视频调度平台对全县重点要素进行视频巡查,检查单位2472次,发现存在隐患单位526次,其中当场整改335家、下发整改通知书271家、停业整顿20家。重新梳理摸排144家单位,规范管理。

【交通管理】 2019年,巩留县公安局加大交通安全宣传力度,出动警力8208人次,警车2108辆次,开展八进宣传1783次,交通安全知识讲座70多次、上交通安全课173课时、国旗下宣讲50次,印发宣传材料8万多份,全县受教育18万多人。路面勤务及公安卡点检查车辆147.90万辆次,检查228.25万人次,开具行政处罚决定1869起,简易程序处理决定书1.88万起,查处交通违法行为3.32万起。全年接处警953起,较上年上升24%。接处警中受理一般以上道路交通事故171起,较上年下降4%。死亡9人,较上年下降61%;受伤195人,较上年下降14%;财产损失24.08万元,较上年下降30%。交通事故接处警中简易程序处理328起,较上年下降14.5%。纠正机动车违法行为700多起。

【警务保障】 2019年,巩留县公安局购买警用巡逻车10辆,送餐车2辆;实施办公阵地建设项目10个(派出所建设项目9个、阿尕尔森镇龙口检查站项目1个),申请落实中央预算内资金1734万元,总建筑面积7700平方米。完成项目7个(派出所建设项目6个、阿尕尔森镇龙口检查站项目1个),完成投资927.37万元,完成建筑面积5300平方米。车管所查验通道项目建设投资132万元,为新招聘的辅警人员购买冬季服装72.6万元。

【队伍建设】 2019年,巩留县公安局完成党支部换届选举工作,优化调整6个党支部,对支委进行改选、补选。吸收入党积极分子23名,接受预备党员10人,预备党员转正11人。坚持每月集体学习不少于2次,召开党委理论中心组(扩大)学习24次,落实三会一课制度,领导班子讲党课24次,开展讨论14次。各党支部开展集中学习990次,专题讨论174次,撰写心得体会4288篇,开展党建活动200多次,警示教育15次,重温入党誓词150次。

【警务督察】 2019年,巩留县公安局开展督导检查基层科所队1262(个)次,督导检查便民警务站1380(个)次,测警(盲测)2051次,督察重点要害部位、人员密集场所493(个)次,发现各类问题、隐患478个,现场督促整改260个(处),提出督察建议116条,印发《督察通报》423期、《网上督察通报》114期;督导检查重大活动安保工作41次;在全局开展视频巡查5321次;核查群众投诉25起(其中查实8起、查否17起),核查处理结果均已答复;维护民警执法权益案8起。

【法制建设】 2019年,巩留县公安局法制大队核查各类警情2080起,核查案件1197起,发现问题21处,其中受案不及时5起,未按规定履行告知程序13起,处罚裁量不准确3起。 (王丽)

检　察

【巩留县人民检察院负责人】

党组书记、副检察长:马勇

检察长:艾合旦木江·克力木(维吾尔族,1月任职)

【概况】 2019年,巩留县人民检察院完成司法责任制改革,内设办公室、第一检察部、第二检察部、第三检察部、政治部。县委派驻机构1个(纪检组)。核定编制34个(政法专项编32个、事业编2个),实有33人。有党员28人。

【检察监督】 2019年,巩留县人民检察院批准逮捕各类犯罪嫌疑人191人,提起公诉510人;不批准逮捕35人,决定不起诉12人。办理立案监督案件4件4人,向侦查机关发书面纠正违法通知3份,口头纠正30多次,追诉漏犯1人,改变定性2件2人,向侦查机关发检察建议2份。执行认罪认罚从宽处罚制度,适用认罪认罚制度办理案件274件294人。全面加强对监管场所的监督,对2名在押人员的控告申诉及时调查核实并给予反馈;开展羁押必要性审查8件8人,立案4件4人,发出《变更强制措施函》4份,办案单位均采纳并变更强制措施。

【诉讼监督】　2019年，巩留县人民检察院召开专题联席会议，开展联合检查，在涉食品领域公益诉讼案件线索57件，立案57件；在保护伊犁河流域生态环境公益诉讼专项行动中发现线索53件，立案53件。对公益诉讼案件制发诉前检察建议，对起诉案件，制定出庭预案，判决后跟进监督。全年发出检察建议119份，收到相关单位复函82份。发现非诉执行类案件线索12件，办理12件，其中民事非诉执行5件，行政非诉执行案件7件。

【公诉检查】　2019年，巩留县人民检察院重点调查屠宰企业、食品加工企业、农贸市场、超市、路边店、学校周边商店等场所，发现食药领域案件线索57件，立案57件；办理的3起刑事附带民事公益诉讼案，成为伊犁州首批获判的涉食品安全刑事附带民事公益诉讼案。办理司法救助案件5件6人，发放司法救助资金3.5万元。立案调查的5起伊犁河流域破坏国家级公益林案，涉及面积近万亩，并已向相关单位下发要求限期整改的检察建议。受理群众来信来访53件，办结53件。办理2例涉民营企业家羁押必要性审查案件，办案单位均采纳并变更强制措施。

【检察改革】　2019年，巩留县人民检察院统筹推进检察人员分类管理改革，完成聘用制书记员招录，对员额检察官、司法辅助人员和司法行政人员实行三类人员两种管理、两类考核。构建新型检律关系，依法保障辩护人、诉讼代理人的执业权利。对206件案件进行流程监控。通过互联网依法依规适时公开案件程序性信息721条，公开法律文书374份。发布重大案件信息7条。建立健全提前介入、联席会议信息数据共享等制度，依法及时办理纪委监委移送的职务犯罪案件4件4人。

【队伍建设】　2019年，巩留县人民检察强化素质能力建设，提高干警综合素质，重视精神文明创建工作。强化执纪问责力度，实践好监督执纪常态化。做到每月督察不少于2次，加强节假日期间作风监督检查。全年开展常态化督察17次，下发通报17份，对1名干警进行谈话提醒。

【“访惠聚”工作】　2019年，巩留县人民检察发挥“访惠聚”后盾单位作用，为工作队提供冬季燃煤50多吨，提供各类帮扶资金3.6万元，为工作队做好各项服务保障工作。　（陈潇）

法　院

【巩留县人民法院负责人】
党组书记、副院长：王涛
党组副书记、院长：托合塔生·努尔沙巴（哈萨克族）

【概况】　2019年，巩留县人民法院内设政治部、综合办公室、刑事审判庭、民事审判庭、立案庭、审判管理办公室（研究室）、综合审判庭、执行局。核定编制76个（政法专项编制73个、工勤编3个）。实有干警81人，有党员22人。

【刑事审判】　2019年，巩留县人民法院成立涉黑恶势力犯罪案件专业审判团队，依法审理涉黑涉恶案件3件16人。依法惩治职务犯罪，推进反腐败斗争；加强人权司法保障，推进以审判为中心的刑事诉讼制度改革。

【民事审判】　2019年，巩留县人民法院强化诉调对接、多元化解纠纷，开展诉前调解。全年受理民商事案件1315件，审结1214件，审结率92.32%。其中调撤案件842件，调撤率69.36%。

【行政审判】　2019年，巩留县人民法院审查非诉行政案件5件，审结5件，对审查出的问题向行政机关提出司法建议，监督行政机关依法行政；维护公民、法人和其他组织的合法权益。

【执行工作】　2019年，巩留县人民法院加大对失信被执行人拒执行为的打击力度,将52名被执行人纳入失信名单,限制高消费69人,司法拘留4人。全年受理案件执结率97.78%,执结标的额3623.87万元。

【司法公开】 2019年,巩留县人民法院加强科技法庭、审判管理系统和执行指挥系统的建设,推进裁判文书上网工作,在中国裁判文书网公开裁判文书602份。接受人大监督和政协民主监督,听取人大代表、政协委员的意见建议。健全人民陪审员制度,提高陪审率,人民陪审率99.22%。

【群众工作】 2019年,巩留县人民法院发挥单位后盾作用,为"访惠聚"驻村工作队在生活保障、工作保障上投入8万多元,并送去冬季燃煤价值3万元。下沉干部住户700多户。针对村民法律意识不强,缺乏法律常识等问题,巩留县人民法院充分发挥自身优势,当老师,讲政策、讲法律、教双语,开展法律法规知识教育600多次,受教育群众1.4万多人次。开展民族团结一家亲系列联谊活动8场次。做好脱贫攻坚工作。引导发展养殖业、种植业、庭院经济,通过劳动力转移等多方面增加收入。 (古丽布斯坦·阿不都热西提)

司法行政

【巩留县司法局负责人】

党组书记:陈驹

局长:阿布力克木·依马木(维吾尔族,4月任职)

【概况】 2019年3月,巩留县司法局完成机构改革,机关内设办公室、法治宣传科、公共法律服务管理科、法治督查科、社区矫正与安置帮教工作管理科,下设9个法律服务所、1个律师事务所。核定行政编制30个,工勤编制1个,实有22人,有党员22人(退休党员10人)。

【依法行政】 2019年,巩留县司法局组织召开全县依法治县委员会第一次会议,会议审议通过《巩留县委全面依法治县委员会工作规则》《巩留县委全面依法治县委员会协调小组工作规则》《巩留县委全面依法治县委员会办公室工作细则》3个文件,下设3个协调小组,完成全县35个部门511个行政执法证件的审核、申报工作,组织第一期4个行政单位94名公务员参加伊犁州级行政执法视频培训。开展政府重大决策事项合法性审查工作,审查政府性合同55件,依法受理、审理行政复议案件,全年参与行政应诉案件2件。

【法治宣传教育】 2019年,巩留县司法局组织全县公职人员参加法学在线网上学习活动,开展宪法宣传148场次。成立法治宣讲团,全年开展法治宣讲77场次,受益群众6652人。开展法治文化基层行活动29场次,参加2452人;加强一村一法律顾问工作,开展法律法规宣传活动118场次,开展法律宣传105多场,分发宣传资料6000多份,解答法律咨询162人次,农牧民参加夜校21025人,发放法律顾问补贴17.9万元。全县已创建45个民主法制示范村(社区),创建率56%。开展法治进学校活动,全县聘请法治副校长44人,开展活动156场(次),法治副校长和法治辅导员上法治课386课时,参与38522人。开展法治宣传系列活动146场次,举办法治讲座627场,发放普法宣传资料5万多份。

【社区矫正与安置帮教】 2019年,巩留县司法局做好社区服刑人员刑罚执行一体化工作,落实两个八小时及外出请销假制度,防止脱管、漏管现象发生;协调推进在监服刑人员及其亲属的地监合作和双向转化工作;加快推进社区矫正人员电子手环信息化建设,持续常态化开展社区服刑人员及刑满释放人员摸底排查,落实日排查上报和月分析研判机制,建立动态信息库,坚决防止两类人员重新犯罪;对法院、检察院、公安局等委托的拟适用社区矫正案件,通过走访调查、查阅档案等方式依法进行社会风险调查评估,全年共收到委托评估76件。

【人民调解】 2019年,巩留县司法局在劳动仲裁、法院、交警设立了调解室,建立个人人民调解室4个,将矛盾纠纷化解在第一线;建立矛盾纠纷排查长效机制,落实矛盾纠纷日排查报告制度,确保三不出;突出抓好两类人员及在监服刑人员家属的矛盾纠纷排查调处工作,确保第一时间发现纠纷,及时就地化解,堵塞风险隐患;组织全县各乡镇司法所开展人民调解案件评查指导工作,组织人民调解员参加县级培训班1期,参加司法部视频培训10期。全年人民调解组织受理各类矛盾纠纷728件,调解成功726件,成功率99.7%,涉及金额295.27万元。

【公共法律服务】 2019年,巩留县司法局整合法律援助、公证律师、人民调解等法律服务资源,全年受理法律援助案件158件,其中民事案件149件、刑事案5件、非诉讼案件4件,接待法律咨询182人次,解答涉法问题103起。办理各类公证事项231件,其中民事类163件,经济类68件。规范律师代理行为,律师事务所代理各类案件63件,其中,刑事案件8件,民事案件55件;法律服务所代理法律服务案件66件,法律援助42件,代写法律文书231件,法律咨询267人次。

【队伍建设】 2019年,巩留县司法局组织党员干部加强学习,统一思想和行动。全年召开支委会议学习12次,党员大会9次,交流座谈会12次,开展主题党日活动12次,班子成员讲党课8次,组织党员干部集中学习81次,撰写心得体会60多篇。建立健全各项规章制度,公示举报电话,自觉接受广大群众监督。建立和完善党员教育管理工作目标责任制,召开专题会议研究解决党建工作存在的问题。接收入党积极分子1人,发展党员2人,转正1人。

【群众工作】 2019年,巩留县司法局住户306户(次),开展民族团结一家亲联谊活动11次。为社区购置办公用品价值4000元,解决工作队冬季取暖用煤20吨。举办普法活动25场次,调解矛盾纠纷5起,办实事好事6件。开展扶贫帮困走访活动11次,慰问社区贫困居民20户,慰问扶贫资金0.5万元。

(胡婷)

军　事

JUN　SHI

巩留县人民武装部

【思想政治建设】　2019年,巩留县人民武装部开展庆祝中华人民共和国成立70周年系列活动,全体干部分批参加上级能力培训;围绕教育主题开展讨论辨析、体会交流,收集对人武部党委机关意见建议20多条,完成专题民主生活会;开展纪律教育,对物资采购、工程项目全程监督监察,调查处理2起物资采购价格虚高问题;抓好人武部系统行业风气专项整治。

【民兵训练】　2019年,巩留县人民武装部把民兵训练作为中心工作,落实分区军事训练指示,周密筹划,科学施训,克服训练器材缺、人员在位少、训练难组织等困难,选送专武干部、民兵参加集训。建立民兵训练基地,分批完成基干民兵训练任务。加大训练投入力度,发放年度民兵训练补助费,新建体能训练室,并购置健身器材,购置指挥所帐篷,购置训练器材,战备训练条件得到有效改善。年度军事训练检查考核取得分区人武部第四名的成绩。

【民兵预备役建设】　2019年,巩留县人民武装部加强对民兵整组任务的组织领导,召开任务部署会,规范整组13个程序,完成普通民兵、基干民兵的整组任务,民兵队伍结构改善、组织健全、布局合理、政治合格、干部齐备、制度落实,为民兵应急连和基层武装部购置服装等,基层武装阵地和民兵应急连(排)设施建设得到规范和加强。

【征兵工作】　2019年,巩留县人民武装部开展兵役登记工作,召开征兵工作动员部署会,设立12个乡镇场网上报名点,广泛宣传发动,广大青年踊跃报名参军,新兵光荣入伍。

【部队建设】　2019年,巩留县人民武装部加强部队保障建设,购置电脑、移动硬盘等办公设施,投入2万多元用于办公楼维修,投入2万多元用于营区绿化美化,改善工作、生活、学习、训练环境,协调县委组织部把专武干部纳入公务员招编计划,给予工作能力强的武装部长正科待遇。(谭奋昊)

中国人民武装警察部队伊犁支队执勤四大队巩留中队

【中国人民武装警察部队伊犁支队执勤四大队巩留中队负责人】

指导员:肖尧

中队长:张孟辉

【概况】　中国人民武警伊犁支队执勤四大队巩留中队(简称巩留中队)前身是中国人民武装警察部队巩留县中队,隶属中国人民武装警察部队伊犁哈萨克自治州支队。2018年1月,部队领导体制改革,改编为中国人民武装警察部队伊犁支队执勤四大队巩留中队。

【维护稳定】　2019年,巩留中队协同县公安局、武装部、民兵、消防等各方力量,出动兵力和巡逻车,与县维稳力量联勤编组,共同担负县城武装巡逻,组织综合演练。

【拥军爱民】 2019年，巩留中队为东买里镇4户困难家庭送去慰问金4000多元，选派6名官兵参加提尔曼社区春节联谊活动，配合县委做好育新路周边植树绿化工作。建军节期间，巩留县四套班子领导、企事业单位、个体户到中队慰问官兵，并送去慰问品。巩留中队与县中医院开展联谊活动。（池大伟）

巩留县森林消防大队

【巩留森林消防大队负责人】

大队长：刘强

教导员：朱化峰

【概况】 2018年9月，部队转制到应急管理部国家综合性消防救援队伍，由原中国人民武装警察部队新疆维吾尔自治区新疆森林总队伊犁支队巩留大队变更为巩留县森林消防大队，主要由部队现役转制人员和地方招录人员组成。2019年12月正式挂牌成立。

【装备器材】 2019年，巩留县森林消防大队有水罐消防车2辆、全地形山猫车2辆，有7类128种救援器材。

【遂行任务】 2019年，巩留县森林消防大队按照新颁发的《应急管理部森林消防队伍教育训练大纲》，以地震救援演练和跨境灭火救援队拉动演练为契机，扎实开展冬季大练兵，主动到属地消防救援大队参观见学，借鉴好的训练方法和经验。组织军事训练9次，专业技能课目和基础体能测试3次，专题教育3次。落实战备值班，做到值班人员对讲机24小时不离身。坚持每周2次营区防袭击演练。大队与那拉提分队联合新源县天西局和景区管委会开展清山巡护3次，防火宣传4次。驻营区分队也深入重点防区和乡镇开展防火宣传，出动120多人次、车辆30多台次，发放各类宣传资料3000多份，受教育群众5000多人。落实日常演练和战备检查，每周组织灭火救援行动综合演练。2019年5月，中哈边境哈方发生草原火灾，接到支队命令后，火速驰援，开设防火隔离带，阻截哈方草原火势蔓延。（刘杰）

巩留县消防救援大队

【巩留县消防救援大队负责人】

大队长：张维强

政治教导员：赵家强

【概况】 2009年7月，巩留县公安消防大队成立，2019年11月更名巩留县消防救援大队。隶属伊犁哈萨克自治州消防救援支队，下设1个消防救援站（巩留县皮毛厂路消防救援站），主要担负巩留县辖区防火监督、灭火救援、维稳处突、抢险救灾等职责。

【车辆装备】 2019年，巩留县消防救援大队有消防车7辆，其中泡沫水罐消防车4辆、登高平台消防车1辆、抢险救援消防车1辆、消防宣传车1辆。

【设备配置】 2019年，巩留县新建市政消火栓14个、消防水鹤1个、安装简易喷淋3套、高层住宅建筑安装应急广播系统1套、住宅小区新建电动车充电棚5处、安装独立感烟报警器300个、辖区建设微型消防站119个，配备专、兼职人员305人，灭火器材9962件、个人防护装备4319套。

【灭火救援】 2019年，巩留县辖区发生火灾168起，无人员伤亡，直接财产损失111.43万元，消防救援大队抢救财产价值7120.2万元。未发生重特大火灾和群死群伤恶性火灾事故，火灾形势总体平稳。

【火灾防控】 2019年，巩留县消防救援大队建立完善消防安全责任体系，落实消防安全职责。着重解决城乡和工业园区消防规划修编、公共消防设施欠账等突出问题；先后4次提请县政府召开专题会议研究部署冬春火灾防控、高层楼房消防安全排查整治、易燃易爆危险品场所专项整治等消防专项工作。县委先后6次召开专题会议，听取10多个重点行业、部门消防工作汇报。大队先后30多次与县应急管理局、公安、住建、教育、卫生等部门组成联合检查组，对辖区各单位开展安全生产检查。

【监督执法】 2019年，巩留县消防救援大队检查单位1768家，发现火灾隐患1993处，整改隐患2175处；全县61家消防安全重点单位纳入到户籍化管理当中。25家消防安全重点单位建筑消防设施“三化”达标率100%。

【消防宣传】 2019年，巩留县消防救援大队组建消防宣传队。在电视台、广播电台开设消防专栏2个，开展各类宣传活动60多次，印制学生消防宣传教育读本2000本，开放消防站20多次，发放消防宣传资料3000份，发送消防提示短信1000多条，安装“三禁”警示牌960块，受益群众5万多人；大队与党校对接，将消防知识纳入党校培训内容，提高领导干部的消防安全意识；组织公安派出所专(兼)职消防民警、消防人员开展消防业务知识培训，提高基层派出所消防民警业务素质；加大对人员密集场所、易燃易爆危险品场所、劳动密集型场所等重点单位消防安全责任人、管理人，消防控制室值班操作人员，重点工种、重点岗位人员的培训。 (张旭)

群众团体

QUN ZHONG TUAN TI

巩留县总工会

【巩留县总工会负责人】

党组书记、副主席:杨敬生

【概况】 2019年,巩留县总工会内设机构有困难职工帮扶中心(与县总工会合署办公、机构级别未定)。核定编制5个,其中行政编制4个,工勤编制1个,实有4人,县聘1人,公益性岗位1人,聘用集体协商工资指导员3人,有党员9人(含退休)。

【基层工会】 2019年,全县有基层工会176家。从组织类型来看,单独基层工会166家,联合基层工会10家;从单位类别来看,行政单位40家、事业单位62家、国有企业6家、集体企业2家、其他有限责任公司7家、私营企业42家、个体经济组织7家、股份合作企业2家、其他股份有限公司2家(股份有限公司中的国有控股公司1家)、国有独资6家。在全部基层工会中,拥有职工18676人,工会会员18657人。

新组建基层工会6家(巩留县星河文化传媒有限公司联合工会、巩留县美尔洁家政服务责任有限公司工会、巩留县四通物流有限责任公司工会、巩留万邦生物科技有限公司工会、巩留县兴业食品有限责任公司工会、巩留县伊好物业服务有限公司工会),新增会员500人(含已建会单位新增人员)。开展模范职工之家创建和会员评比活动。深化工会改革创新工作,为6个镇2个乡4个片区党工委下拨经费补助资金20万元,为教育工会拨付资金8万元。

【开展文体活动】 2019年,巩留县总工会围绕"中国梦·劳动美·跟党走"主题,开展职工文化体育活动,联合县文旅部门,先后举办巩留县冰雪节工会杯职工长跑及拔河比赛、民族团结一家亲·携手奋进新时代职工徒步比赛和全县职工球类比赛,相约蝶湖·全民健身工会杯暨民族团结一家亲职工迎新春环湖长跑比赛和环湖趣味赛。

【帮扶慰问】 2019年,巩留县总工会经多次摸排精准识别后,对达到解困脱困标准的困难户,退出困难职工帮扶系统,符合建档立卡的困难职工户数为28户,开展一对一结对帮扶。全年开展生活帮扶25人,每户5000元,大病救助2人,救助资金1.1万元。开展金秋助学活动,为3名困难职工子女发放助学金1.5万元。县总工会先后出资慰问"访惠聚"工作队、公安民警、一线职工、困难企业、困难职工、劳模、环卫工人等,慰问现金及慰问物资折合资金70万元。

【劳动者服务站建设】 2019年,巩留县总工会建设户外劳动者服务站5家。为全县城管、环卫、园林绿化等广大户外劳动者提供了一个就餐、饮水、休息的场所。

【关心关爱女职工】 2019年,巩留县总工会创建县级女职工休息哺乳室1家(巩留张家港试验学校),县总工会发放补助资金5000元;伊犁州级两家(巩留县妇幼保健计生服务中心、塔什干巴依服装有限公司),伊犁州总工会下拨补助金各1万元。

【维权活动】 2019年,巩留县总工会为全县建会生产的30家企业发出要约书30份，签订工资协议合同书30份，签订率100%，通过县劳动部门的审查，覆盖职工数2139人。

【品牌创建活动】 2019年，巩留县总工会创建县级劳动关系和谐企业3家(新疆伊犁佳和乳业有限公司、新疆海王欣嘉医药有限公司、新疆伊犁库尔德宁酿酒有限公司)，模范职工之家1个(巩留县天福润农牧业发展有限公司工会委员会)，厂务公开民主管理示范单位1个(巩留县兴业食品有限公司)，职工书屋2个(巩留县妇幼保健计生服务中心、新疆伊犁佳和乳业有限公司)，安康杯竞赛优胜企业1个(新疆嘉格森新能源材料股份有限公司)，被评为县级工会创建品牌的每个品牌补助5000元。

【劳动技能竞赛】 2019年，巩留县总工会举办第二届服装技能大赛活动。在伊犁塔什干巴依服装有限责任公司举办巩留县第二届服装行业技能大赛，有7支代表队48名参赛选手参加大赛，对获奖选手表彰奖励。筛选出4名选手代表巩留县参加伊犁州总工会举办的州直服装技能大赛，巩留县1名选手获得伊犁州直服装制版优秀奖。

【劳模关爱】 2019年，巩留县总工会为18名劳模发放三金(春节慰问金、低收入补助金、特殊困难补助金)1.8万元；组织1名伊犁州级劳模和1名伊犁州级民族团结先进个人到其他省市疗养，安排18名获得自治区、伊犁州级劳模免费体检。创建伊犁州级胡军胜劳模和工匠人才创新工作室。走访慰问全县在册劳模18名，自治区级劳模每人发放慰问金1000元，伊犁州级劳模每人发放慰问金800元，累计发放慰问金16800元。

【表彰奖励】 2019年，巩留县总工会评选表彰县级先进基层工会组织7个、五一文明岗6个、五一巾帼标兵岗4个，优秀工会工作者6人、生产标兵6人、五一巾帼标兵16人。

【"访惠聚"工作】 2019年，巩留县总工会为托乎玉孜社区送去慰问帮扶、开展民族团结一家亲联谊活动合计资金20145元，解决取暖煤20多吨。

【职工培训】 2019年，巩留县总工会举办基层工会干部业务培训班1期，全县各基层工会主席、财务人员120多人参加培训；举办乡镇工会干部困难职工精准识别业务培训班2期。同时，印制700册《企业工会法规政策选编》并发放到基层工会干部手中。

【举办法律大讲堂】 2019年，巩留县总工会举办1期非公企业服务农民工法律讲堂，邀请县律师事务所律师和劳动仲裁院专家讲解《中华人民共和国工会法》《中华人民共和国劳动合同法》，非公企业工会干部、职工70多人聆听讲座。

【经费审计】 2019年，巩留县总工会贯彻执行《新疆维吾尔自治区基层工会经费收支管理办法实施细则》，加强基层工会经费审计工作，全年完成8个乡镇经费审计工作，完成率100%。 (邢瑞婷)

中国共产主义青年团巩留县委员会

【中国共产主义青年团巩留县委员会负责人】

专职副书记：田永春(主持工作) 拉扎提·吐尔汗江(女，哈萨克族)

【概况】 2019年，中国共产主义青年团巩留县委员会(简称巩留县团委)下设少工委，县团委和县少工委合署办公。核定行政编制4个，工勤编制1个，实有4人，3月县团委党组撤销，设党支部，有党员4人。

【基层组织】 2019年，巩留县团委有基层团组织266个，其中团委23个，团支部243个，各类共青团员5020人；有学校少工委29个，少先队大队29个，中队471个，有少先队员20244人。

【思想政治引领】 2019年，巩留县团委组织动员全县团员青年参与“青年大学习”网上主题团课35期，参与团员青年36.12万人次，在《青春巩留》微信平台发布宣传稿件531篇，阅读量超过22.75万人次；组织城南中学团委参加伊犁州青少年普法“模拟法庭”比赛获得三等奖。组织西部计划大学生志愿者开展主题志愿服务活动2场。

【助力脱贫攻坚】 2019年，巩留县团委履行社会扶贫责任，精准开展定向捐助、金秋助学、微心愿等扶贫行动，为5名贫困大学生发放中国茅台助学金2.5万元，为502名家庭困难小学生发放爱心包裹、文具、衣物、书籍等用品。争取1万元社会资金为库尔德宁镇阿勒玛勒小学建立爱心书屋。积极与其他省市爱心人士对接，获得2900多顶儿童棉帽，通过学校少先队组织发放到家庭困难孩子手中。

【关爱儿童】 2019年，巩留县团委开展共青团爱心生日会活动107场次，覆盖少年儿童890多人，参与各族青少年4532人，为留守儿童赠送蛋糕、礼物、贺卡，价值3.2万元。先后2次前往儿童福利院开展融情周末营活动，各学校少先队自行开展民族团结融情周末营、民族团结联谊会活动20多场次。5月，组织266个团支部统一举行主题团日活动。

【志愿者服务活动】 2019年，巩留县团委对接招募24名其他省市大学生志愿者到巩留服务，优先安排到综治、扶贫、教育、党建等紧要岗位帮助工作。围绕全县旅游业发展，招募100多名青年志愿者参与全县旅游文化系列节庆服务活动；举办单身青年交友联谊会等活动，为120名来自各行各业的青年提供交流交往平台。评选首届“巩留青年五四奖章”，表彰70名来自各领域的优秀青年典型和15个先进集体，表彰宣传4名民族团结青年标兵。组织《时代新人说——我和祖国共成长》宣讲194场，开展法制宣传、环境卫生整治等志愿服务活动174场，暑期全县71个村社区开办红领巾小课堂活动，324名返乡学生主动担任老师，为2400多名学生提供国情、区情、国家通用语言文字、学业等方面免费辅导；组织60多名返乡大学生在蝶湖公园拍摄《天耀中华》青春快闪被“学习强国”平台采用；首次组织40名大学生自编自导自演节目参加巩留春晚演出。推荐6名青年参加自治区青年创业大赛。

【共青团建设】 2019年，巩留县团委督促各级团组织按规定流程召开每月主题团日活动12次，特别主题团日活动2次，参加团员22509人次。新发展团员532人（学校发展团员357人，农村发展团员175人），找回失联团员255人。开办团干部专题培训班2期，网络专题辅导培训2次，面对面送学上门16次，首次组织35名团干部赴张家港市集中培训，全年培训团干部320人次。

落实少先队改革任务，指导30所学校少先队召开少代会，所有学校都建立学校少工委，举办少先队辅导员培训班及少先队辅导员技能大赛。少先队开展各类主题队日活动，表彰优秀少先队员26人，优秀少先队辅导员8人，成立巩留县少先队名师工作室，少先队组织在少年儿童思想教育中的启蒙作用日渐发挥。

【中国少年先锋队巩留县工作委员会】 2019年，中国少年先锋队巩留县工作委员会，事业单位，核定编制2个，实有2人，党有员1人。

负责人：拉扎提·吐尔汗江（女，哈萨克族，兼）

（宋振波）

巩留县妇女联合会

【巩留县妇女联合会负责人】

党组书记：田海英（女）

党组副书记、主席：塔力努·哈依热拉（女，哈萨克族，8月离任）

【概况】 2019年，巩留县妇女联合会（简称妇联）核定编制4个，实有6人，有党员6人。

【妇女参政】 2019年,巩留县有妇女95250人。有县级人大代表157人,其中妇女代表40人,占25.47%。有乡级人大代表398人,其中妇女代表106人,占26.63%。有村民代表1823人,其中妇女代表653人,占35.82%。有县级政协委员127人,其中妇女委员26人,占20.47%。有伊犁州政协委员8人,其中妇女委员1人,占12.5%。有农牧民政协委员61人,其中妇女委员9人,占14.75%。

【妇女培训】 2019年,巩留县妇联组织全县各乡镇、村(社区)妇联主席、专职副主席、妇女创业带头人16人赴特克斯县观摩学习;举办妇女骨干党员培训示范班1期,培训100人。全年有21名县、乡、村妇联主席参加全国级、自治区级妇女干部培训班学习。县妇联在4个乡村开展贫困妇女技能提升培训班。

【最美家庭活动】 2019年7月,巩留县妇联举行最美家庭、美丽庭院挂牌仪式,全县授牌最美家庭855户,美丽庭院834户。表彰伊犁州级最美家庭3户,县级最美家庭、美丽庭院20户。开展最美家庭进校园活动,表彰30名优秀学生、10名最美家庭代表。

【巾帼宣讲活动】 2019年,巩留县妇联开展巾帼大宣讲活动,通过结亲住户、入户走访、庭院宣讲、夜校宣讲、文化大院活动等载体,开展宣讲500多场次。建设好"巩留女声"平台,开展巾帼建功新时代先进事迹宣讲会121场次,受教育妇女群众1.5万人次。

【优秀妇女先进典型】 2019年,巩留县妇联举办美容美发技能大赛和最美厨娘技能大赛。召开纪念国际妇女节第109周年表彰大会,表彰49名优秀妇女。节日期间,巩留县委领导慰问援疆女领导和女教师及退休老干部,送上节日祝福。6月,召开巩留县妇女第六届执行委员会第三次全体会议,选举执行委员会委员候选人3人,选举11名代表参加伊犁州妇女第六次代表大会。评选出全国级三八红旗集体1个,自治区巾帼文明岗2个。

【送温暖活动】 2019年,巩留县妇联实施妇女健康行动,开展农村妇女两癌免费检查1300人次,发放两癌救助金15万元。筹集爱心一元捐10万元,发放巾帼助力学子圆梦助学金3万元。张家港市为巩留县解决关爱妇女儿童工作经费6万元。妇联为9个伊犁州级优秀妇女之家免费配发电动车。

【妇女儿童工作】 2019年,巩留县调整"两纲"领导小组,召开两纲成员单位协调推进会2场。根据新《两纲》目标责任分解,32个成员单位重新细化各成员单位职责任务,县妇女儿童工作委员会办公室对各成员单位贯彻落实妇女儿童发展纲要情况进行督导调研。贯彻落实男女平等基本国策并纳入党校教育课程。建立常态化、制度化的两纲评估工作机制,召开妇女儿童工作委员联席会议,开展爱心一元捐活动。

【妇女儿童维权】 2019年,巩留县妇联开展法治宣传教育活动,宣讲《中华人民共和国反家庭暴力法》《中华人民共和国婚姻法》《中华人民共和国妇女权益保障法》等法律法规150场次,教育引导广大妇女学法、知法、懂法,增强维权意识。以妇女儿童维权服务站为主体,以12338妇女维权服务热线为载体,帮助妇女儿童维权8人次。

【项目运行】 2019年,巩留县妇联在全县6个贫困村实施"靓发屋"项目,发放"靓发屋"设备8套,价值90704元,以此带动贫困妇女从业和实现就近就地就业,脱贫致富。组织7名"靓发屋"项目负责人参加伊犁州妇联为期40天的培训。发放"爱心一元捐"循环创业帮扶资金7万元,扶持4名妇女创业就业。

【巩留县妇女儿童工作委员会办公室】 2019年,巩留县妇女儿童工作委员会办公室,属事业单位。

核定编制2个,实有1人,有党员1人。

专职副主任:张清芬(女)

(田莉)

巩留县科学技术协会

【巩留县科学技术协会负责人】

主席:贺德敏(3月任职)

党支部书记:江华梅(3月任职)

【概况】 2019年,巩留县科学技术协会(简称巩留县科协)核定行政编制4个,机关工勤人员事业编制1个,实有6人,有党员6人。

【科技之冬】 2019年,巩留县科协举办各类实用技术培训班56期2859人、技能培训班30期2185人、政策法规类培训班250期13923人次。发放科技书刊0.3万多册,实用技术资料1.68万册,宣传资料1.82万份,宣传挂图2万多份。

【科技之夏】 2019年,巩留县科协组织开展第二十届科技之夏活动,组织下乡6场次,举办各类实用技术培训班64期,培训农牧民和基层党员干部1.1万人次,其中培训青壮年农村劳动力占总数的80%以上,妇女培训占总数的20%以上。播放电教片42场次,发放科普宣传资料2800多份。

【科普e站项目】 2019年,巩留县科协建设科普社区e站站点4个。通过线上线下相结合的方式为公众提供科普信息化服务,结合科普e站,面向周围各单位、村队、学校、社区开展一系列活动。

【全国科普日】 2019年,巩留县科协通过举办科普讲座、电子滚动显示屏、设置咨询台解答居民疑问、在辖区内悬挂标语、设立科普宣传牌、发放宣传页、发放科普资料和科普志愿者在行动等多种形式,开展一系列科普活动。全年悬挂宣传标语40多幅,发放宣传品1.5万多份。

【青少年科技活动】 2019年,巩留县科协与县教育局对接,举办中小学生青少年科技节活动,邀请伊犁州科协开展科普大篷车进校园活动。与科技局共同举办校园科技节活动5场次。全年面向5000多名师生现场展出多种科普仪器,涉及物理学、光学、数学、电磁技术等多门学科知识,并组织学生观看3D画面的安全知识讲座。

【科技活动周】 2019年5月,巩留县科协联合县科技局在全县范围内开展科技活动周系列活动。通过科技、文化、卫生三下乡形式,进行集中宣传,举办校园科技节、专家讲座、现场科技实验技术培训、座谈会等形式多样的活动,弘扬科学精神、普及科学知识,提高全县人民的科技意识和科学素养。

【科普资源共享】 2019年,巩留县科协向自治区科协申请免费挂图2万份,向伊犁州科协申报免费科普资料1万册。县科协订购农业种植、畜牧业养殖、特色种植、大棚蔬菜等科普资料及宣传品5万多册(份),全部向农牧民免费发放。

【提升基层组织力"3+1工作"】 2019年,巩留县科协和组织部共同印制《巩留县科协提升基层组织力"3+1"方案》,并召开全县动员会,开展推进三长(医院院长、学校校长、农技站站长)进入县科协组织。为县科协配备8名兼职副主席。

【科技助力扶贫】 2019年,巩留县科协带领科技人员到农牧区为贫困户进行种养殖技术指导6场(次)。免费为贫困户提供种养殖科普资料2000多份。每月定期到塔斯托别乡巴哈拜村和阿克吐别克镇齐那尔村4户扶贫户家走访,开展扶智、扶志帮扶工作。

(阿斯艳木·合力力)

巩留县工商业联合会

【巩留县工商业联合会负责人】
主席:乔雪刚
副主席:郭永明 阿布都外力·阿不都热依木(维吾尔族) 封居波 骆金玉
常委:乔雪刚 郭永明 阿布都外力·阿不都热依木(维吾尔族) 封居波 骆金玉 张强(女) 毛卫东 林杰 方涛

【概况】 2002年2月,巩留县工商联合会成立。参照《中华人民共和国公务员法》管理,科级单位。2019年核定编制3个,实有2人。全县民营企业512户,小个专(小微企业、个体工商户、专业合作社)5887个;建立党组织12个,其中单独党组织9个,联合党组织3个。有社会组织306个,其中社会团体14个,城乡社区合作社302个。

【发展会员】 2019年,巩留县工商联吸收小微企业和个体工商户入会,发展高成长性、高新技术、战略性新兴产业企业会员,吸收行业协会、商会等社团作为团体会员加入工商联组织。全县有会员117人。

【"访惠聚"工作】 2019年,巩留县工商联合会在联系点村开展政策宣传、整理工作思路,帮助联系点村启动"科技之冬"培训活动,邀请县科协、畜牧局、农技校等单位领导和骨干教师,为帮扶村开展"科技之冬"培训活动专题宣讲4次,培训学习98人次,讲解分析发展特色养殖业、预防牲畜常见疾病等。开展扶贫帮扶工作,制定帮扶承诺措施,全体干部职工捐款6000多元,为帮扶对象购买种子、化肥等农资。18家企业向残疾人、困难家庭等捐款捐物价值30多万元。 (张强)

巩留县残疾人联合会

【巩留县残疾人联合会负责人】
党组书记、理事长:杨静娥(女)

【概况】 2019年,巩留县残疾人联合会(以下简称残联),核定事业编制6个,实有7人,有党员6人。

【残疾人康复】 2019年,县残联累计投入各项康复资金66.86万元,为864名残疾人提供康复服务。其中投入项目资金4.05万元对45名精神残疾人进行服药治疗;投入项目资金40.94万元对43名0~7岁的脑瘫残疾儿童进行康复训练;投入项目资金1.44万元安装假肢矫形器12例;投入项目资金2.8万元安装助听器28台;投入项目资金0.9万元安装假肢6例;投入项目资金13.58万元在县妇幼保健院对715名贫困残疾人提供精准康复服务和基本康复服务工作;投入项目资金3.15万元安排15名肢体残疾人在县中医医院康复科接受免费康复服务治疗。完成精准康复系统录入工作,完成康复服务率85%,辅助器具服务率80%以上,全面完成上级安排康复任务。

【教育就业培训】 2019年,县残疾儿童适龄人口288人,在校202人,未入学86人(失能儿童)、入学率70%。全年资助贫困残疾大学生5人次,发放资金16650元;新录取残疾大学生5人,儿童彩票公益基金补助2人6000元。4名残疾学生被省特教中专学校录取。全县安置残疾人16人,集中就业6人、个体就业和其他形式就业32人、农村种植养殖就业33人。征收残疾人就业保障金120多万元。举办农村实用技术培训班2期,培训残疾人180人;举办青壮年扫盲培训班1期,培训青壮年20人;举办残疾人电子商务培训班2期,培训残疾人90人。投入培训资金7.75万元。

【社会保障工作】 2019年,县残联规范办证流程,严格办证标准,为4985名残疾人办理第二代残疾人证,同年办新证336人。新录入动态更新残疾人4985人,完成率100%。为74名重度残疾人发放办证补贴4218元,协调落实乡镇残联专干、专委配备和相关待遇。全县配备残联专干、专委82名,基层力量得到充实。组织脱贫攻坚、惠残项目和系统录入业务培训班3场次,培训乡镇、片区党工委主管领导、残联干事及残疾人专职委员110多人次,投入资金0.85万元。

【残疾人维权】 2019年,巩留县残联投入4.5万元,实施自治区贫困残疾人家庭无障碍改造项目,18户贫困残疾人家庭接受项目救助。落实国家残疾人机动车燃油补贴项目,为140名残疾人发放补贴资金3.64万元。做好残疾人信访工作,全年受理来信来访130人次,按规定予以答复办理。

【爱心帮扶】 2019年,巩留县残联争取张家港市援疆办资金5万元慰问巩留县特困残疾人家庭100户;援疆办又出资10万元为267户贫困残疾人发放鸡苗,发展庭院经济;全县累计投入帮扶资金345万元,完成80户困难残疾人富民安居工程。解决特困残疾人冬季取暖问题,资助资金0.9万元。

(申文强)

巩留县红十字会

【巩留县红十字会负责人】

会长:空缺

常务副会长:闫盼

【概况】 2019年,巩留县红十字会核定编制5个,实有5人,党员4人。

【基层组织建设】 2018年1月1日,成立巩留县红十字会党支部。2019年累计团体会员85个,基层组织61个,成人会员2500人,建会率为64%。

【人道救助】 2019年,巩留县红十字会重大疾病救助1人,救助资金1000元。开展博爱送万家活动,为全县51户困难家庭发放物资价值9080元。

【救灾备灾】 2019年,巩留县红十字会储备救灾帐篷46顶、棉被100床、鞋100双、帽子400顶。伊犁州红十字会捐赠爱心书包及学习用品100套。

【红十字会基金项目】 2019年,新疆心脑血管医院的专家在巩留县妇幼保健院开展先天性心脏病患儿筛查。筛查东五县0—16周岁患儿735人,符合手术59人。有11人到乌鲁木齐新疆心脑血管医院医治,得到中国基金会爱佑基金项目11.97万元资助。为2名患有白血病患儿申请“小天使基金”项目救助。为1名唇腭裂患儿申报“嫣然天使基金”项目救助。为70名患者发放张家港援疆关爱公益基金24.1万元;争取张家港重阳节关爱基金5万元,慰问全县75岁以上老人100人。

【应急救护培训】 2019年,红十字会开展应急救护员培训5期,培训人员548人;在哈萨克买里社区组织地震应急演练1场115人参与。

【献血与造血干细胞捐献】 2019年,开展造血干细胞培训宣传10多场次;完成15名造血干细胞志愿者招募和血样采集工作,回访83名已入库志愿者的登记工作。

【博爱周活动】 2019年,红十字会举办“5.8”博爱周系列活动。全县5个社区村队开展应急救护知识讲座,发放应急救护、防治艾滋病、造血干细胞宣传册1000多份,联合教育局,举办以爱心相伴·救在身边为主题宣传活动96次,参观教育基地(消防大队)5次,举办防灾减灾知识讲座63次,发放宣传材料3500多册,设置宣传展板105块,开展应急演练160场次,受教育人数4.2万人次。 (马智慧)

农　业

NONG　YE

农业综述

【概况】 2019年,全县有耕地4.838万公顷,主要产小麦、玉米、水稻、贝母、油葵、甜菜、大豆等,适宜于苹果、核桃、树上干杏、葡萄、杏、梨、黑加仑、马林等多种林果生长。

【农作物种植】 2019年,农村经济总收入36.24亿元,比上年同期增长5.7%。总播种面积4.98万公顷,其中冬小麦1.55万公顷,单产0.41吨/公顷,总产9.62万吨;春播面积3.44万公顷,完成春播面积的100%,其中春小麦153.33公顷,单产0.347吨/公顷,总产0.08万吨;常规玉米2.67万公顷(不含饲草料地);水稻66.67公顷;大豆340公顷;油葵766.67公顷;甜菜133.33公顷;苜蓿1451.6公顷;其他3098公顷。全县特色作物种植5422.67公顷,其中特色玉米1645.4公顷(制种玉米1623.33公顷、糯玉米13.1公顷),中药材种植1746.67公顷,蔬菜260公顷,瓜类46.47公顷,特色油料1495.53公顷,其他228.67公顷。全县有温室869座,占地面积115.87公顷,累计产量12334.8吨,产值2066万元,纯收入1764万元。拱棚总座数97座,种植面积3.88公顷,产量116.4吨,产值59.36万元,纯收入32万元。露地蔬菜260公顷,建成高产高效示范温室50座,其中油桃15座,蔬菜35座。

【农牧民人均纯收入】 2019年,巩留县农牧民人均纯收入15632元,人均增收927元,比上年同期增长6.3%。

【农业产业化】 2019年,全县农业产业化企业22家,其中龙头企业9家(自治区级3家、伊犁州级6家)营业收入29332万元,利润1745万元。已申报新疆农业名牌4个,获绿色食品认证2个,有机食品2个。

【农村土地确权登记工作】 2019年3月,按照自治区要求,全县筛选出三个试点村开展土地承包经营权颁证工作(头道湾村、提克阿热克村、塔什干沙孜村)。5月31日,伊犁州直土地确权首发仪式在巩留县头道湾村召开,为786户群众颁发土地确权证786本。

【农民合作社】 2019年,全县农民合作社在册316家。按行业来划分:种植业的合作社92家,养殖业158家(其中含5家蜂业专业合作社),林果业19家,农机类18家,手工加工27家(其中刺绣24家、根雕1家、地毯加工1家、手工编织1家),水产类2家。全县有国家级示范合作社3家,自治区级示范合作社有18家,伊犁州级示范社有16家,县级示范社13家。全县有26家合作社注册商标,有注册商标31个。

【土地流转】 2019年,全县集体土地流转面积7288.4公顷,涉及农户3847户。耕地流转价格在250~600元/公顷,流转期限控制在1~10年。土地集中流转后,破除田埂,统一耕作,保证土地增效、农民增收。

【庭院经济】 2019年,全县庭院经济发展形式多样,主要有庭院种植、养殖、加工、餐饮等经营形式。有示范户3390户,其中庭院养殖示范户、庭院农家乐等效益较好，带动作用明显。全年农牧民庭院经济纯收入增加187万元，农牧民人均纯收入增加10元，增长3.22%。

【家庭农场】 2019年，巩留县新注册登记家庭农场4家，全县有家庭农场20家，其中种养结合型16家、农副产品加工1家、蔬菜种植1家、果树种植2家。家庭农场有注册商标的5家。

【农业保险】 2019年，巩留县人保财险、中华保险、太平洋保险等4家保险公司完成种植业承保面积28654公顷，生成保单580份，保费合计1700.11万元；完成能繁母牛承保61916头、生猪承保8734头，生成保单8230份，保费合计2734.89万元。

农业农村

【巩留县农业农村局负责人】

党组书记：闫福华

局长：李军贤

【概况】 2019年2月，巩留县农业农村局正式批复设立。农业农村局是政府职能部门，加挂巩留县畜牧兽医局牌子（正科级单位）。内设乡村振兴办公室、农牧渔业综合管理科、农田建设管理科等3个科室。农业农村局下辖县畜牧兽医工作站、县动物卫生监督所、县农牧民技术学校、县农机校、县农广校、县农业技术推广站、县农产品检测中心、县种子站、县农经局等9个副科级事业单位；县农机监理站、县农机管理站、县农机推广站、巩留县黑峰（蜂业）保护管理办公室、巩留县农村资源区划办公室、能源办等6个股级事业单位均为全额预算管理事业单位；县农业综合开发服务中心等1个自收自支事业单位。

巩留县委农村工作领导小组办公室设在巩留县农业农村局，指导县农业农村局具体工作，贯彻落实党中央关于“三农”工作的方针政策和决策部署以及自治区党委、伊犁州党委、县委工作要求。同年，全系统核定编制143个，实有140人，有党员109人。

【农业重大项目建设】 2019年，巩留县农业农村局落实农业投资项目22项，总投资12564.46万元，到位资金12564.46万元，已支付5个项目的补贴资金合计6672.5万元，投资完成率为53.2%。5个项目分别是：巩留县2016—2019年游牧民定居自治区地方政府债券补助资金项目969万元、2019年农机购置补贴项目650万元、2019年政策性农业保险保费补贴资金项目1474万元、2019年耕地地力保护补贴项目3093.51万元、2019年中央农业资源及生态保护补助项目2367.5万元。

【畜牧业生产】 2019年，巩留县牲畜存栏59.29万头，其中牛10.12万头、绵羊41.98万只、山羊2.61万只、马3.3万匹、生猪0.9万头、驴0.34万头、骆驼0.04万峰；牲畜出栏51.45万头、同比增长0.8%；家禽存栏60万羽，家禽出栏115万羽，增长16%。主要畜产品产量平稳增加、肉类产量2.61万吨、增长6.5%；奶类产量4.69万吨、增长5.6%；禽蛋产量0.57万吨、增长6%。同年畜牧业产值13.44亿元、较上年增长1.2%，农牧民新增人均收入中来自畜牧业的份额为411元、占农牧民新增收入的44.3%，农牧民纯收入中畜牧业份额为5419元，占农牧民纯收入的34.7%。

【渔业养殖】 2019年，巩留县有7个渔业养殖基地，水产养殖占地面积185.47公顷，养殖品种包括常规四大家鱼、螃蟹、虾类、冷水鱼等。全县鱼类存塘量809吨，螃蟹8吨，虾30万尾。全年渔业产值是1123.5万元。

【农畜产品质量安全检测和监管】 2019年，巩留县加大动物疫病流行病学、血清学检测，瘦肉精检测，奶业监管，畜产品用药残留检测工作力度。严格落实乡镇每周速检1次，县城每月1次抽检制度，全年抽检4600个样。争取财政专项资金，将现有18项检测项目扩展到45项,全年定量抽查检测177次,监督抽查7个乡镇监管站蔬菜样品4712个,样品合格率99.9%。完成产地检疫32.56万头、检疫证持证率80%;屠宰检疫数量4.8万头、检疫持证率100%;完成养殖大户瘦肉精抽检7840头。重大动物疫病免疫率100%,免疫效价合格率70%以上,规模养殖场(养殖小区)动物产地检疫率100%,散养户动物产地检疫率80%以上,出县牲畜检疫电子出证率100%。

【农牧业病虫害防治】 2019年,巩留县针对农牧业病虫害,成立业务骨干技术指导组进行摸排核查。免费为农户发放农业病害防治药剂2吨,防治面积2552公顷,惠及21个村。完成春季牲畜免疫排查53.11万头(次),禽流感免疫62万羽(次)。对全县3个主要出入口动物申报点的检疫监督工作和非洲猪瘟疫病进行防控,排查生猪养殖户93户、生猪8700头,投保7.25万元。

【农机安全监管】 2019年,巩留县检修农机具1.27万台架,农业机械检验0.36万台;机耕、机播,机收机械化程度分别达到95%、98%、86%,综合机械化水平达到93%。查处违法违规行为12起,排查隐患18起,均已整改。

【农业补贴】 2019年,巩留县落实耕地地力保护补贴政策,同年全县耕地地力保护补贴到位资金3933万元,发放1513万元(冬小麦11.64万亩、补贴标准130元/亩)。开展一卡通清理,清理12个乡镇(片区)农户41809户,摸排耕地地力保护补贴一卡通的总量41809张;清查2017—2018年耕地地力保护补贴资金4926.63万元,无结余;发放2017—2018年度农机购置补贴和深松作业补贴1730.91万元,无结余;清查既享受草原补贴又享受耕地地力补贴资金11.28万元,并追回已上交国库。

【新型经营主体培育】 2019年,巩留县有种植大户476户,以种植小麦、玉米、苜蓿、特色作物为主,种植面积约8933.3公顷。全县已注册成立家庭农场20家(同年新注册登记4家,注册商标5家)。

【人居环境整治】 2019年,巩留县完成16个自治区级示范村遴选工作,并围绕县域5条农村人居环境整治环线确定县级示范村30个,明确五大重点区域强化环境卫生整治。完成巷道路面硬化90.02千米,改造人行道16.2千米,安装路灯583座,渠道改造73.04千米,围墙改造刷白103千米,刷白树木41.27万株。完成绿化巷道788个、街道绿化长度459.1千米,绿化面积246.4公顷,种植苗木37.3万株,完成3557户庭院绿化苗木栽植32411株,绿化花化面积160万平方米。完成农村改厕5971座,全县新建城区公厕8座、旅游公厕27座、学校公厕108座、乡镇卫生院公厕8座、村委会公厕8座。

【宣传培训】 2019年,巩留县农业农村局开展"五下乡"科普宣传7场次,举办培训班36期,现场会2次,发放宣传单6400张,咨询服务6800人次,累计培训1.02万人次。农牧技术学校开展新型职业农民培训,培训200人,其中贫困户20人。

【机构简介】 2019年,动物卫生监督所,副科级全额预算事业单位,参照公务员法管理,核定事业编制14个,实有14人,有党员12人。

2019年,巩留县种子管理站,副科级全额事业单位,参照公务员法管理,核定事业编制5个,实有4人,有党员4人。

站长:薛佰胜

2019年,巩留县农村合作经济经营管理局,副科级全额事业单位,参照公务员法管理,核定事业编制9个,实有10人,有党员9人。

局长:李素琴(女,回族)

2019年,巩留县畜牧兽医工作站,副科级全额预算事业单位。核定事业编制14个,实有14人,有党员12人。

2019年，巩留县农业技术推广站，副科级全额事业单位，核定编制25个，实有25人，有党员9人。
站长：曾洪寿

2019年，新疆农业广播电视学校巩留县分校，副科级全额事业单位。核定事业编制8个，实有7人，有党员4人。
校长：艾尼瓦尔·买买提（维吾尔族）
支部书记：刘柱（8月退休）

2019年，巩留县农产品质量安全检查中心，全额拨款事业单位，核定编制5个，实有4人。
主任：刘廷

2019年，巩留县农牧民技术学校，副科级全额事业单位，核定事业编制4个，实有3人。

2019年，农业机械化技术学校，副科级事业单位，核定编制3个，实有4人，有党员1人。
负责人:张田清

2019年，农机监理站，副科级事业单位，参照公务员法管理，核定编制8个，实有8人，有党员4人。
负责人：木沙江·帕力塔洪（维吾尔族）

2019年，巩留县农业资源区划办公室，股级全额事业单位，参照公务员法管理，核定事业编制4个，空编3人，有党员1人。

2019年，巩留县农村能源办公室，正股级全额事业单位，参照公务员法管理，核定事业编制2个，实有2人。有党员2人。

2019年，农机管理站，股级事业单位，核定编制7个，实有5人，有党员2人。
负责人：木沙江·帕力塔洪（维吾尔族）

2019年，农机化技术推广站，股级事业单位，核定编制6个，实有5人，有党员4人。
负责人：木沙江·帕力塔洪（维吾尔族）

2019年，巩留县黑蜂（蜂业）保护管理办公室，股级全额拨款事业单位，核定编制3个，实有3人。

2019年，农业综合开发服务中心，股级事业单位，核定编制12个，实有10人，有党员2人。
负责人：阿不都木力克·阿不都卡德尔（维吾尔族）

（古丽曼·阿海）

水　利

【巩留县水利局负责人】

书记：谭晓喻
局长：杰恩斯·那克斯别克（哈萨克族）

【概况】 2019年，巩留县水利局内设党政综合办公室、财务核算中心。下辖水政水资源管理办公室、防洪抗旱办公室、水利水电勘察设计队、防病改水办公室、水利管理站、农村饮水安全工程管理站、下属企业水建公司。核定编制178个（行政编4个，参公编11个，事业编19个，自收自支编144个），实有249人，有党员44人。

【水利投资】 2019年，巩留县水利建设累计完成投资11090.89万元（其中中央及自治区项目专项资金8073.04万元，县乡自筹2025.21万元，水费返还992.64万元），新修防渗渠108.2千米，新建及维修渠系建筑物1896座，清淤干支斗农各级灌排水渠道2013.69千米，改善灌溉面积6000公顷，新增高效节水灌溉面积333公顷。新建堤防及护岸11.36千米，铺设及维修供水管网33.13千米，新增自来水入户2344户，改善1.02万人的饮水条件。

【水利资源利用】 2019年，巩留县水资源丰富，境内有大小河流40条，地表水年径流量93.56亿立方米，地下水年补给量6.159亿立方米，理论水能储量142万千瓦。特克斯河上的喀普其海水电站和山口水电站以及南岸干渠雅玛渡水电站总装机59.3万千瓦，另外县属小电站4座，总装机5670千瓦，丰富的水电资源为巩留的社会经济可持续发展提供能源保障。

【重点水利工程】 2019年，巩留县实施水利项目6个，完成总投资4550万元，其中完成续建项目投资1400万元，新建项目投资3150万元。

阿克加孜克水库（续建）工程，计划总投资10427万元，实际到位资金9500万元。新建小型水库1座。该项目累计完成投资10700万元，其中2018年完成投资9500万元，2019年完成投资1400万元，10月完成移民安置验收，11月完成下闸蓄水验收。

阿克加孜克沟山洪沟治理项目，总投资800万元，新建堤防3.582千米，工程于2019年6月完工。

阿克加孜克沟小流域水土保持综合治理项目，总投资800万元，综合治理水土流失面积23平方千米，布设植物谷坊91座，绿滨石笼谷坊175座；撒播草籽296.07公顷，种植护坡防护、经济混交林34.31公顷，封禁草场37.07平方千米，该项目已于10月完工。

小吉尔格朗河吉尔格朗乡段防洪工程，总投资1540万元，新建堤防护岸4.7千米，该项目于2019年6月开工建设，工程于10月完工。

山洪灾害防治项目，总投资10万元，主要加强巩留县山洪防治建设能力，工程于2019年8月完工。

天山渔村建设项目，总投资263万元，2019年6月开工建设，主要建设道路、景观渠、厕所主体工程、停车场、步行道、生态厕所、围栏及大门景观工程等，主要建设工程已于9月完工，10月完成竣工验收。

【防汛抗旱】 2019年，巩留县落实防洪专项资金50万元，储备铁丝网60吨、编织袋11万条。准备抢险机械17辆，组建500人的应急抢险队伍。为各乡镇发放20吨铅丝网，剩余40吨为铅丝储备量；全县自筹102.75万元铺筑铅丝石笼抢修库尔德宁镇莫乎尔河防洪堤及大吉尔格朗河防洪堤水毁处。水利管理站自筹149万元购挖机及铲车各1台，投入防洪资金26.6万元除险加固团结干渠二退泄洪渠道282米、加固团结干渠阿克吐别克镇渠堤段道路8千米、清挖疏浚齐纳尔泄洪沟6000立方米。县政府自筹资金6万元修建8·17水毁工程（团结渠二退40米、团结渠三退50米、南支干渠二退25米）。

【水资源管理】 2019年，巩留县严格落实水资源管理制度，批复发放38家用水单位的取水许可证。开展集中式饮用水源地保护项目督察和专项排查工作，对吉尔格朗水源地、库尔德宁水源地、提克阿热克镇夏尔湖水源地、东买里镇、塔斯托别乡蓄水池保护区安装防护围栏5420米，设置道路警示牌、水源地保护标识及警示标识16块。持续推进河长制工作。印发2019年总河长1、2、3号令，县级河长累计巡河27人次，乡级河长巡河540多人次，村级河长巡河1872人次。各级河长利用巡河通软件开展常态巡河。加大水土保持监督检查力度，责令34家生产建设单位编制水土保持方案。已编制完成水土保持方案28家，正在编制4家，2家停产。

【水利灌溉管理】 2019年，巩留县完成全年灌溉任务。按照灌区骨干供水设施维修新建计划，自筹水费返还资金290多万元对南支干渠、团结干渠险工险段进行除险加固，共计维修新建病险水闸23座、新建农桥4座、泄洪涵洞1座、跌水1座、除险加固渠道4处2454米。按照同年灌区末级渠系维修计划投入末级渠系维护费360多万元，出动13580人次，完成各级渠道清淤1964.07千米，维修渠道7.56千米，维修配套建筑物141座，清理搬运砂石270立方米，人工砍伐杂木5.5千米，处理渠道边坡损毁6处，投入大型机械设备5辆累计清淤19.05万立方米。投入80多万元改扩建南支干便民服务大厅1座，泵站管理房3座，提升基层服务能力。

【农村饮水安全管理】 2019年，巩留县保障农牧区群众饮用安全，供水站干部职工，全面开展对水源地、蓄水池、供水管网及设备的巡查和检修，对四大集中供水水厂制水设备、机电设备做了全面检修，投资58万元，对全县4座水厂进行技改。库尔德宁镇投入104万元，更新改造主供水管网1.2千米，完成水表入户1350户；完成库尔德宁镇库克塔拉村一组新增入户31户，铺设配水管网5.1千米;完成林场片区机关水表安装入户1350户。维修管道314处,更换阀门152个,上门服务300多次,全年征收水费241万元。

【机构简介】 2019年,水政水资源管理办公室属全额拨款副科级事业单位,参照公务员法管理。机构编制7个,实有7人,有党员3人。主要负责《中华人民共和国水土保持法》《中华人民共和国水法》等相关法律法规的宣传贯彻及执行。统一管理水资源、组织实施取水许可证制度;负责审批生产建设单位和个人的水土保持方案报告书;组织指导水政监察和水行政执法,负责协调仲裁本辖区水事纠纷及水土流失防治纠纷调解工作;负责全县水资源配置调度,组织实施各业取水许可、水资源有偿使用制度和水资源论证及水土流失防治费和补偿费的收缴和管理;负责保障全县水资源的合理开发利用及水资源调查和确权登记管理,水功能区划、排污口设置管理、流域水环境保护职责;负责防治水土流失,拟定水土保持规划并监督实施,组织水土流失的综合防治工作。

主任:波拉提·巴合夏尔(哈萨克族)

2019年,水利水电勘测设计队属全额拨款副科级事业单位。机构编制14个,实有13人,有党员9人。主要负责编制全县水利各种规划、方案、计划和报告,指导在建水利项目建设,监督执行水利行业技术规程规范;组织开展重大水利科研课题研究技术推广,水利工程质量管理、水利工程专业人员培训。

队长:阿不都许库尔·马合木提(维吾尔族)

2019年,水利管理站属自收自支副科级事业单位。总站下设基层乡站10个,农民用水者协会总会1个,农民用水小组63个。机构编制123个,实有88人。主要负责全县农牧区灌区的灌溉管理、灌溉水费征收、灌溉新技术的推广和水管业务培训工作。组织开展灌区内水利工程维修、养护、水利综合经营、调解水事纠纷。

站长:王军(兼)

副站长:曹长峰(主持工作)

2019年,农牧区饮水工程管理站属自收自支事业单位,财务管理实行企业化管理。总站下设东、西片2个分站,管理三大水厂。机构编制21个,实有9人,有党员1人。主要负责全县农牧区供水工程运行管理和供水水费的征收,农牧区供水水源的安全防护,新技术推广,组织农牧区供水人员业务培训。重点发展集中连片规模化供水工程,采取"以大带小、以城带乡、以大并小、小小联合"方式,科学合理确定工程布局与供水规模。做好饮水安全保障,山口水厂和吉尔格朗乡水厂均安装电子围栏、监控报警器;做好水质抽样检测,检测水源水、出厂水、末梢水水质20项指标,保障水质安全;维修供水设施,维护主干管网、支管及附属设施运行正常,加大巡查力度,减少跑、冒、滴、漏现象。

站长:暂无

2019年,防洪抗旱指挥办公室属全额拨款事业单位(参照公务员法管理),机构编制4个,实有4人,有党员2人。主要负责全县境内防洪抗旱日常工作、编制防洪预案、组织防洪抗旱抢险工作,协调、监督、指导全县防洪工作的实施以及防洪抗旱调度。

负责人:空缺

2019年,防病改水办公室属全额拨款事业单位。机构编制5个,实有5人,有党员4人。主要负责协调全县农村饮水工程建设与管理中出现的各类问题,承担全县农牧区人畜饮水工程建设项目的申报、审查和实施,监督指导农村饮水工程建设和工程验收。

负责人:空缺

2019年,水建公司为企业单位,有职工7人。注册资金210万元,固定资产总值500万元,总产值84.71万元。具有堤防工程及预制构件专业承包三级资质,河湖整治工程专业承包三级资质,可承担水利工程承包施工、采砂石料、种植、养殖,加工修理,水泥预制构件销售。

经理:暂无

(李雪梅)

工 业

GONG YE

园区建设

【巩留县工业园区负责人】

管委会主任、综合党委副书记:封居涛

党工委书记、管委会副主任:张世海

【概况】 巩留工业园区分巩留工业园和城北中小微企业园2处。2019年,巩留县管委会核定事业编制9个,实有13人,有党员11人。巩留工业园定位为新型建材、新能源、新材料和仓储物流等组成多功能的综合类工业园区。城北中小微企业园主要是由食品饮料加工、粮油饲料加工、肉类产品加工、药材加工、农产品育种示范和畜产品育种等功能组成的综合性工业区。

【园区发展】 2019年,巩留工业园区共入驻企业36家(含城北中小微企业园),其中规模以上企业为8家,形成新能源、新材料、新型建材、农副产品加工和生物制药等主导产业;新能源产业主要落户园区企业有依托喀普其海、库尔乌泽克、雅玛渡等水电站3家,年发电量可达25亿千瓦时,解决了园区企业用电问题,是园区低电价试点园区。新材料产业以嘉格森硅业和晶维克硅业2家企业为主,有9台冶炼炉生产,年产工业硅6万吨左右。农副产品加工业有谷本禾、康龙、天福润、佳和乳业、那拉乳业等13家企业,涉及小麦粉精深加工、牛羊肉精深加工、乳制品及奶粉等产业。全年园区企业工业总产值20.4亿元;完成规模以上工业增加值5.4亿元;完成税收9800万元;解决就业4210多人。

【企业简介(部分)】 2005年5月巩留县银星塑业有限责任公司建成,占地面积2公顷,总投资2000万元。主要生产二合一复合塑料编织布,年生产能力3000吨。巩留县银星塑业有限责任公司是浙江私营业主在巩留县阿尕尔森乡良繁场新建的一家集科研、生产供应、销售为一体的塑料编织制品企业。解决就业50人,员工主要为附近乡镇居民。2019年,该企业工业生产总值为900万元,销售收入为800万元,实现净利润15万元。

2009年10月,新疆晶维克新能源发展有限公司入住巩留县阿尕尔森乡高载能产业园区,是浙商在新疆的投资项目,注册资金1000万元,公司占地面积13.33公顷,其中生产建筑物占地面积47630平方米,有员工380人,员工主要为附近乡镇居民。2019年,该企业生产金属硅2.6万吨,实现工业生产总值3.25亿元,销售收入3.24亿元,实现净利润560万元。

2014年9月新疆谷本禾农业科技有限责任公司成立,位于巩留县城北中小微企业园,占地面积7.07公顷,注册资金3000万元,是专业生产纯天然面粉的科技企业。公司现有日处理小麦500吨专用粉生产线,年可加工小麦12.5万吨。2019年,有职工39人,就业人员基本为城镇附近居民。实现工业生产总值5230万元,实现销售收入5000万元,实现净利润112万元。

2008年2月巩留县嘉格森硅业有限责任公司成立,民营企业,注册资金5500万元,资产总额为2.98亿元。隶属于伊犁晟阳投资有限公司。占地面积13.33公顷,建设用地面积5.33公顷,是1家生产工业硅及配套产品为主的工业企业。2019年,有职工320人,就业人员基本为附近乡镇居民。该企业生产金属硅16000吨，实现工业生产总值1.85亿元，实现销售收入为2.05亿元，实现净利润1009万元。（李春明）

电 力

【国网新疆电力公司有限公司巩留县供电公司负责人】

经理兼党支部副书记：薛振东

党支部书记、工会主席、兼副经理：万浩

【概况】 2019年，国网新疆电力公司有限公司巩留县供电公司内设4个部室（运维检修部、客户服务中心、财务资产管理部、综合管理部），下设4个班组（计量班、配电线路运行班、配电线路抢修班、营业班），5个供电所（库尔德宁镇供电所、阿尕尔森镇供电所、东买里镇供电所、塔斯托别乡供电所、阿克吐别克镇供电所）；供电公司担负着县域范围内6个镇2个乡4个片区党工委21.6万客户的供电任务，供电面积4528.2万平方千米，实有63人。有党员16人（退休党员2人）。

【主要业务】 2019年，巩留县供电公司在县境区域内有变电站8座，其中220千伏变电站1座，有主变2台，容量为330000千伏安；110千伏变电站2座，有主变3台，容量为90000千伏安；35千伏变电站5座，有主变9台，变电容量55750千伏安，变电总容量475750千伏安；有750千伏线路20千米，220千伏线路7条149.6千米，有110千伏线路7条125.2千米，有35千伏线路9条153.94千米，10千伏线路32条758.9千米，400伏线路986.6千米。电网结构趋于合理，形成覆盖县域6个镇2个乡4个片区党工委的输电网络。

【经济技术指标】 2019年，巩留县供电公司全年完成国网伊犁供电公司下达售电量指标的83%，城市综合电压合格率99.97%，农网综合电压合格率99.81%，城市供电可靠率100%，农网供电可靠率99.98%。

【经营管理】 2019年，巩留县供电公司定期对重要保电场所开展隐患排查，督促整改，协调县政府出台有序推进电采暖项目7个文件，全年新增电采暖面积20.42万平方米，实现电能替代电量821.01万千瓦时。持续优化电力营商环境。利用互联网+服务，引导客户通过线上渠道方便快捷地办理报装业务，10千伏及以上大中型企业办电环节压减至4个以内，平均接电时间压减至55天以内；低压小微企业客户办电环节压减至3个以内，平均接电时间压减至10天以内。

【安全生产】 2019年，巩留县供电公司梳理全员安全责任清单52个岗位226条。修订完成21项应急预案，全年组织开展各类安全检查22次，查出问题167项，全部整改。同年新疆电力公司到巩留开展安全性检查，查处问题126项，对发现的问题整改落实。联合巩留县应急办开展协同联动演练1次，自行开展应急演练5次。通过安全隐患随手拍，发现装置性违章46条，全部整改。通过员工讲述安全未遂小故事，形成安全文化氛围。

【配网管理】 2019年，巩留县供电公司全力清查影响输配电线路安全稳定和用户安全可靠用电的设备缺陷隐患，开展治理10千伏两集中线路7条，发现缺陷151处，消除缺陷151处，治理三相负荷不平衡台区35个，低电压台区12个，重过载台区14个，过电压46个。完成投资366.53万元的电网技术改造项目，有效解决阿尕尔森镇、东买里镇、塔斯托别乡部分用户用电质量问题。

【群众工作】 2019年，巩留县供电公司开展扶贫帮困工作，公司各部室、班组，党员与阿尕尔森镇阿克塔木村10户贫困户结对帮扶，定期走访、慰问，根据贫困户致贫原因，制定脱贫方案和措施。全体党员自发捐款2600多元为帮扶户建牛圈；为2户贫困村民免费拉线通电，投资30万元为新增居民点延伸线路800米。（尹宝英）

交通·邮政·通信

JIAO TONG·YOU ZHENG·TONG XIN

交　通

交通运输

【巩留县交通运输局负责人】
党组书记、副局长:许克亭
党组副书记、局长:赵吉峰

【概况】 2019年,巩留县交通运输局内设办公室、项目执行办公室、财务室。下属路政稽查大队、城市客运管理办公室、巩留县养路队、巩留县客运中心、巩留县汽车运输公司。核定行政编制5个,实有4人,有党员4人。

【交通运输】 2019年,巩留县境内农村公路总里程908千米,其中县道75千米、乡道576千米、村道167千米、专用公路90千米。有三级公路84千米、四级公路824千米。全县乡镇通畅率100%,建制村通畅率100%。村内巷道硬化率95%,村队通客车率100%,基本实现户户通柏油路,提升交通运输服务能力和水平,改善各族群众的出行环境和乘车条件。

【公路养护】 2019年,巩留县养路队承担全县农村公路建设、养护农村公路及市政道路1050千米应急救援任务。投资52万元养护县城道路0.55万平方米;投入资金427万元养护乡村道路共4.5万平方米;投资847万元建设乡村道路总面积17千米。出动机械300多台(班),4000多人次,抢修清理水毁公路、边坡塌方8000立方米。全县农村公路列养率100%,其中优良路比例100%、中等路比例100%,实现有路必养。

【路政稽查】 2019年,巩留县路政稽查大队依法行政,落实农村公路保护责任,做好农村公路路产路权保护。每条农村公路巡查每月不少于3次,路政员每月上路不低于18天。执法人员出勤456人次,出动巡查车辆252台次,巡查里程累计8439千米,告知公路养护部门修复30起,安全隐患告知68起,清除路边堆积物91起,制止非法建设5起。配合政府部门受理许可2起。做好超限超载治理,全年检查车辆550辆,其中超限超载车辆18辆,路政处理案件9起,执行行政处罚6万元,批评教育超限运输的驾驶员75人次。加强城市载客、乱拒载、强制组合的违章经营行为,受理巡游出租车总投诉79起,办结79起;依法查处串线车辆53辆;依法查扣非法营运车辆28辆,已处理19辆。做好巡游出租车年审工作,完成全县232辆出租车年审项目;审核报废更新车辆9辆;培训出租车从业资格证驾驶员175人,到期补证从业资格证43人,培训出租车驾驶员12场次。

【城市客运】 2019年,全县有客运经营户5户,客运车辆536辆,其中班线客车300辆,出租汽车232辆,气电混合新能源公交客车4辆。客运流量80.2万人次,发车总次1604万车次,上座率70%。

【机构简介】 2008年3月,巩留县路政稽查大队成立,核定编制3个,实有4人。全县13个乡镇场设立公路养护管理站,由1名乡镇主管副职领导兼任站长,并依托公路养护管理站,负责本乡镇农村公路的日常管理养护。各乡镇场设路管员35人,村队设协管员81人,形成县、乡、村三级管理养护格局。2019年,各乡镇场有路管员13人,村队设协管员26人。

队长:马文琦

1975年7月,巩留县养路队成立,隶属巩留县交通局下属事业单位,1999年10月改制,由全额补贴改为差额补贴。2013年,养路队搬迁至巩留镇城北工业园区东三路。占地1.67公顷,累计投资500万元,新盖办公楼三层共1300平方米,职工食堂一层300平方米,警卫室一间20平方米,院落硬化面积1800平方米,绿化面积3000平方米,新建文化小广场1个160平方米,设置健身器材一组。现有各类养护机械13台(辆、组),建设、养护、管理技术人才(含聘用人员)36人,固定资产4800万元,成为正规养护建设单位。2019年,养路队核定编制17个,实有6人。

队长:马成

2017年,巩留县城市客运管理办公室成立,核定编制2个,实有2人,有党员2人。

2019年,巩留县客运中心建设面积1.4万平方米,停车场8000平方米。巩留县客运中心有职工22人,乡镇客运站3个,分别是阿克吐别克客运站、莫合乡客运站、吉尔格朗乡客运站。

支部书记:丁永鸿

【企业简介】 2019年,巩留县汽车运输公司位于巩留县新华东路85号,兼营二级修理,有班线车辆43辆(含乌鲁木齐市1辆、伊宁市20辆、毗邻县3辆)。

经理:王爱华

2019年,巩留县凡达汽车服务有限公司位于巩留县塔斯水泥厂对面,兼营二级修理,有班线车辆59辆(含哈拉布拉1辆)、出租车96辆。

法人:贺菊芳

2019年,巩留县四通物流有限责任公司位于巩留县新华西路,有班线车辆123辆(含昭苏1辆、特克斯2辆、伊宁县1辆、哈拉布拉11辆)、出租车103辆。

法人:李岩

2019年,巩留县伊通城乡公交服务有限责任公司位于巩留县新华西路,有班线车辆67辆、出租车33辆。

法人:牛晓东

2019年,巩留县公共汽车服务有限责任公司位于巩留县新华东路85号,有班线车辆35辆。

法人:马海元

(吴冬梅)

道路运输

【巩留县道路运输管理局负责人】

党组书记、副局长:张东

党组副书记、局长:空缺

【概况】 2019年,巩留县道路运输管理局核定编制8个,实有10人,有党员4人。

【道路运输市场】 2019年,巩留县道路运输经营包括道路旅客运输经营和道路货物运输经营,道路运输相关业务包括站(场)经营、机动车维修经营、机动车驾驶员培训。全县拥有营运车辆1094辆,其中客运车辆300辆,座位数2500个;货车147辆(其中个体74辆)。其中,县际班线9条,县内班线48条。全县乡镇通班车率100%,行政村通班车率100%,客运网络基本完善。辖区内有客运企业8户,机动车维修企业53户(其中二类维修业户4户),驾校6户。

【客运站点】 2019年,巩留县道路运输管理局拥

有客运站点4家。其中:县级客运站(三级)1家,乡镇客运站(四级)3家。 (朱晓亮)

邮 政

【巩留县邮政分公司负责人】

党支部书记、总经理:杜宏

【概况】 2019年,巩留县邮政分公司内设市场部和综合办。服务网点有9处:巩留县邮政局营业厅、巩留县邮政局投递物流班、莫合尔邮政支局、阿尕尔森镇邮政支局、生产建设兵团第四师七十三团场邮政支局、吉尔格朗乡代投点、阿克吐别克镇代投点、牛场代投点、羊场代投点。实有职工41人,其中合同用工33人,劳务用工5人,承揽工3人。

【主营业务】 2019年,巩留县邮政分公司主要经营业务有邮政金融、EMS邮政速递、经济快递、信函、集邮、报刊订阅、机要通信、家乡包裹寄递、代开国地税发票、订购机票、鲜花礼仪等业务。其中包裹、速递、储蓄等业务发挥主渠道作用,机要通信继续保持安全运行。

【服务工作】 2019年,巩留县邮政分公司继续实施营业窗口服务的标准化和规范化,落实用户投诉、建议、来访处理工作责任制,妥善解决用户投诉和投递终端延误等服务热点、难点问题,提高邮政服务满意度;继续向上级主管部门申报空白网点建设,并与县委、县政府和相关部门积极组织协调,安装农村信报箱,覆盖全县大部分村队;农村服务人员23人,其中乡邮投递人员9人。全县设有自办邮路一条全程168千米,农村投递路线9条,单程长265千米;改善投递工具,提高投递的时限率。 (钱萌)

通 信

中国电信股份有限公司巩留分公司

【中国电信股份有限公司巩留分公司负责人】

经理、党支部书记:邹新宇(6月离任)

副总经理、党支部书记:翟勤(5月任职,主持工作)

【概况】 2019年,中国电信股份有限公司巩留分公司(简称巩留分公司)有员工11人,有党员6人。

【电信工程】 2019年,巩留分公司完成无线网络建设18个4G基站的主设备及配套建设;建设微4G基站小区9个。完成光纤入户FTTH零散居民点补缺建设,覆盖住户1800多户,偏远区域农牧民用上光纤宽带业务。完成县城南中学、国土局、教育局等一批单位3500多个信息点光纤到桌面的云改建设。完成光缆建设有巩留基础承载传输网络IPRAN链路西环、中环。完成通信线路的无偿改迁有7个。按照乡村全面振兴部署要求,投入128万元为村级政府专门研发智慧乡村平台,惠及覆盖用户4800户。建立模块有乡村电视台集成、流动人口管理、党建教育、国家通用语言文字学习、便民服务、信息公开、社会管理、应急联动升旗签到、精准扶贫等。

【主要业务】 2019年,巩留分公司资源能力根据工程及日常维护需求,新增分光器1091个,新增光端口7176个,端口占有率由2018年的57.68%提升至60.54%。装维外包以后,装维指标大幅度提升,特别是县城支局,24小时装、24小时维修指标明显提升,致使宽带装移机平均历时由2018年的21.55小时提升至现在的10.45小时,宽带修障历时平均由2018年的10.26小时提升至现在的4.96小时,当日装当日修100%。退单率由2018年的5.87%降至0.25%,基本实现零退单的要求。城域网建设完成县城4个光交整治,6个光交扩容。驻地网FTTH建设完成新建151个,改造、延伸的FTTH及主干光缆建设开通,其中完成33所学校及幼儿园班班通工程、46个单位的光网改造工程、47个三方投资建设及25个主干光缆建设。全县FTTH覆盖率99%,为宽带业务的发展奠定基础。安装完成25条各乡镇场升旗系统专线,完成无线网络建设22条环网跳纤。完成13个1.8G站点建设,开通13个800M基站。 (秦玲)

中国移动通信集团新疆有限责任公司巩留县分公司

【中国移动通信集团新疆有限责任公司巩留县分公司负责人】

经理:张向国

【概况】 中国移动通信集团新疆有限责任公司巩留县分公司成立于1999年。2019年,中国移动通信集团新疆有限责任公司巩留县分公司内设综合部、销售服务部、网络部、政企客户部4个部门。在册劳动合同制员工26人,劳务员工3人,有党员7人。全县有50多家专营店,各乡镇均有客户服务机构。

【主要业务】 2019年,巩留县移动公司主要负责巩留县境内移动通信网络发展规划、运营维护以及业务经营、客户服务等工作。按照集中化、标准化原则,加快信息化建设,完善各种管理体系,推进企业全业务运营建设。网络建设方面,立足网络基础,强化运营管理,全年投资2000万元,累计交付20个点位,6000个端口,新增FDD4G基站32个,4G小基站8个,3G基站2个,新增室内分布5处,投建项目涉及社会监控平台、综合治理平台、旅游平台、综治专网、教育乡村级网络覆盖、卫生医疗系统、电力专网等。全年拥有通话用户8万多户,完成业务收入3662万元。 (张晨晨)

中国联合网络通信有限公司巩留县分公司

【中国联合网络通信有限公司巩留县分公司负责人】

总经理:胡玉斌

【概况】 中国联合网络通信有限公司巩留县分公司(简称中国联通巩留县分公司)前身是中国联通巩留县营业部。承担中国联通在巩留县行政区内的电信建设和业务发展任务。主营业务包括移动电话业务、IP电话业务、193长途电话业务、165互联网业务、电信增值业务等。2005年3月正式注册成立中国联合网络通信公司巩留县分公司,有职工4人。主营业务收入50万元。

2019年,巩留县联通公司内设公众网格、政企网格、维护网格。主营业务包括移动电话业务、IP电话业务、193长途电话业务、165互联网业务、电信增值业务等。有职工24人,在编员工8人,第三方托管16人,有党员5人。乡镇代办点41家。

【主营业务】 2019年,巩留县联通公司为全县客户提供固定电话、移动通信,宽带业务,数据业务、一卡通、班班通、行业应用产品、智慧旅游、智慧农业、网络元出租及各类国际通信业务等,建成物理基站161个,拥有完善的精品3G网络,3G、4G网络县城内全覆盖。全年主营业务收入3000万元,完成率96.25%。 (苏娟)

城乡建设

CHENG XIANG JIAN SHE

城乡规划与管理

【巩留县住房和城乡建设局负责人】
党组书记、副局长:何志康(3月任职)
党组副书记、局长:安磊

【概况】 2019年4月,巩留县住房和城乡建设局机构改革,将原巩留县城市管理行政执法局纳入巩留县住房和城乡建设局。下设城市规划设计室(11月划转自然资源局)、村镇规划站、房地产管理所、建筑勘测设计室、环卫大队、建筑工程质量安全监督站、城管大队、城市房屋拆迁管理办公室8个站(室)。其中,村镇规划站、建筑工程质量安全监督站、城市建设管理监察大队为副科级事业单位。下属企业有6家(巩留县供排水公司、巩留县巩峰建筑有限责任公司、巩留县蝶湖城乡建设发展有限公司、巩留县供暖公司、巩留县思源物业服务有限公司、巩留县青青花卉种植有限责任公司)。同年核定编制59个,其中行政编制35个,事业编制24个。实有63人,其中行政16人,事业17人,工勤30人,有党员34人。城管、环卫人员295人。

【城乡规划编制】 2019年,巩留县完成阿克吐别克镇及38个村庄规划的县、乡两级评审及修改阶段规划编制,正在规划公示阶段。完成集中供热第二热源建设项目的规划手续,完成云山水小区二期、瑞豪商业城、蝶湖郡三期、中天世纪城二期建设项目的用地规划许可办理,完成栖湖湾小区二期、尚都一品二期住宅小区建设项目工程规划许可办理,确定和审定再开西社区及综合档案馆建设项目、森警消防大队业务用房的选址及规划方案。

【保障性住房建设】 2019年,巩留县棚户区改造工程,申报改造目标任务200户(改造方式为实物安置170户、货币化安置30户)。计划总投资2400万元,货币安置棚改专项债券资金实施完成。棚户区改造合同签订率100%,改造地址为再开西渠、团结西路、健康路。

【安居富民工程】 2019年,巩留县农村安居工程建设总任务381户,已开工381户,竣工381户;建档立卡贫困户等4类重点对象开工132户,竣工132户,入住132户、入住率100%;一般户开工249户,竣工249户。

【固定资产建设项目】 蝶湖文化旅游基础设施项目　项目总投资2291万元,该项目已完成蝶湖退水生态建设蝶湖东侧绿化。完成湖面土方开挖。完成绿化主管网铺设和支管网铺设。完成公厕外墙保温、屋面防水。完成退水渠土方砌筑。

蝶湖生态科普园建设项目　项目总投资1996万元,位于蝶湖西侧,一是科普园,完成道路建设7879平方米、绿化20194平方米、绿化灌溉及夜间照明;二是游乐园,完成园林景观铺装12973平方米、配套游乐设施2849平方米、园林绿化7667平方米、水电及配套附属。游乐园、科普园已基本完工。

巩留县棚户区改造项目　团结路配套基础设施:完成土地、规划、环评、招标手续;人行道完成

95%，路灯工程完成90%；2座景观桥完成85%；绿化管道完工；绿化种植完成10%；微地形完工。

再开西渠配套基础设施　团结路至东二路段，东二路至大营盘路段：建筑物及建筑工程完成95%；景观设施完成了总工程75%；土方及微地形已完工；绿化种植完成80%；地下管网完成75%；亮化工程完成70%；电器工程完成70%；装饰工程完成70%。完成总工程的85%。

再开西渠配套基础设施二期　新建标准室外篮球场1座、公共卫生间1座、停车场2处、新增水面约1.2万平方米、水车1座、景观桥1座、道路1.33万平方米、绿化3.35万平方米、绿化灌溉以及夜间照明等，完成工程量的90%。

巩留县集中供热第二热源建设项目　项目计划总投资6796.36万元，2019年计划完成3500万元，位于安康热力公司热源厂东侧，该项目完成锅炉基础层台、条形基础和锅炉基础筏板。锅炉房、引风机间、脱硫塔保温房、脱硫综合楼基础柱砼浇筑正在进行中。土建基础、设备进厂和设备辅机安装完成40%。预计2020年10月投入运行。

【建筑市场管理】　2019年，巩留县受监工程24个，总建筑面积40.6万平方米；完成工程竣工验收6起，竣工面积约9.7万平方米，实现报监工程受监率100%、工程质量合格率100%的目标。全年下发《限期整改通知书》68份，提出整改意见130条；下发《停工整改通知书》34份，提出整改意见50条。

【房地产管理】　2019年，巩留县有在建项目房地产开发企业11家，新建(续建)商业、居住小区10个，其中新建小区4个，续建6个。全县商品房施工面积约28.5万平方米，其中商业面积5.5万平方米，住宅面积23万平方米，完成房地产开发投资3.9亿元。开展行业督查检查，清理房地产开发资质11家，其中1家企业资质已过期，1家企业办理延期。规范性检查销售案场，全县有销售案场8个，检查完成案场销售工作。开展防范非法集资宣传，发放宣传册560多份，清理非法集资、办证小广告200多条。

【房屋产权】　2019年，巩留县办理房屋预告登记1000余宗，交易面积为11.1万平方米，交易金额3.64亿元。二手房市场完成交易确认60余宗，完成交易面积5900平方米，交易金额1327万元。核发商品房预售许可证8个。全年完成自治区、伊犁州(兵团)、县级房产信息查核160余宗，查核人数超过300人。收取维修资金310万元，维修支出107万元。

【建设工程消防设计审查验收】　2019年6月建设工程消防设计审查验收工作划入住建局，巩留县住建局成立消防科负责建设工程消防设计审查验收工作，全年巩留县住建局消防科受理消防设计审查项目11个，其中合格项目3个，其余已做设计变更；受理消防验收项目4个，合格2个。

【城市双修工作】　2019年，巩留县住建局城市执法大队出动执法车辆200多次，执法人员80多人。拆除违法建设7处、私搭乱建35处、不规范广告牌匾150多处，清理条幅广告、商业宣传广告、墙体小广告、破旧条幅820多处，下发停工通知书30份，整改通知书9份；劝退占道经营户102个、店外店105家，下发通知书50多份，检查渣土运输车辆20多辆，签订门前四包责任书1200份，审批广告牌60家，捕捉无主犬172只。清理清运建筑垃圾及生活垃圾12.3万立方米。维修全县人行道8870平方米、坐椅24个、果皮箱64个，更换井盖120个、调整路沿石1.6千米、路沿石更换1.45千米。新置果皮箱320个、座椅387个。新建人行道铺设2.38万平方米；铺设柏油路1.4万平方米，刻画停车位道路标线1.4万平方米，亮化5500平方米。新建U型渠1.2千米，建设人行道桥梁2.5千米。

【绿化亮化建设管理】　2019年，巩留县住建局加强亮化建设管理工作。节日期间悬挂、拆除灯笼2600只、彩旗180条。巷道安装简易路灯33盏、更换景观树灯19盏。蝶湖安装景观灯633盏、游园、道路亮化安装673组。维修红绿灯61处、维修新华路再开西渠水泵3组、维修控制箱39次。更换时控器32块,更换各类灯泡3600支、灯罩301个、灯头79只。完成6处公厕通电工作。

【供排水工作】 2019年,巩留县供排水设施建设工作。完成新安装及改造自来水用户37户、新装磁卡水表434块、新接安装工地用水6处、新砌供水检查井15座、维修供水检查井23座、抢修维修供水管网158次、疏通管网4125米、疏通清淤检查井63座;新砌排水检查井25座、维修排水检查井22座、更换排水井盖18套。全年安装供水管网930米,安装排水管网448米。县城供水467万立方米,污水处理厂处理污水308万立方米,污水处理厂出水水质稳定达标一级A排放标准。

【机构简介】 2019年,巩留县建设工程质量监督站,副科级股室,参公编制,核定编制5个,实有4人。有党员1人。

站长:吾斯曼江·吾玛尔(维吾尔族)

2019年,巩留县村镇建设管理总站,副科级股室,参公编制,核定编制3个,实有3人,有党员2人。

负责人:空缺

2019年,巩留县房地产管理所,事业编制,核定编制4个,实有6人,管理人员1名,专业技术5人,有党员5人。

所长:李璐(女)

2019年,巩留县建筑勘察设计室,事业编制,核定编制10个,实有10人,管理岗1个,专业技术岗9个,党员5人。

法人:空缺

2019年,巩留县城市管理行政执法大队,副科级股室,核定编制21个,实有21人,其中管理岗位3人,副科级领导1名,工勤岗17人,有党员14人。

大队长:李龙

2019年,巩留县城市规划室,11月整体划转自然资源局。事业单位,核定编制6个,实有4人,有党员4人。

2019年,巩留县城市环卫队,事业单位,无编制,实有5人,其中管理岗1人,工勤岗4人。

负责人:空缺

【企业简介】 1975年成立巩留县供排水公司,位于巩留县巩留镇新华北路,事业单位企业化管理。2019年,编制23个,实有41人,其中在编17人,聘用24人,有党员9人。

法人:董惊波

1970年成立巩留县巩峰建筑有限责任公司,位于巩留县新华东路水电局旁,国有企业,2019年,实有49人,有党员16人。

法人:唐启民

2012年6月,成立巩留县蝶湖城乡建设发展有限公司,位于巩留县新华东路建设局办公楼二楼,国有企业,2019年,实有3人,有党员2人。

法人:李军

2008年5月,成立巩留县安康热力有限公司,位于巩留镇文化北路4号,国有企业,2019年,实有职工47人,有党员7人。

法人:王新平

2009年3月,成立巩留县青青花卉种植有限责任公司,位于巩留县城北工业园区,国有独资,2019年,实有8人,有党员1人。

法人:田磊

2011年9月,成立巩留县思源物业服务有限公司,位于巩留县幸福南路老种子站,国有独资,2019年,实有71人,有党员3人。

法人:王福东

(李璐)

城区园林建设与管理

【巩留县青年培训中心负责人】

党支部书记:阿尼克·加山(哈萨克族)

主任:董善民

【概况】 2019年，巩留县青年培训中心内设综合办公室、城中绿化队、城北绿化队、花卉大棚培育队、割草队、绿篱修剪队、园林机械队、蝶湖公园养护、湿地公园养护、人民广场管护队。巩留县青年培训中心有自收自支事业编36人，其中事业管理岗1人、专业技术岗16人、工勤岗19人，有党员15人。

【园林工作】 2019年，巩留县青年培训中心完成补植补造、新建绿化（老城区部分）、城乡接合部及广场、街头游园、拆迁空地的绿化建设、新建绿化（城北工业园区部分）、城北工业园区现有道路绿化至厂区、东城区绿化建设，同年县城园林绿化栽植大小乔灌木类138万株，完成132.5万株地栽花卉的培育、栽植工作。绿化质量整体提高，建成区面积1270公顷，绿化覆盖面积664.1公顷，建成区绿化覆盖率52.3%，绿地面积644.78公顷，绿地率50.7%，公共绿地246.58公顷，县城镇人口6万人，人均公共绿地41.1平方米。制定和实施园林绿化管养规范，使日常养护如除草、浇水、施肥、修剪以及病虫害防治等具体养护细节有一个指导性的衡量标准和操作规范，组织园林养护工人开展纪律教育和技术业务学习，培养技术业务骨干和管理人员，建立一支能严格遵守规章制度、熟悉技术操作养护管理工作队伍，与城管执法部门联动，做好各类绿化违章、举报案件的查处，处置绿化抢险事件。

【党建工作】 2019年，巩留县青年培训中心结合不忘初心、牢记使命主题教育，推动“两学一做”学习教育常态化，制定学习计划，主题讨论计划，组织带领全体党员干部职工结合岗位工作对所学内容写心得、谈体会，并开展专题测试。做好“学习强国”平台学习任务。组织各类学习109次、开展主题党日活动12次、党员干部上党课9次、各类座谈讨论会21次，国家通用语言文字考试1次。坚持三会一课制度，完善党务公开制，增强党组织工作透明度。建立党员干部谈心制度，有效实施管理，达到沟通思想，增进团结，凝聚力量，坚持党员担重任、挑大梁，重要的园林管理岗位由党员担任，注重发挥党员模范带头作用。

【“访惠聚”工作】 2019年，巩留县青年培训中心开展一对一结对帮扶16户建档立卡贫困户，做好建档立卡贫困户关注群体及其家属思想帮教工作，及时走访慰问结亲户，开展入户宣讲、同升国旗、共度佳节等联谊活动，为包联村队的16户贫困户送去慰问物品价值1.2万多元。中心为两户特困户安装大门和修建院落围墙价值1万多元；为阿尕尔森镇阔斯阿尕什村委会解决冬季燃煤20吨价值6000多元。工作队协助阿尕尔森镇阔斯阿尕什村委会解决群众困难诉求、化解矛盾纠纷32起。走访慰问困难群众120多户，慰问物资价值3.4万元。参与清理出全村机动地402.67公顷，按土地等级确定发包价格予以公示，同年增加集体收入60万元。利用“访惠聚”项目建成260平方米保鲜库，收益1.5万元。

（戴振慧）

住房公积金管理

【伊犁哈萨克自治州住房公积金管理中心巩留县管理部负责人】
主任：徐民奎（8月任职，1—7月空缺）

【概况】 2002年10月，成立伊犁州住房公积金管理中心巩留县管理部。2018年8月，公积金管理中心开通手机APP推出账户明细查询及退休提取和贷款还款业务办理功能。2019年，全县有247个单位，新增缴存单位4个，新增缴存人157人，月缴存16.55万元。

【主要业务】 2019年，全县归集住房公积金13642.41万元，提取住房公积金8238.63万元，部分提取6620.97万元，销户提取1060.01万元，发放住房公积金贷款13066.3万元，贷款户475户，贷款余额3.9亿元。单位、个人各缴存比例12%。

（周亚静）

贸　易

MAO　YI

供销合作

【巩留县供销合作社联合社负责人】
党组书记、监事会主任:胡国栋(3月任职)
党组副书记、主任:赵学涛(3月任职)

【概况】 2019年,巩留县供销合作社联合社(简称巩留县供销社)内设行政办公室、财务室、合作经济指导办、监事会办公室。核定编制8个,实有7人,有党员13人(含退休党员6人)。下属新疆农资集团巩留农佳乐有限责任公司、巩留县供销社东买里粮油加工厂企业2家。

2019年3月,撤销中共巩留县供销合作社联合社委员会,成立中共巩留县供销合作社联合社党组;8月,撤销农佳乐公司党支部,将农佳乐公司党支部归并到供销社党组。

【经营情况】 2019年,巩留县供销社全系统商品销售总额完成2.55亿元,实现利润400万元,资产总额1200万元;社属企业粮油加工厂销售收入376万元,实现利润14万元;农佳乐公司销售收入1200万元,实现利润4万元。

【农资供应】 2019年,巩留县供销社形成县有农资公司(配送中心)、乡镇有农资超市、村有农资店或加盟店的农资连锁经营一体化服务网络。全县有农资连锁直营网店14个,配送中心1个、全年销售各种化肥4000多吨,销售额1200万元,销售农药20万元。

【专营业务】 2019年,巩留县供销社有人民食用合格碘盐和烟花爆竹2项专营业务。坚持从正规渠道组织货源,杜绝劣质食盐和烟花爆竹流入市场。供应各类食用盐1600吨,销售烟花爆竹13万元。

【农村合作经济组织】 2019年,指导注册农民专业合作社2家,提升基层社1个,结合各乡镇场党委政府新农村建设规划,在重点乡镇村采取多元化投入方式指导组建综合服务社,新建综合服务社1家。

【农村现代流通网络建设】 2019年,巩留县供销社培育壮大农业生产资料、盐业、日用消费品、烟花爆竹、农副产品购销等经营网络。全县乡村连锁网点84个,其中,日用消费品店50家,农佳乐公司农资店14家,农副产品收购网点12家,再生资源收购网点8家。

【企业简介】 2003年4月,成立新疆农资集团巩留农佳乐有限责任公司,位于巩留县巩留镇一区环城东路74号,注册资金75万元。2019年,在职6人,有党员4人。主要经营农药、化肥、烟花爆竹、废旧物资回收等业务。
负责人:余山

1997年1月,成立巩留县供销社东买里粮油加工厂,民营企业,位于巩留县东买里镇东买里村中心路39号,注册资金18万元。2019年,在职5人。主要经营农产品加工、面粉、清油等。
负责人:马仁(回族)

(俞金梅)

石油销售

【中国石油新疆伊犁销售公司巩留片区负责人】
党支部副书记:周中强
经理:贺德龙

【概况】 2019年,巩留片区所属加油站8座(其中金龙加油站长期关停)。有加油、加气站18座,其中中石油加油站7座,中石化加油站4座,兵团加油站1座,兵团加气站1座,新捷燃气站1座,社会液化气站1座,加气站2座,加油加气站1座。全年销售成品油26195吨,其中汽油11757吨,柴油14438吨。在职员工38人,有党员7人。

【网点改造】 2019年巩留片区拟新建加油站2座,手续正在办理中,全年安全生产无事故发生。

(王新胜)

烟草专卖

【巩留县烟草专卖局负责人】
党支部书记、局长:星生寿

【概况】 巩留县烟草专卖局成立于2001年7月,主要职责是专卖管理、卷烟营销、卷烟配送。2019年,巩留县烟草专卖局内设营销部、专卖办、办公室,核定编制1个,实有7人,有党员4人。

【经营情况】 2019年,巩留县烟草专卖局卷烟销售数量3562.14箱,较上年减少59.74箱,降低1.65%;卷烟单箱销售收入23739元,较上年增加1510元,增长6.79%。

【市场监管】 2019年,巩留县烟草专卖局加强与公安、市场管理等部门信息沟通和紧密协作,突出对进口回流卷烟、走私烟、加热不燃烧烟草制品等关键环节的监管。加强对辖区集团客户专项检查,杜绝涉烟违法行为发生。开展无证户专项整治行动、中小学校周边卷烟市场专项监管行动。对辖区内物流部、寄递点、快递公司等场所,进行摸底排查,收集案件线索,提高监管检查效率。对烟酒店、大型商超、销售大户等开展礼品烟、天价烟回流、卷烟非法流通、售假贩私等行为专项检查。

(王婷婷)

经济监督与管理

JING JI JIAN DU YU GUAN LI

宏观经济管理

【巩留县发展和改革委员会负责人】

党组书记:阿亚提别克·吐尔巴依(哈萨克族,3月离任) 阿曼泰·孜娜里别克(哈萨克族,3月任职)

党组副书记、主任:贺军(4月离任) 陈强(5月任职)

【概况】 2019年,巩留县发展和改革委员会(简称发改委)内设办公室、项目管理科、一带一路建设管理办公室3个科室,下设经济信息中心、项目建设管理办公室、价格认证中心、粮食流通监察检查大队、军粮供应站5个事业单位,加挂巩留县粮食和物资储备局的牌子。核定编制32个(含下属事业单位),实有32人,有党员23人。2019年3月,因机构改革,原巩留县煤炭工业管理局的项目管理、行业管理相关职能划入巩留县发展和改革委员会。

【规划编制】 2019年,巩留县发改委制定《巩留县2018年国民经济和社会发展计划执行情况及2019年工作计划》,在巩留县第十七届人民代表大会第四次会议上审议通过;出台《巩留县建设对外开放先导区工作方案》;启动"十四五"规划编制工作,完成"十四五"规划项目储备工作,确定"十四五"规划的编制机构,年内完成规划编制机构的采购工作。

【项目计划】 2019年,巩留县发改委编制《巩留县2020年中央预算内投资计划草案》,统计全县各部门上报2020年申请中央预算内资金项目164项,项目总投资57.6亿元,申请中央预算内投资46亿元;储备项目641项,计划总投资205.4亿元。

【资金落实】 2019年巩留县发改委落实上级补助资金4.72亿元(包括中央预算内资金0.6亿元,中央专项资金1.43亿元,中央财政专项扶贫资金1.59亿元,自治区专项资金1.1亿元);债券资金4亿元(其中旅游专项债券资金1.3亿元,棚改专项债券资金1亿元,爱心学校一般债券资金1亿元,扶贫一般债券0.08亿元,再融资一般债券0.62亿元);融资贷款资金0.86亿元;援疆资金0.83亿元。

【项目申报】 2019年,巩留县发改委加强重点申报项目论证工作,编制《巩留县2020年中央预算内投资计划草案》,申报符合中央预算内资金支持的重点项目55项,总投资6.45亿元。

【项目审批】 2019年,巩留县发改委完成项目审批备案50项,总投资11.71亿元。其中,审批22项,项目总投资1.13亿元;备案28项,总投资10.58亿元。

【项目建设】 2019年,巩留县开复工项目104项,开复工率96.2%,完成投资9.31亿元;新建项目78项,开工76项,开工率97%,完成投资6.2亿元;续建项目28项,复工28项,复工率100%,完成投资3.11亿元。

【价格管理】 2019年,巩留县发改委规范价格管理,降低一般工商业及其他类用电价格每千瓦时降低0.02361元(含税,下同),一般工商业及其他类用电对应的输配电价每千瓦时相应下调0.02361元;开展全县各景区门票价格、景区运营及道路运输价格调研,上报定价相关资料;开展供热、排污、农业用水等价格成本监审及调价工作。按照相关法定程序开展成本监审,筹备听证会,对《巩留县供热价格拟调整方案》公开听证,完成供热价格调整工作。

【粮食监管】 2019年,巩留县发改委从粮食流通和粮食收购两个方面监管粮食市场,开展各类粮食监督检查58次、出动检查人员150人次、检查企业101家次,全县完成粮食收购25285.5吨,其中地方国有企业14408.5吨,均价2.33元;中储粮直属库3844吨,均价2.42元;100吨以上加工企业7033吨,均价2.31元。

【安全生产监管】 2019年,巩留县发改委开展煤矿检查23次,下井检查50多人次,下达整改指令书17份、停产整改通知书3份,帮助煤矿企业排查各类安全隐患200多处。

【援疆项目】 2019年,张家港市计划援助巩留县的项目共7大类21项(调整后新增2项),其中续建项目9项、新建项目12项。项目计划总投资28302.7万元,其中援建资金调整为8427万元,项目全部完工。

【党建工作】 2019年,巩留县发改委2个党支部和党总支完成换届选举工作。召开15次支委会讨论研究制定支部工作计划,看望老党员老干部20人次,开展宣讲197场次。召开8次主题教育专题研讨会,为群众解决困难和办实事好事12件。召开组织生活会开展批评与自我批评,互提意见建议26条。

【机构简介】 2019年,巩留县经济信息中心,副科级单位。核定事业编制5个,实有5人,有党员4人。

主任:任晓华

2019年,巩留县项目建设管理办公室,副科级单位。核定事业编制7个,实有7人,有党员7人。

主任:杨琪

2019年,巩留县价格认证中心,股级单位。核定事业编制3个,实有3人,有党员2人。

主任:丁光全

2019年,巩留县粮食流通监察检查大队,股级单位。核定事业编制2个,实有2人,有党员2人。

负责人:王新军

2019年,巩留县军粮供应站,副科级单位。核定事业编制4个,实有1人,有党员1人。

站长:丁重明

(陈强)

商务经信

【巩留县商务和工业信息化局负责人】

党组书记、副局长:高洪鹏

党组副书记、局长:陈侠

【概况】 2019年,巩留县商务和工业信息化局内设工业科、商贸科、招商科和办公室。核定编制10个(行政7个、工勤3个),实有13人,有党员10人。

【工业经济运行】 2019年,巩留县规模以上工业企业8家,全年实现规模以上工业生产总值20.95亿元,同比增长3.93%;实现规模以上工业增加值5.92亿元,同比增长8.7%,完成目标任务的100%;完成工业固定资产投资5010万元,完成任务的125%。全年完成工业用电10亿千瓦时。完成招商引资到位资金7.18亿元,完成目标任务的103%;完成外贸进出口303万美元。

【招商引资】 2019年,巩留县实行招商引资项目26个,其中区外项目25个,区内项目1个;总到位资金7.18亿元,其中区外投资7.13亿元,占全年招商引资任务7亿元的101.9%。新建项目21个，到位资金5.83亿元，占累计到位资金的81.77%；续建项目4个，到位资金1.3亿元，占累计到位资金的18.23%。

【项目建设】 2019年，巩留县签订项目合同9个，总投资13.59亿元；总投资4亿元的华凌农牧科技产业园建设项目，总投资4亿元的景曦矮砧苹果种植基地建设项目，总投资3000万元的那拉乳业成人乳粉、宠物乳粉生产及分包项目，总投资2400万元的巩留县医用无纺布、KN95口罩及防护服生产建设项目相继开工建设，并按计划完成投资建设；年底跟踪洽谈项目8个，总投资5.13亿元。

【商务经济】 2019年，巩留县完成进出口任务303万美元，培育伊犁那拉乳业集团公司、巩留县康龙粮油有限公司2家出口企业，完成外商投资企业新疆鼎新特种材料有限公司联合年报工作。公开招募专业化运营服务团队，与巩留县盛创电子商务有限公司签订《巩留县电子商务系统工程战略合作协议》，制定《巩留县电子商务进农村建设工作实施方案》，明确发展电子商务工作责任。巩留县电子商务公共服务平台APP建成运营。完成库尔德宁镇、阿尕尔森镇、阿克吐别克镇、提克阿热克镇的电信网点、电商网点和物流快递配送运营模式。电商培训580人次，实训80人。完成塔斯托别乡巴哈拜村电商服务站建设，建成张家港市农产品公共仓储项目暨销售巩留产品60万元。九成商贸城、汇成商业园建运营。组织全县的农产品加工企业参加农超对接活动。九河谷、佳和乳业、康龙等企业有13种产品已进入家乡好超市销售，销售突破100万元。推进物流寄递行业划行规市、入园集中管理，投资1000万元的九龙河物流园建成运营后，全县物流快递业企业实现全域入园集中管理工作。

【企业减负】 2019年，巩留县成立清理拖欠民营企业中小账款工作领导小组，各成员单位按月开展清欠工作，并将工作开展情况上报清欠工作办公室，全年共计偿还民营企业中小企业账款1431万元，偿还比例75%。（王霞）

市场监管

【巩留县市场监督管理局负责人】

党组书记、副局长：封收

党组副书记、局长：努尔泰·斯马胡力（哈萨克族，3月离任）沈杰（3月任职）

【概况】 2019年，巩留县市场监督管理局内设办公室、政策法规科、登记注册科、市场监督管理科、质量标准计量科、食品安全监督管理科、特种设备安全监察科、药品化妆品医疗器械监管科、消费者权益保护科。有城镇市场监督管理所、阿尕尔森市场监督管理所、阿克吐别克市场监督管理所3个派出机构。核定编制51个（行政编制29个、事业编制22个），实有57人，有党员37人。

【市场监管】 2019年，巩留县市场监督管理局落实商事登记制度改革，优化服务。对全县企业144家、私营企业611家、外资企业8家、个体工商户8412户、农民专业合作社310户做好网上网下服务工作，全年受理外网全流程登记业务1194户，占登记业务的45.09%。完成“3550”改革工作，优化登记审查程序，受理81户，办结26户。通过直接核准制办理业务3259户。对19家食品生产者开展风险分级；开展校园及周边专项整治工作，出动执法人员286人次，检查集贸、农贸市场20次、超市16户次，餐饮、食品经营户1432户次，屠宰场6次，养殖场5次，收缴各类假冒伪劣食品66个品种2090千克，关停无证餐饮店8家、责令改正4家；开展药品安全、疫苗流通领域、医用氧、一次性无菌和植入性医疗器械等四项专项检查，出动执法人员48人次，检查涉药单位84家，约谈4家涉事药店和1家涉事批发企业，对3家医疗机构责令限期整改。加强对化妆品市场的监管，收缴过期化妆品及无中文标识产品货值0.8万元；开展特种设备安全检查工作，检查特种设备使用单位132家、设备200台，发现安全隐患46项，下发特种设备安全监察指令书27份，完成整改46项；开展淘汰燃煤锅炉整治工作，建成区已拆除燃煤锅炉13台；开展计量强检工作，检定压力表187块、电子汽车衡17台、电子天平18个。同年立案查处15起，结案14起，案件公示14起，罚没款7.33万元。

【消费者权益保护】 2019年，巩留县市场监督管理局做好消费者投诉、申诉、举报案件受理工作，受理消费者申诉案件45件，争议金额17.04万元、挽回经济损失9.54万元；举报8起，自办案件14件。开展以"3·15"国际消费者权益日宣传咨询服务月活动，播放公益广告5条，印发各类宣传资料200多册。销毁假劣产品（食品、药品、医疗器械、保健品、日常用品、烟草、肉类等7大类459个品种），价值13.2万元。

【扶贫帮困】 2019年，巩留县市场监督管理局做好贫困户开办市场主体的注册登记工作，缩短工商登记注册办事流程和时限，为59户建档立卡贫困户办理工商营业执照。市场用工中优先使用建档立卡贫困户，为9名贫困户解决就业问题。为贫困户送去价值4760元慰问品。

【专项整治】 2019年，巩留县市场监督管理局开展专项整治工作，出动执法人员58人次，检查县城及乡镇村队范围内市场、商场、超市等经营主体456户次，收缴各类产品21种105袋（瓶、包）。开展气瓶安全专项整治、机动车辆、非法销售成品油专项整治，出动执法人员24人次；检查加油、加气站20家，检查外国食品经营主体90户次。安排部署扫黑除恶工作部署会7次，发放线索问卷65份，研判线索4起，举报箱开箱20次，行业排查215户次。督促4个超市签订消防安全自评自查自改公开承诺书，下发责令改正通知书3份。

【机构简介】 2019年，巩留县城镇市场监督管理所，股级单位。核定编制6个，实有7人，有党员4人。

2019年，巩留县阿尕尔森市场监督管理所，股级单位。核定编制2个，实有1人，有党员1人。

2019年，巩留县阿克吐别克市场监督管理所，股级单位。核定编制2个，实有2人。

2019年，巩留县质量计量检测所，股级单位。核定编制6个，实有4人，有党员2人。

2019年，巩留县市场监督综合执法队，股级单位。核定编制16个，实有6人，有党员5人。

（王振宇）

统计服务

【巩留县统计局负责人】

党组书记、副局长：贾晓霞（女，8月离任） 曹长岭（11月任职）

党组副书记、局长：曹长岭（10月离任） 王福强（11月任职）

【概况】 2019年，巩留县统计局内设执法普查科，核定编制11个（行政编制6个、参公编制4个、工勤1个），实有12人，有党员7人。

【统计业务】 2019年，统计局承担的统计业务有综合、核算、农业、工业、投资、建筑业、商业、劳动工资、城市调查、交通、能源、统计分析、科技、房地产、统计法制、统计教育、基本单位、企业调查、农业调查工作等21个专业数据统计职能。

【统计资料】 2019年，巩留县统计局围绕畜牧业、工业、投资、城镇居民收入等，针对经济进程中出现的新情况，深入基层调查研究，撰写统计分析报告。按月度编印《经济发展快报》，分产业、行业每月提供县委、县政府全县经济数据，为领导决策服务；按年度编纂《统计公报》《领导干部手册》，收录本年度全县经济和社会发展方面大量数据，真实记载巩留县一年来经济、社会发展变化情况。

【经济普查】 2019年,巩留县统计局组织开展全县第四次全国经济普查工作。全县划分普查区105个,普查小区129个;清查法人单位1249户、产业活动单位250户、个体经营户5309户。

【统计执法】 2019年,巩留县统计局根据《中华人民共和国统计法》规定,负责全县统计执法工作,查处各类统计违法行为。全年执法检查18家。

【社会经济调查队】 2019年,社会经济调查队核定编制4个,实有3人,有党员2人。

队长:王福强(兼)

(谢维智)

审计监督

【巩留县审计局负责人】

党组书记:肖克来提·热西提(塔塔尔族,3月离任) 盛承福(3月任职,5月离任) 刘辉(11月任职)

局长:封华(女)

【概况】 2019年,巩留县审计局内设办公室、财政和行政事业审计科、经济责任和自然资源审计科、固定资产投资审计科、固定资产投资审计中心。核定行政编制10个,事业编制6个,实有22人,有党员12人。

【审计成果】 2019年,巩留县审计局完成审计项目33个,查出违纪违规资金53122.93万元,管理不规范资金35236.59万元,审计处理处罚金额14.2万元;审核政府投资项目单项工程18个,送审金额15645.33万元,审定金额13488.36万元,净核减投资额2156.97万元,净核减率13.79%;向县纪委(监委)及有关主管部门移送案件线索8起。

【财政预算执行审计】 2019年,巩留县审计局完成预算执行、财务收支、乡镇财政决算审计项目,查处违纪违规使用资金28573.3万元、管理不规范使用资金16820.66万元,收缴罚没款9万元。

【经济责任审计】 2019年,巩留县审计局完成领导干部经济责任审计项目3个,涉及责任领导6名,查出违纪违规使用资金12738.46万元、管理不规范使用资金14836.28万元、收缴罚没款3万元,提出审计建议9条。

【脱贫攻坚审计】 2019年,巩留县审计局完成巩留县2015—2019年脱贫攻坚政策落实扶贫资金分配管理使用及效益情况的审计,审计调查巩留县执行转移就业扶持等10个方面的扶贫政策落实情况,抽查县直单位20个、乡镇及片区党工委12个、村队37个;入户调查157户。重点抽查审计9110.94万元扶贫资金的分配、管理、使用和效益情况,159个扶贫项目的建设、管理和效益情况,扶贫资金和扶贫项目的抽审比例分别为47.54%和64%。交叉完成对昭苏县2016—2018年脱贫攻坚政策落实扶贫资金分配管理使用及效益情况的审计;完成特克斯县2016—2019年易地扶贫搬迁项目专项审计调查。

【其他审计】 2019年,巩留县审计局完成伊力格代冰雪运动中心项目财务审计;完成2015—2019年政法系统项目建设的专项审计调查;委托会计事务所完成5个国有农牧场资产债权债务及所有者权益情况的审计工作。 (杨颖)

应急管理

【巩留县应急管理局负责人】

党组书记:沈金豹(11月任职)

党组副书记、局长:刘佰烈(3月任职)

【概况】 2019年3月,巩留县应急管理局成立。因机构改革,将原安全生产监督管理局职责、原国土资源局、原林业局、水利局、县科技局(地震局)、原县政府应急办的部分职责整合,成立巩留县应急管理局,为县人民政府直属机构,正科级单位,全额预算管理。核定编制21个(行政编制8个、参照公务员法管理事业编制10个、工勤编制3个),实有20人,有党员14人。

【安全生产宣传】 2019年,巩留县应急管理局开展安全生产和防灾减灾救灾宣传教育,通过举办防灾减灾宣传周活动,依托县级主流媒体,向群众普及宣传防灾减灾及安全生产知识;组织开展安全生产知识竞赛、安全生产咨询日活动,悬挂横幅16条、制作展板37块、设立咨询台10个,发放安全生产宣传册3000多份,接待咨询群众1000多人次。

【安全生产培训】 2019年,巩留县应急管理局组织各相关生产经营单位、非煤矿山、危险化学品企业负责人和安全员赴伊宁市开展安全员资格证培训,有33人新取得证件、46人通过复审。举办安全生产知识讲座,聘请自治区安全讲师为全县各乡镇、各行业主管部门、各企业开展安全知识讲座,有242人参加。

【防震减灾】 2019年,巩留县应急管理局加强防震减灾预防工作,协助自治区地震局做好关于国家地震烈度速报和预警项目的手续办理工作。不定期对7名地震观测员进行指导培训,开展地震演练1次,举办培训班2期。

【安全生产执法检查】 2019年,巩留县应急管理局开展安全专项治理活动。召开危险化学品专题会议5次,查处违法企业7家、行政处罚15万元,检查危险化学品经营单位101家次,发现安全隐患122处,全部整改完毕;检查非煤矿山企业94家次,排查隐患131处,全部整改完毕;检查工贸企业31家次,发现隐患59处,全部整改完毕;通过政府购买服务方式,邀请第三方为全县31家企业(经营单位)开展安全隐患排查,检查沙厂3家、砖厂4家、加油站6家、加气站2家、运输企业2家、建筑施工企业2家、工贸企业7家、人员密集场所5家,发现隐患224处,全部整改完毕。

【安全保障】 2019年,巩留县人民政府设立安全生产财政专项资金,投入110万元,购买消防设施设备。组织全县非煤矿山、危险化学品、烟花爆竹、交通运输、建筑施工、民用爆炸物品、工贸企业等高危行业领域生产经营单位开展安全生产责任险投保。组建10支应急救援队伍,有队员366人,在全县地质灾害多发、易发区,新组建2支应急救援连,配备各类消防装备284件。

【应急救援体系建设】 2019年,巩留县应急管理局加强应急救援预案体系建设,全县相关联部门完成应急预案编制33个,全年开展应急演练4次,受教育5000多人。

【安全事故】 2019年,巩留县发生各类事故182起,死亡4人、受伤3人,直接经济损失152.59万元。与2018年同期相比,事故起数减少84起,死亡人数减少2人,受伤人数减少1人;直接经济损失减少261.14万元。煤矿、建筑施工、工矿企业、危险化学品、烟花爆竹、民爆物品、特种设备、水利、旅游等行业和领域安全生产形势平稳,未发生事故。

(蒲梅)

财政·税收

CAI ZHENG·SHUI SHOU

财　政

【巩留县财政局负责人】

局长:杨春(女)

书记、副局长:巴哈夏尔·阿衣甫(哈萨克族)

【概况】 2019年8月,根据巩机改办字【2019】14号,将巩留县财政监督检查局和政府采购管理办公室合并至巩留县乡镇财政管理局。巩留县财政局内设办公室、预算科、国库科、文行科、社保科、经济建设科、农业农村科、综合科、金融涉外科、投资评审中心、会计与内控监督中心。局机关核定编制11个(行政编制9个,工勤编制2个),实有13人,有党员7人。全局系统实有职工66人,有党员28人。

【财政收支】 2019年,巩留县一般公共预算收入完成18972万元,同比下降5.4%。其中,税收收入14626万元,同比减少4.46%,占一般公共财政预算收入77%。非税收入4346万元,同比减少8.41%,占一般公共财政预算收入23%。一般预算支出完成196490万元,同比减少支出2392万元,同比下降1.2%。

【上级资金补助】 2019年,巩留县共收到上级补助资金164782万元,其中一般性转移支付113528万元,专项转移支付47657万元,返还性收入3597万元。

【财政收支平衡】 2019年,巩留县财政总收入205643万元,其中上年结余463万元,地方政府一般债务转贷收入16451万元,调入预算稳定调节基金4900万元,国有资本经营预算调入75万元。同年财政总支出205643万元,专项支出3113万元,债务还本支出6038万元,年终滚存结余2万元,收支平衡。

【政府性资金】 2019年,巩留县总收入36754万元,其中上年结余收入1908万元,政府性基金收入10075万元(土地出让金9231万元、城市基础设施配套费801万元、农业土地开发43万元),上级补助收入1171万元,地方政府专项债务转贷收入23600万元。全年总支出36754万元,其中政府性基金支出34846万元,债务还本支出1900万元,年终滚存结余8万元,政府性基金收支平衡。

【社保基金】 2019年,巩留县社保基金收入65738万元,同比增加848万元,同比增长1.3%。社保基金支出52814万元,同比减少12065万元,同比下降18.6%。年末滚存结余36724万元。

【国有资本经营】 2019年,巩留县有资本经营收入250万元。调出资金75万元,年终结余175万元,收支平衡。

【防范化解风险】 2019年,巩留县防范化解债务风险,对应偿还债务纳入年度预算,按照方案全部完成债务化解任务。争取到位债券资金40051万元,同比增长5011万元,增长14.3%。其中,新增债券33851万元(棚户区改造1亿元、旅游基础设施建设1.3亿元、学校建设1亿元、易地扶贫搬迁

800万元、水环境治理51万元)，再融资债券6200万元。新增债券及再融资债券均在规定时间内全部支付完毕。债务风险整体可控，综合债务率为70%，处于法定限额范围内，归属绿色等级区间。

【落实三保】 2019年，巩留县落实"三保"措施。保障人员支出99562万元。在编人员支出74422万元，县聘人员支出5837万元，协警人员支出9275万元，离退休及遗属补助支出2096万元，村干部工资及新录大学生村官支出4775万元，"访惠聚"工作队全覆盖及补助支出849万元，村级联防队员、十户长补助等其他人员支出2308万元；保障运转支出31570万元。公检法司运转支出5653万元，党政机关运转支出16173万元，乡镇场及学校运转支出5623万元，村两委干部和"访惠聚"驻村工作队运转支出4121万元；保障基本民生支出148546万元。民生保障资金支出占总支出的75.6%。

【扶贫资金】 2019年，巩留县全口径扶贫资金到位22021万元，支付率100%，县级配套扶贫资金514万元落实到位。

【预决算公开】 2019年，巩留县按照"公开为常态、不公开为例外"原则，对全县145个预决算单位(县直82个，乡镇63个)，除1个涉密单位不予公开外，其余144个预决算单位100%公开，接受县人大及社会各界监督。

【机构简介】 2004年8月，成立巩留县农业税务局。2008年3月，更名为巩留县乡镇财政管理局。副科级单位。2019年，核定事业编制(参公)10个，实有9人，有党员6人。

负责人:冯学里(兼)

2006年9月，成立巩留县会计核算中心。2010年4月，更名为巩留县国库支付中心。副科级单位。2019年，核定事业编制13个，实有12人，有党员7人。

负责人:冯学里(兼)

2017年5月，成立巩留县国有资产管理中心。副科级单位。2019年，核定事业编制3个，实有2人，有党员1人。

负责人:朱福(兼)

(彭宏洁)

税　收

【国家税务总局巩留县税务局负责人】

党委书记、局长:王红星

【概况】 2019年，国家税务总局巩留县税务局(简称巩留县税务局)，机构级别正科级。内设13个股室(办公室、法制股、税政股、社会保险费和非税收入股、纳税服务股、征收管理股、收入核算股、税源管理股、风险管理股、人事教育股、信息中心、机关党委、纪检组)、1个派出机构(办税服务厅)。核定行政编制69个，实有81人，有党员63人。

【税费收入】 2019年，巩留县税务局组织税费收入32347万元，实现四个100%。完成伊犁州局税收任务的103.62%；完成地方级第二次追加税收收入任务的100.29%，地方级一般收入16533万元；完成养老保险征缴任务的107%；完成城乡居民医疗保险征缴任务的100.4%。非税收入完成1159万元，同比增收2万元，同比增长0.17%。

【税收风险防控】 2019年，巩留县税务局实现业务数据融合共享，清理各类数据2.6万条，实现数据整合。完成税收风险管理任务374户，其中企业275家，个体工商户99户，入库税款及滞纳金1083.83万元，入库贡献率3.86%。在巩留零距离发布欠税公告6期，追缴欠税420万元。

【依法治税】 2019年，巩留县税务局联合县发改委、财政局、市场监督管理局开展诚信建设万里行活动，对县域内755家企业开展纳税信用等级评定，与县农村信用合作社签订"税易贷"协议，增强县域内纳税人依法诚信纳税缴费的意识。新配发执法记录仪11台,形成以文字音像为载体的全体系记录链,保障征纳双方权益。

【减税降费宣传】 2019年,巩留县税务局成立减税降费领导小组,协调8个减税降费小组联动;按照任务清单将责任分解到人,开展座谈会6场、集中培训16场、税企联合知识竞赛1次,有2327户次纳税人参与。组织10个宣传小组下户辅导3轮471户次,发放宣传辅导材料2300多份;与移动公司合作,推送信息12万条,电话辅导纳税人1200多户;通过报纸、网络推送减税降费宣传23篇,通过广播电视采访报道6次。

【纳税服务】 2019年,巩留县税务局开展网上申报、登记,电子发票、发票代开等网上办税业务,培训各类纳税人2000多户次,网厅设置3名咨询员,引导纳税人、缴费人网上办理涉税业务。全年推行电子发票服务400多户,网上办税服务厅承接办理业务10909笔。全年退税851户,合计13.4万元,减税户数3834户。为县域内企业减免各项税费6005万元,其中减免税收3913万元,减免社保费2092万元,为企业发展积蓄后劲。

【群众工作】 2019年,巩留县税务局争取对口援疆单位张家港金港区(保税区)税务局及伊犁州州税务局资金23万元,打造提尔曼社区业务大厅、居民多功能活动室;为提克阿热克镇莫因古则村投入5万元购买桌椅、幕布、投影。利用干部下沉驻村住户,为民办实事好事11件,为困难人员解决就业5人,助力秋收4次。单位干部职工开展金秋助学捐款6000元,举办福利院送温暖爱心志愿活动,给孤残留守儿童捐赠冬季衣物,价值8000元。

(路超)

银行·保险

YIN HANG·BAO XIAN

银　行

中国工商银行股份有限公司巩留支行

【中国工商银行股份有限公司巩留支行负责人】
党支部书记、行长:张彦虎

【概况】 2019年,中国工商银行股份有限公司巩留支行(简称工行巩留支行)内设办公室、营业部。实有员工29人,有党员10人。

【存款业务】 2019年,工行巩留支行各项存款余额(不含同业)81351万元,减少11598万元。对公存款余额40036万元,减少11065万元,减幅6.52%。储蓄存款余额41320万元,增加2261万元,增幅6.91%。

【贷款业务】 2019年,工行巩留支行各项贷款余额11067万元,增加464万元,增幅为5.06%。

(彭永清)

中国农业发展银行巩留县支行

【中国农业发展银行巩留县支行负责人】
党支部书记、行长:张德新(3月离任) 汤祥信(3月任职)

【概况】 2019年,中国农业发展银行巩留县支行(简称农发行巩留支行)内设办公室、信贷业务部、会计结算部,机构级别为正科级。实有员工17人,有党员7人。

【存款业务】 2019年,农发行巩留支行各项存款余额15066万元,较同期增加7677万元;日均存款余额10413万元,较同期增加2988万元。人均利润为4.83万元,同比增长15.29万元。

【贷款业务】 2019年,农发行巩留支行各项贷款余额为15789万元,较上年同期增加620万元,增幅4.09%。

【库存占贷情况】 2019年,农发行巩留支行贷款投放情况:累计投放各类贷款6242万元,同比多投1742万元。其中,粮棉油贷款投放1194万元,同比少投放3306万元;旅游扶贫中长期贷款投放4010万元,同比多投4010万元;生态环境建设与保护中长期贷款投放1023万元,同比多投放1023万元;农业小企业(流贷)投放15万元,同比多投放15万元。

贷款收回情况:累计收回各类贷款5622万元,同比多收回1644万元。其中,收回粮油贷款4522万元,同比多收回1544万元;收回一般水利建设PSL中长期贷款1100万元,同比多收100万元。

(阮清泉)

中国农业银行股份有限公司巩留县支行

【中国农业银行股份有限公司巩留县支行负责人】
党支部书记、行长:丁启伟

【概况】 2019年,中国农业银行股份有限公司巩留县支行(简称农行巩留支行)内设有营业部、城镇支行、风险管理部、客户部、三农金融部。实有职工40人,有党员15人。

【存款业务】 2019年,农行巩留支行各项存款112112万元,较年初增加7882万元。其中,对公存款37420万元,较年初下降2571万元;储蓄存款74692万元,较年初增加10453万元。

【贷款业务】 2019年,农行巩留支行各项贷款余额39420万元,较年初增加3831万元。其中个人贷款29972万元,较年初增加4693万元。农户贷款余额4115万元,较年初净增527万元;对公贷款余额9448万元,较年初下降862万元。

【中间业务】 2019年,农行巩留支行实现营业收入3636万元,完成下达计划的89.71%,实现净利润1656万元,完成计划的88.32%,实现中间业务收入771万元,同比减少81万元,完成计划的96.13%。 (吴林)

巩留县农村信用合作联社

【巩留县农村信用合作联社负责人】

党委书记、理事长:孙宗荣

纪委书记、监事长:别日克包·热斯克来德(哈萨克族)

主任:张世宏(锡伯族)

【概况】 2019年,巩留县农村信用合作联社(简称农村信用社)内设办公室、组织部(人力资源部)、会计部、信贷与风险管理部、计划财务部、审计部、纪检监察部、保卫部和电子银行部9个部门,下设联社营业部、库尔德宁信用社、吉尔格朗信用社、阿尕尔森信用社、东买里信用社、塔斯托别信用社、提克阿热克信用社、阿克吐别克信用社、新华路信用社、七十三团信用社10个营业网点,实现巩留县各乡镇、团场金融服务全覆盖。全社有正式在岗职工102人,劳务派遣工2人,有党员40人(其中预备党员2人)。

【存款业务】 2019年,农村信用社各项存款196119万元,较上年增加24339万元,增长14.17%。其中对公存款36931万元,较上年增加7351万元,降幅24.85%;储蓄存款159188万元,较上年增加16988万元,增长11.95%。农村信用社存款总额占全县存款总额的44.36%,存款来源主要为居民个人存款。

【贷款业务】 2019年,农村信用社开办农户贷款业务、企事业法人贷款、个人住房按揭贷款、公职人员综合消费贷款、个体工商户贷款、创业担保贷款等业务。贷款余额135438万元,较上年增加12246万元,增长9.94%,贷款余额占全县各家金融机构贷款总额的63.95%,存贷比例69.06%。涉农贷款余额105643万元,占各项贷款余额的78%,较上年增加5729万元,增幅5.73%。投放各项贷款154669万元,其中发放小额信用贷款19422笔88399万元;发放农户联保贷款425笔7754万元;发农户抵押及其他贷款3329笔43486万元。

【企业贷款】 2019年,农村信用社发放企业贷款16笔14960万元,大型企业2000万元,中型企业2234万元,小微企业3050万元。存量企业贷款14笔8074万元,占各项贷款比例5.96%,按行业划分:农林牧渔业贷款3010万元,制造业贷款1550万元,批发零售业贷款2724万元,卫生和社会工作贷款790万元。

【农业贷款】 2019年,农村信用社向库尔德宁镇、吉尔格朗乡发放贝母种植贷款1085万元,向东买里镇、塔斯托别乡发放玉米制种贷款20231万元,向第四师七十三团发放反季节大棚葡萄贷款577万元。

【农贷通贷款】 2019年,农村信用社发放农贷通贷款75247万元,占贷款投放总额的48.65%;农贷通贷款余额60761万元，占贷款总额的44.86%。

【信e贷贷款】 2019年，农村信用社发放信e贷贷款12643万元，占贷款投放总额的8.17%；信e贷贷款余额8736万元，占贷款总额的5.65%。

【养殖业贷款】 2019年，农村信用社向各乡镇场11278户养殖户投放贷款51618万元。

【金融精准扶贫】 2019年，巩留县联社为提高贫困人口自我发展的能力，发挥金融服务和信贷"输血"功能，加大对建档立卡贫困户产业贷款扶持力度，年末贷款户数为699户，贷款余额2245万元。

【信用评级】 2019年，农村信用社推进信用工程建设，把信用乡镇、信用村、信用户的创建任务分解到各营业网点。累计建档农户26875户，评定出AAA农户3252户、AA农户8358户、A级农户13802户，信用户合计25412户。

【银行卡业务】 2019年，农村信用社发行银行卡293197张，其中发磁条卡90429张、IC卡202768张；金卡183张，社保卡96534张。银行卡存款余额57121万元。

【POS业务】 2019年，农村信用社发展特约商户453户，布放机具625台，其中助农服务站商户94户，布放机具94台。

【ATM业务】 2019年，农村信用社下辖10个营业网点对外开办自动柜员机业务，布放自动柜员机27台，其中存取款一体机17台，取款机10台。布放地点为城区信用社12台，兵团信用社2台，农区信用社13台。中医院及人民医院附近设立离行式自助银行2处，布设存取款一体机3台。

【网银业务】 2019年，农村信用社发展企业网银用户101户，开立219户，发生业务3.41万笔，交易金额113533万元。个人网银开户3828户，开立11935户，发生业务1.05万笔，金额39656万元。手机银行开户2682户，开立9515户，发生业务6.74万笔，金额149672万元。

【假币收缴管理】 2019年，农村信用社严格执行《中国人民银行假币收缴、鉴定管理办法》，制定假币收缴管理操作规程，并设立假币收缴登记簿。反假币工作由各营业网点委派会计兼职管理，从事反假币工作人员42人，办理现金业务发现假币时，由2名以上持有反假币上岗资格证的业务人员当面予以收缴，并出具假币收缴凭证。全年收缴假币108张，金额9730元。 （杨晓霞）

中国邮政储蓄银行巩留县支行

【中国邮政储蓄银行巩留县支行负责人】
党支部书记、行长：王庆忠

【概况】 2019年，中国邮政储蓄银行巩留县支行（简称邮储银行巩留支行）内设综合管理部、综合业务部。实有员工19人，有党员4人。

【存款业务】 2019年，邮储银行巩留支行个人存款余额为30648万元，较上年增长3745.77万元，增幅13.9%。对公业务存款余额为6816万元，较上年增长2914.93万元，增幅74.7%。

【贷款业务】 2019年，邮储银行巩留支行各项贷款余额10113万元，较上年增长1391.13万元，其中个人经营性贷款5696.67万元，较上年增加1165.89万元；个人消费贷款4416.33万元，较上年末增加225.24万元。

【中间业务】 2019年，邮储银行巩留支行业务收入907.6万元，较上年同期减少31.49万元，增幅为3.5%。实现利润480.34万元，完成年利润计划195万元的246.33%。成本收入比为63.81%，人均收入

为44.37万元,人均年利润为30.02万元。 (吴宁)

保 险

中国人民财产保险股份有限公司巩留支公司

【中国人民财产保险股份有限公司巩留支公司负责人】

经理:丁赞

【概况】 2019年,中国人民财产保险股份有限公司巩留支公司(简称人保财险巩留支公司)拥有服务网点2个,远程出单网点4个,营销服务站4个,公司业务发展遍及巩留县12个乡镇、片区党工委和第四师七十三团。有职工6人,业务员38人,有党员5人。

【保险业务】 2019年,人保财险巩留支公司销售的保险产品不断丰富。主要业务有机动车辆保险、交通意外保险、人身意外保险、旅游保险、家庭财产保险、国内货运险、建筑工程质量保险、火灾责任保险、企业财产险、责任保险、农业保险等。实现保费收入5021万元,理赔直接赔付2623.5万元,其中政策性保险理赔给付1708.3万元,商业性保险理赔给付915.2万元。 (向明)

中国人寿保险股份有限公司巩留县支公司

【中国人寿保险股份有限公司巩留县支公司负责人】

经理:李晚雪(女)

【概况】 2019年,中国人寿保险股份有限公司巩留县支公司(简称中国人寿巩留支公司)有营销服务网点3个,业务覆盖巩留县13个乡镇场和第四师七十三团。有个险代理制业务员177人,团险26人、中介人员10人,正式员工6人,有党员10人。

【保险业务】 2019年,中国人寿巩留支公司主要业务有人寿保险、健康保险、意外伤害保险、养老保险、分红保险、企业年金、国寿鑫福年年金保险、国寿鑫福年养老年金保险等。全年实现保费收入5012.71万元,理赔给付409.57万元,生存、年金、满期给付450万元。 (李晚雪)

中华联合财产保险股份有限公司巩留县支公司

【中华联合财产保险股份有限公司巩留县支公司负责人】

经理:徐辉

【概况】 2019年,中华联合财产保险股份有限公司巩留县支公司(简称中华保险巩留支公司)拥有独立职场1个,中华保险营销服务站4个,公司业务发展遍及巩留县13个乡镇场,有员工12人。

【保险业务】 2019年,中华保险巩留支公司销售的保险产品不断丰富。主要业务有车辆保险、财产损失保险、责任保险、信用保险和保证保险、短期健康保险和意外伤害保险。全年实现保费收入2900万元,理赔给付2058万元。 (冯志威)

自然资源·环境保护

ZI RAN ZI YUAN·HUAN JING BAO HU

自然资源管理

【巩留县自然资源局负责人】
党组书记:阿不都克依木·阿不来提(3月离任) 盛承福(4月任职)
局长:王宏斌(3月离任) 铁列吾江·热合马提拜克(3月任职)

【概况】 2019年3月,原巩留县国土局更名为巩留县自然资源局。内设3个职能科室,即办公室、自然资源利用和耕地保护科、矿产资源勘探开发和权益科。有5个事业单位(一套人马管理),即巩留县土地整理中心、巩留县测绘管理办公室、巩留县城市规划设计室、巩留县不动产登记中心、巩留县土地储备交易中心。核定编制41个(行政编制5个,全额事业编制32个,自收自支编制4个),实有47人,有党员33人。

【国土资源】 2019年,巩留县辖区总面积为411140.23公顷,其中耕地面积51854.34公顷,园地面积为1569.82公顷,林地面积为74677.93公顷,草地面积为246764.17公顷,城镇及工矿用地面积为8814.05公顷,交通运输用地面积为2620.93公顷,水域及水利设施用地面积为10759.63公顷,其他土地面积为14079.36公顷(以上面积含兵团面积)。

【矿产资源及管理】 2019年,巩留县矿产资源有煤、金、铅、锌、铁、铜、石膏、石灰岩、凝灰岩、页岩、重晶石、石棉、花岗岩等矿种。持有效采矿证的矿山企业42家,煤矿3家(停产1家),铁矿1家(停产)、石灰石矿3家(停产3家)、建筑石料用灰岩矿1家(停产)、水泥配料用页岩矿1家、砖瓦黏土矿18家(停产3家)、建筑用砂15家(停产2家)。有各种探矿权项目11个(其中6个探矿权位于水源涵养区内,3个探矿权位于世界自然遗产地核心区范围内,2家探矿权不在功能区内),探矿权人5家。勘查项目种类主要有金勘查项目4个、铜勘查项目5个、铅锌勘查项目2个。根据《伊犁州"伊犁黑蜂"保护区矿业权清理方案》,依法关闭2家保护区内的矿山企业。开展矿产资源及地质灾害防治情况安全生产专项检查。全年检查33次,检查人员86人次。

【耕地保护】 2019年,巩留县完成永久基本农田划定工作,确定基本农田保护面积42468.20公顷,其中城市周边968.8公顷。完成异地补划永久基本农田3627公顷。同年补充设立基本农田保护地块牌181块,分解全县51800公顷耕地保有量、38841公顷基本农田保护任务到各乡(镇)场,层层签订《耕地保护目标责任书》109份。

【土地利用】 2019年,巩留县自然资源局申报58个耕地储备库项目,通过自治区自然资源厅验收,并下达批复,项目总规模1374.62公顷,新增耕地面积1320.2公顷,入库耕地指标1320.2公顷。完成良繁场农二三队农村宅基地等项目勘界工作。全年批准建设用地项目9个,批准面积78公顷。按照《招标拍卖挂牌出让国有建设用地使用权规定》(39号令)、《划拨用地目录》《限制供地目录》等相关法律规定,依法供应国有建设用地22宗,其中挂牌出让15宗,成交面积20.6369公顷,成交价款9435.5万元;划拨供地7宗,面积73.378公顷;补缴土地出让金67宗,补缴价款331.447万元。

【地籍管理】 2019年,巩留县农村地籍调查工作项目数据库通过自治区土地勘测规划院验收。项目资金计292.54万元,项目中标单位中堪天成(北京)科技有限公司,中标价为241.5万元,调查面积3825.37平方千米,调查工作涉及8个乡镇、3个片区党工委的94个村队。县级调查成果通过自治区三调办核查。

【土地开发整理项目】 2019年,巩留县实施的阿尕尔森镇阔斯阿尕什村东片区、西片区、良繁场良种队土地整理项目,总建设规模1715.05公顷,总投资2803万元。

【地质监测】 2019年,巩留县自然资源局编制完成《巩留县2019年度地质灾害防治方案》《巩留县2019年度地质灾害突发性应急预案》。在地质灾害危险区建立永久性警示标志2处,临时警示标示牌14处,安排监测员15人,配备简易监测预警设备。制定地质灾害气象风险预警工作方案,发布预警信息15次。全年开展动态巡查45次,发放地质灾害巡查检查督查卡65份,出动检查72人次,历时42天,检查各地质灾害隐患点52处。

【宣传培训】 2019年,巩留县自然资源局开展测绘法宣传活动,发放宣传手册、宣传资料300多份,开展咨询活动30多人次,录制短视频、发送公益短信420条。举办地质灾害防治培训班,邀请专家进行授课。成立6个小组开展地质灾害应急演练,参演干部100多人,群众300多人。

【执法监察】 2019年,巩留县自然资源局下发土地卫片图斑71个,拆分图斑3个,实际图斑数74个,图斑总面积36.32公顷。其中,兵团图斑10个,面积3.09公顷。合法图斑40个,面积22.29公顷;违法图斑15个(民生工程8个,自行纠正2个,违法立案5个),面积5.87公顷;其他图斑9个,面积5.07公顷。立案查处5宗地,面积1.39公顷,主要涉及民生工程项目方面。

【不动产登记管理】 2019年,巩留县自然资源局办理不动产权证3392本,不动产登记证明5016本。

【群众工作】 2019年,巩留县自然资源局帮助唐努尔村完成田间道路平整300米,对唐努尔村的18户、阿克加孜克村10户贫困户结对帮扶,走访并送去慰问资金4000多元。与帮扶村队群众开展民族团结一家亲联谊活动11次。为阿克图别克镇唐努尔村、喀拉奥依村送去冬季燃煤40吨,送去电脑2台。

【机构简介】 2019年,土地整理中心,股级单位,核定编制7个,实有7人,有党员6人。

负责人:汪晓春

2019年,测绘管理办公室,股级单位,核定编制7个,实有6人,有党员4人。

负责人:阿腾古丽·吐斯拜(女,哈萨克族)

2019年,不动产登记中心,股级单位,核定编制13个,实有12人,有党员8人。

负责人:慕爱堂

2019年,土地储备交易中心,股级单位,核定编制4个,实有4人,有党员1人。

负责人:闫冬玲(女)

2019年,城市规划设计室,副科级单位,核定编制4个,实有1人。有党员1人。

负责人:彭真(兼)

(张庆庆)

林业和草原

【巩留县林业和草原局负责人】

党组书记:刘栋

局长:空缺

【概况】 2019年,机构改革将原林业局、畜牧局、国土局、住建局、水利局、农业局等部门的相关部分职责整合后组建巩留县林业和草原局(简称巩留县林草局)。根据改革方案,不设内设机构,下设机构有森林派出所、林业工作站、草原工作站、草原监理站、护林防火办公室、林业有害生物防治检疫局、次生林管理站、苗圃、野生动植物保护办公室、果树管理站。核定编制89个,实有59人,有党员25人。

【森林资源】 巩留县森林资源由山区天然林、河谷次生林、平原人工林组成。2019年,森林资源总面积10.65万公顷,其中山区天然林地面积7.03万公顷。平原人工林面积1.93万公顷;河谷次生林(国家级公益林)面积1.69万公顷,全县森林覆盖率19.6%。平原人工林活立木总蓄积量20.69万立方米。有国家级自然保护区1个,面积为31217公顷;有自治区级自然保护区1个,面积1180公顷;有国家级森林公园1个,面积1300公顷。县域主要野生植物有64科238属429种,主要野生动物有20目55科162种。

【造林绿化】 2019年,巩留县完成造林面积800公顷,其中经济林600公顷,生态林200公顷。全年参加义务植树2.2万人次,栽植各类树木37万株。完成公路绿化26千米;完成补植补造150公顷,完成迹地更新造林6.78公顷。完成森林抚育333.33公顷、封山育林666.67公顷,落实公益林管护1.69万公顷,打造森林村庄2个,实施绿化美化建设试点乡1个、村3个。全县有绿化合格单位5个,伊犁州级花园式单位5个,国家级绿化模范单位1个。古树名木挂牌保护。

【特色林果业】 2019年,巩留县特色林果总面积2813.34公顷,其中苹果733.34公顷,树上干杏1266.67公顷,核桃533.34公顷,其他279.99公顷。挂果面积2064.81公顷,林果产量3.05万吨。成立2支果树修剪服务队,修剪果树1333.33公顷,改造低产果园100公顷;举办各类培训班35场次,参与培训3780人次。

【林政管理】 2019年,巩留县执行林地征占用审批、林木采伐限额和木材凭证运输制度,依法发放林木采伐许可证,有效控制森林资源消耗。全年平原人工林采伐限额11837立方米,办理林木采伐许可证70份,采伐杨树5.7万株,采伐蓄积9217.62立方米;办理项目征占用林地1宗,征占用林地面积5.3456公顷,采伐株树750株,林木总蓄积20.4立方米;及时更新采伐迹地,未出现违规使用林地、超限额采伐现象;开展常态化林地督查,完成59个遥感图斑林地督查工作,常态化开展木材经营加工执法检查;落实林权制度改革,加强林权档案管理,全县平原区森林总面积36522.77公顷,纳入林改面积6886.67公顷,应确权面积0.6万公顷,实际确权0.53万公顷,确权率88.3%;确权宗地2696宗;发放林权证1571本,发证面积0.53万公顷。完善公益林管护站配套设施建设,完成国家级公益林监测,加强全县16888.47公顷重点公益林管护,实施公益林营造林抚育90.67公顷。利用世界湿地日、世界森林日、爱鸟周及野生动物保护宣传月开展主题宣传活动,强化湿地、野生动物保护等法律法规的宣传,增强公众保护森林资源意识。

【林业有害生物防治与检疫】 2019年,巩留县林业有害生物1个国家级中心测报点和8个监测点定期监测,准确发布林业有害生物预测预报,全年发布森林病虫疫情预测预报3期,预计发生面积0.73万公顷,实际发生面积0.66万公顷,累计防治面积0.66万公顷,测报准确率90.4%;无公害防治面积0.57万公顷,无公害防治率87%;完成光肩星天牛疫木调查30209株,除治疫木1531株,喷雾防治133.34公顷;完成平原人工林苹果病害普查538.8万株,野果林普查591.13公顷,发放苹果病害防治药剂1565千克;完成白蜡窄吉丁虫寄主树种调查8.2万株,除治疫木373株,采取打孔注药、喷雾防治、树干涂白等措施完成综合防治106.67公顷;完成食叶害虫防治666.67公顷;完成苹果小吉丁虫综合防治200公顷、野杏鬃球蚧飞机防治466.67公顷;完成木(板)材检疫2.1万立方米、苗木产地检疫258万株、苗木复检15.6149万株;加大《植物检疫条例》《中华人民共和国森林法》《森林病虫害防治条例》宣传力度,全年组织开展林业有害生物防治检疫培训5场次,培训各类人员382人次;开展科普宣传3场次,发放宣传图册920份。

【护林防火】 2019年,巩留县护林防火总面积19.83万公顷,林班126个。调整和充实护林防火领导小组17支,组建人员169人;成立消防突击队4支,组建人员220人;成立村级义务森林扑火队53支,组建人员1397人;成立林草系统半专业扑火队,组建人员20人,与各乡镇场、驻县单位护林办层层签订护林防火业务责任书,严格执行24小时防火值班制度。全县组织护林防火宣传4场次,出动宣传车9台次,走访农牧民宣传5000人次,出板报3块,散发宣传单5000份,受教育群众5000人次;开展应急演练1次。在重点林区、重点地段、公益林、公路沿线、旅游景点等特殊地段,设置大型森林防火永久性公益宣传牌,提高全民防火意识。全年无森林火灾发生。

【林业重点工程】 2019年,巩留县围绕林业重点工程建设,推进生态保护和生态修复,全年完成退耕还林、三北防护林重点工程造林8000公顷,落实常年管护,按规定兑现第一轮和新一轮退耕还林补助资金238.2万元;完成森林抚育333.33公顷;完成封山育林666.67公顷;落实国家级公益林管护16888.47公顷,落实管护人员37人,签订管护责任书37份,完成管护围栏修复1.1千米,设置宣传牌17块。

【草原建设与保护】 2019年,巩留县通过层层落实毒害草防除任务、控制虫鼠害发生,各乡镇场建立连片高产优质饲草料示范田,每块示范田面积3.33公顷以上,全年完成人工种草1800公顷。依托退牧还草项目,完成毒害草退化草地治理5333.34公顷、退化草原改良6666.67公顷、围栏建设13333.34公顷、舍饲棚圈建设100户。积极开展草原虫鼠害防治工作,完成草原虫害防治3.55万公顷,草原鼠害防治3.34万公顷。

【行政执法】 2019年,巩留县加强对重点区域林木和林地的巡查,依法相继组织开展打击乱砍滥伐、乱捕滥猎野生动物、非法占用林地、毁坏公益林、破坏湿地等违法犯罪专项行动。对拉运木材的车辆加强盘查,对无采伐手续的车辆一律依法处理。查处和办结各类涉林涉草案件34起,其中刑事案件2起、行政案件32起,收缴罚没款45.96万元,处理行为人34人,取保候审2人;救助野生动物6只(头)。开展安全生产大检查,与全县26家木材加工企业签订安全生产责任书。

【"访惠聚"工作】 2019年,巩留县林草局选派16名干部,进驻阿尕尔森村和沙尔乌泽克村开展"访惠聚"工作。为包联村解决林果病虫害防治药剂520千克,争取特色林果示范园建设项目资金25万元,解决居民巷道绿化苗木1.2万株,解决冬季燃煤60吨,送扶贫鸡苗200只;开展民族团结一家亲联谊活动9场次;开展包联村林果技术培训7期910人次;为群众办实事办好事21件,提供帮扶物资折合资金30万元。

【机构简介】 2019年,公安局森林派出所,副科级单位,同时加挂巩留县公安局森林警察大队牌子。核定编制10个,实有7人,有党员3人。同年10月,划归巩留县公安局管理。

所长:空缺

2019年,林业工作站,副科级事业单位(全额预算管理)。核定编制12个,实有12人,有党员6人。

党支部书记:阿合力别克·热哈提(哈萨克族)

站长:刘强

2019年,护林防火办公室,副科级事业单位(参照《中华人民共和国公务员法》管理)。核定编制4个,实有1人,有党员1人。

专职副主任:巴格达吾列提·卡依曼(哈萨克族,4月退休)

2019年,次生林管理站,正股级事业单位(参照《中华人民共和国公务员法》管理)。核定编制4个,实有2人,有党员1人。

站长:张永亮

2019年,林业有害生物防治检疫局,副科级事业单位(参照《中华人民共和国公务员法》管理)。核定编制3个,实有3人,有党员1人。

负责人:马芳(女,俄罗斯族)

2019年,苗圃,副科级事业单位(差额预算管理)。核定编制15个,实有4人,有党员2人。

负责人:王新山

2019年,野生动植物保护办公室,正股级事业单位(全额预算管理)。核定编制4个,实有4人,有党员2人。

负责人:王新山

2019年,野核桃自然保护区管理站,副科级事业单位(差额预算管理)。核定事业编制15个,实有4人,有党员1人。

负责人:王新山

2019年,草原工作站,副科级事业单位(全额预算管理)。核定编制11个,实有9人,有党员7人。

党支部书记:陈春梅(女,8月离任) 俞仲海(11月任职)

站长:乌兰·叶斯木哈买提(女,哈萨克族)

2019年,草原监理站,副科级事业单位(参照《中华人民共和国公务员法》管理)。核定编制7个,实有2人,有党员2人。

党支部书记、站长:空缺

(任亚琳)

生态环境

【伊犁州生态环境局巩留县分局负责人】

负责人:贺玫(女,3月离任)

党组书记:孙仁国(3月任职)

局长:马俊(回族,3月任职)

【概况】 2019年,机构改革,原巩留县环境保护局更名为伊犁州生态环境局巩留县分局。4月,伊犁州生态环境局巩留县分局(简称巩留县生态环境局)挂牌。内设办公室、人事计财科、自然生态与农村科、环境影响与评价科、环境宣传教育科;下属单位有环境监察大队、环境监测站,级别均为副科级。核定编制25个,实有27人,有党员23人。

【生态文明建设】 2019年,巩留县生态环境局编制完成《巩留县国家生态文明建设示范县评选资料汇编》,通过自治区生态环境厅专家评审,10月通过生态环境部现场核查,11月获得"国家生态文明建设示范县"命名并授牌。印发《巩留县创建国家有机产品示范县实施意见》,做好有机产品认证工作,取得10个有机产品认证。

【污染减排】 2019年,巩留县生态环境局做好污染防治工作,制定完善大气、水、土壤污染防治实施方案。开展全县砖瓦行业环保专项整治,查看砖瓦行业脱硫、除尘以及在线监测设施运行情况,在产15家砖瓦厂全部安装脱硫除尘设备,对县城区域内燃煤锅炉开展摸底排查,督促县域关停整治10蒸吨以下燃煤锅炉,完成燃煤锅炉电气化改造。推进水污染防治,加强集中式水源地保护,完成两个乡镇级水源地的问题销号工作。实施总投资60万元的巩留镇地下水水源地保护项目。开展加油站油气回收装置检查工作,完成沿河流1千米范围垃圾清理,检查3家重点企业,完成在线监测设备安装和数据比对工作,加强对企业污水处理设施监管,部分砂石料厂污水处理设施升级改造,优化畜禽养殖业生产布局,完成禁养区划定范围内规模化养殖场、养殖小区关闭搬迁工作。

【项目环评】 2019年,巩留县生态环境局落实环境保护法和建设项目环评三同时制度,办理环评手续80个,涉及民生项目、旅游项目领域,其中完成登记表备案56个,出具审查意见8个,批复16个。主要审批项目有华凌农牧科技公司项目环评、三文鱼项目环评;多次赴自治区跑办园区污水处理厂环评手续和解除园区限批工作,1月和4月分别取得园区污水处理厂批复和解除园区限批,消除园区企业入驻障碍;出具《关于对巩留县全域旅游发展规划(2018~2025)环境影响评价报告书的审查意见》,与伊犁州生态环境局对接,取得巩留县冰雪运动中心环评批复。

【执法监察】 2019年,巩留县生态环境局加大环境监察力度,开展企业随机抽查,制定随机抽查方案,成立专项监察小组,全县监察企业50家,排查加油加气站14家,出动检查车辆122车次,343人次,开展夜查12次,下达现场执法通知书104份,责令改正违法行为决定书16份,行政案件6起,查封4起,查处未批先建企业3家。受理12369环保信访案件11起,立案8起,其中水污染5起、噪声污染3起、大气污染3起,处理群众投诉6起,主题党日群众诉求3起,均办结答复。

【环境监测】 2019年,巩留县生态环境局完成县域地表水、集中式饮用水源地、降尘环境质量监测及农村环境质量监测,开展重点排污企业比对监测。编制巩留县生态功能考核季度监测报告。下发《巩留县2020年国家生态功能区县域生态环境质量监测评价考核实施方案》,召开工作推进会,督促各相关部门做好各项资料上报,按时完成《新疆巩留县国家生态功能区县域生态环境质量考核资料汇编》上报工作。

【环保项目申报实施】 2019年,巩留县生态环境局争取国家、自治区环境保护项目。编制项目实施方案,申报水污染防治项目3个、大气污染防治项目7个、农村环境综合整治项目31个,争取中央农村环境整治项目2个,落实专项资金50万元,自治区级农村环境整治项目1个,落实专项资金30万元。

【污染源普查】 2019年,巩留县生态环境局按照国家审核细则和要求,完成巩留县污染源普查数据入库、定库工作。开展土壤污染状况普查,确定土壤污染重点行业企业3家,公示企业名单,做好土壤污染防治数据收集分析。

【环保宣传教育培训】 2019年,巩留县下发《巩留县2019年生态文明创建宣传教育实施方案》,利用电视、广播、微信、短信等平台,加强环保宣传教育。组织开展6·5环境日宣传,在县人民广场摆放展板、设立咨询台,发放宣传册,利用周一升国旗向全县农村基层干部群众宣传生态环保的重要性。与县电视台共同录制的《让中国更美丽》环保公益MV,被生态环境部微信网站采纳推广,超10万次点击量。举办题为"时代新人说——保护蓝天碧水净土,共建生态和美巩留"演讲比赛,特邀伊犁州生态环境局专家讲师团,开展生态文明建设暨环境保护专题知识培训,全年参加自治区级污普培训3次,伊犁州级污普培训3次,受教育群众2万多人。

【机构简介】 2019年,环境监察大队,副科级单位。核定编制9个,实有6人,有党员5人。

大队长:空缺

2019年,环境监测站,副科级单位。核定编制10个,实有10人,有党员9人。

站长:孙萍(女)

(吴增国)

科 技

KE JI

科学技术

【巩留县科技局负责人】
党组书记、副局长:海拉提·吐尔逊(维吾尔族,3月离任) 丁敬明(3月任职)
党组副书记、局长:刘佰烈(3月离任) 海拉提·吐尔逊(维吾尔族,3月任职)

【概况】 2019年3月,巩留县科技局完成机构改革,把所属知识产权局和地震局划转出去,县科技局不在挂地震局牌子,相关业务工作划归应急管理局,引进国(境)外智力工作职能归口科技局管理,不增加人员和编制,相关业务工作仍在人社局开展。科技局不设内设机构。核定行政编制4个,实有9人,有党员10人(含退休)。

【科技政策】 2019年,巩留县出台《巩留县科技特派员管理办法》,实施科教兴县,加强科技特派员选聘和管理工作,对78名科技特派员建立保障机制,明确工作目标和任务。为10个贫困村选派科技特派员12人。

【科技项目】 2019年,巩留县科技局申报自治区科技扶贫项目1个、伊犁州科技扶贫项目9个、伊犁州科技特派员后补项目4个。获得立项项目7个:分别是鲟鱼人工繁殖、驯化养殖技术示范项目;乳酸菌发酵驼乳粉的制作方法项目;甜叶菊种植科技示范与推广项目;香妃海棠苹果栽培技术示范推广项目;农产品冷链三级物流配送开发项目;鲜食甜糯玉米穗罐头产业化项目;胆南星绿色栽培技术示范推广项目。

【科技投入】 2019年,巩留县增加科技投入,逐步形成财政拨款为主渠道、企事业单位自筹、银行贷款、民间集资的多元化科技投入体系。主要用于科技计划项目实施、科技培训、科技宣传活动、新品种、新技术引进、改良、推广等方面。

【科技活动周】 2019年,巩留县科技局结合科技强国,科普惠民活动,开展一系列科技宣传培训活动,举办科技、文化、卫生三下乡活动3场次,举办校园科技节2场次,举办实用技术培训45场次,发放宣传资料1万多份,展出展板35块,悬挂横幅25条,培训农牧民8000多人次。 (马迪乃木)

气 象

【巩留县气象局负责人】
党支部书记、局长:王波(9月任职)

【概况】 2019年,巩留县气象局下设县防雷中心和县人工影响天气办公室。县防雷中心主要负责县域内防雷检测工作;县人工影响天气办公室主要负责防灾减灾服务,人工增雨、雪和人工防雹作业。核定编制6个,实有6人,有党员3人。

【气象监测】 2019年,巩留县气象局做好县境17个区域自动气象观测站的监测和维护工作,每月按时上报各类气象监测数据资料及报表。在春耕夏收及汛期,区域自动气象站及时发布气象信息,为巩留县委、县政府防汛抗洪决策部署提供气象监测数据。

【气象信息】 2019年,巩留县气象局做好基本气象服务工作,通过电视、广播、微信平台、手机短信、OA系统等方式按时传送常规天气预报信息。将县委、县政府、各乡镇场、各相关单位主要领导纳入气象专题服务库,发布各类气象服务信息332期。

【天然氧吧创建】 2019年,巩留县气象局撰写制作“中国天然氧吧”申报材料,与主办方中国气象服务协会沟通。7月,新疆维吾尔自治区巩留县创建成功,被授予“中国天然氧吧”称号。 (薛彦鹏)

教 育

JIAO YU

综 述

【巩留县教育局负责人】

党委书记：艾力居玛·伊不拉音（哈萨克族，3月离任） 黎武智（3月任职）

局长：黎武智（3月离任） 艾里木江·艾力木哈买提（哈萨克族，3月任职）

【概况】 2019年，撤销县人民政府教育督导委员会办公室，成立均衡发展中心。巩留县教育局内设教育工委、民族语言文字委员会、党建办、发展规划财务室（含条件装备）、教师工作中心、办公室（含学生资助管理办）、安全维稳办、均衡发展中心。核定编制45个，其中行政编制8个，事业编制37个，实有42人，有党员43人（含离退休党员21人）。

2019年，全县有学前幼儿园68所，中小学31所（小学23所、初级中学1所、九年一贯制学校6所、高级中学1所），教学点15个，职业技术学校1所。学前幼儿9953人，中小学生32276人，职业技术学校学生50人（不含联办学校学生、技工学校学生）。教职工总数3931人（幼儿园1142人、小学1693人、初中729人、高级中学337人、职业技术学校30人），专任教师2778人。全年教育支出54487万元。全县学前三年入园率为100%。小学适龄儿童入学率100%，义务教育巩固率97.07%，小学巩固率99.9%，初中巩固率99.8%，高中阶段毛入学率95.02%。

【党建与德育】 2019年，巩留县教育局撤并相对薄弱党组织15个、规范成立10个党总支、调优配强党组书记、配备专职副书记19人、调整书记校长8人、推行46名党建专干“轮训+业务考核”工作机制。出台《巩留县关于加强中小学学科教学德育渗透工作实施方案（试行）》，开展学科教学德育渗透专题培训，要求教师在教案撰写、课堂讲授、作业和试题中渗透德育，做到全员全方位全过程育人。落实三会一课制度，开展开放式主题党日活动3场次。教育系统有党员1644人，储备入党申请人327名、入党积极分子209名，接收预备党员101名，举办党员培训班10场次，采取县直中小学与乡镇中学、各学区内部两级交叉模式，49名党组书记交叉上党课4轮196节，召开党风廉政建设专题会议，签订责任书。组织35个期满换届的党支部按要求完成换届选举，结合“不忘初心、牢记使命”主题教育，组织理论学习16次，开展微党课、知识竞赛、演讲比赛27场次，座谈讨论125场次，走访送学离退休党员299人次。

【思想政治建设】 2019年，巩留县教育局制定下发《巩留县教育系统落实县委教育工委意识形态工作责任实施方案》，签订责任书，坚持立德树人根本任务，弘扬社会主义核心价值观，通过周一升国旗仪式、师生宣誓、主题班（队）会教育，课前五分钟德育等活动，狠抓育人工程，提升育人实效。

【义务教育均衡发展】 2019年，巩留县义务教育均衡发展工作领导小组召开全县义务教育均衡发展工作推进会4次，实施县四套班子领导包联学区和学校制度，均衡发展成员单位和乡镇片区联动共抓，形成县委、县政府牵头，人大、政协监督，教育部门主抓，成员单位协同，全社会参与工作的格局。全县13个乡镇片区30所义务教育阶段学校分成9个学区,安排县乡局领导联系指导工作,压实责任,推动工作落实。

【国家通用语言文字教学】 2019年,巩留县教育局撤销原双语办,根据“三定”方案成立巩留县民族语言文字委员会,工作人员由教育局自行配备2人,实现从学前到高中阶段国家通用语言文字教学全覆盖;推进国家通用语言文字教学发展,9月16日在县城南中学召开巩留县第22届全国普通话推广宣传周活动启动仪式。少数民族教师培训649人次,普通话报名测试参加550人,MHK春季现场确认三、四级共499人。完成普通话普及程度检测工作,抽测样本441人。

【教学质量提升工程】 2019年,巩留县教育局根据《巩留县中小学教学质量提升工程实施方案》,成立教育督导组、教学视导组和督查问责组,每周常态化开展教学督查、视导、反馈,通过不同形式的检查指导、不同方式的评价问责,规范学校教育教学行为。学科教研员每学期组织2次大型学科教研活动,学校按统一方案每周组织1次,中心教研组长不定期抽查督导。全年12项县级课题顺利结题,申报4项自治区课题,55项伊犁州级课题,其中2项为重点课题。名师送教下乡开展研讨活动46次。全年组织教师参加自治区级教学竞赛活动6次,获奖项12人次;组织参加伊犁州级教学竞赛活动13次,获奖项92人次,组织县级教学竞赛活动20次,获奖项662人次。全县暂设置5个教育集团先行试点,开展研讨交流活动47次、与其他省市联盟学校开展活动11次。

【师资队伍建设】 2019年,巩留县教育局招聘特岗教师252名,争取实习支教教师185名,分配免费师范生26人,争取“万名教师援疆计划”江苏宿迁市援疆教师25人,张家港市9人。按照分类培养、分层评价、分步提高的思路,落实青蓝工程,抓实青年教师一三五培养工程考核,组织教坛新秀评选。申报并在巩留县高级中学建成伊犁州中小学教师培训点。

【办学条件】 2019年,巩留县教育系统续建、新建项目及设备采购总投资12615万元,其中高级中学教学楼、宿舍楼建设项目投资3000万元,已建成使用;城南九年一贯制学校建设项目投资7800万元,已建成投用;城北九年一贯制学校、第一幼儿园建设项目投资1815万元,已完成并投入使用。

【校园安全】 2019年,巩留县教育局开展防处突、地震、火灾应急演练2100多次;调整充实教育系统安全工作领导小组,整合教育系统安全力量,投入资金177万元。开展安全管理培训770人次。完成16所中小学(幼儿园)消防验收,做好废弃危化品、废液、废物销毁工作。

【教育扶贫】 2019年,巩留县教育局围绕义务教育有保障、学生资助全覆盖重点任务,落实普通高中国家助学金213.5万元,资助家庭困难学生1071人,落实援疆资金118.2万元,对197名其他省市普通高校新疆籍家庭贫困学生给予每人6000元补助,对13名新入校的家庭经济困难大学生给予交通费或短期生活费补助共计0.9万元,争取社会捐助83.91万元,为7775人次贫困学生解决学习、生活困难等问题。

【机构简介】 2019年,巩留县教育局勤工俭学办,属正股级单位。核定编制3个,实有3人,有党员1人。
负责人:肖克来提·吐尔逊(维吾尔族)

2019年,巩留县教育局电教仪器站,级别未定。核定编制4个,实有3人,有党员1人。
负责人:马国栋(回族)

2019年,巩留县教育局教研室,属正股级单位。核定编制15个,实有12人,有党员4人。
负责人:汪秋玲(女)

2019年,巩留县教育局自学办公室,属正股级单位。核定编制2个,实有2人,有党员2人。
负责人:汪秋玲(女)

2019年,巩留县教育局思想政治中心办公室,级别未定。核定编制2个，实有6人。

负责人：田彩霞（女）

2019年，巩留县青少年校外活动中心，属副科级单位。核定编制2个，实有1人，有党员1人。

负责人：张艳红（女）

2019年，巩留县基础教育办公室，属正股级单位。核定编制6个，实有5人。

负责人：赵兰（女，锡伯族）

2019年，巩留县成人教育办公室，属正股级单位。核定编制3个，实有3人。

负责人：汪秋玲（女）

职业教育

【巩留县职业技术学校负责人】

书记：漆洋庭

主任：邵东升

【概况】 巩留县职业技术学校是巩留县一所综合性职业高中学校。2019年，县职业技术学校开设汽车运用与维修、烹饪班、计算机应用3个专业班，有教职工29人，其中专任教师18人，在校生161名。校园占地面积16公顷，有校舍面积15255平方米，生均校舍面积94.75平方米。

【教学培训】 2019年，巩留县职业技术学校加强国家通用语言文字教学，做好招生工作，全年实际招生注册161人。做好技能培训工作，根据企业用工需求，与伊犁州技工学校合作，培训电工35人，汽车维修40人，中餐烹饪40人，全部取得高级工证书；开展厨师培训1期200人，均已上岗；参与农牧民技能培训4期700人；协助扶贫办开展致富带头人培训2期210人。

中小学、幼儿园简介（部分）

【巩留县高级中学】 2019年，巩留县高级中学所有年级开始全部使用国家通用语言文字授课。有教职工347人，其中专任教师342人。教学班64个，在校生3405人。校园占地面积18万平方米，校舍面积7.13万平方米，生均校舍面积20.94平方米。

书记：刘江

校长：哈力木·哈巴斯（哈萨克族）

【巩留县第二中学】 巩留县第二中学是一所以国家通用语言文字授课的初级中学。2019年，有教职工154人，其中专任教师124人。教学班56个，在校生2546人。校园占地面积7.35万平方米，校舍面积2.48万平方米，生均校舍面积9.74平方米。

书记：孙凤梅（女）

校长：巴格达提·奶信（哈萨克族，8月任职）

【巩留张家港实验学校】 巩留张家港实验学校是一所以国家通用语言文字授课的九年一贯制学校。2019年，有教职工144人，其中专任教师125人。教学班级42个（小学24个、初中18个），在校学生1908人（小学生992人、初中生916人）。校园占地面积6.61万平方米，校舍面积2.10万平方米，生均校舍面积11平方米。

书记：叶芬玲（女）

校长：阿布都马那甫·木塔力甫（维吾尔族）

【巩留县城南中学】 巩留县城南中学是一所以国家通用语言文字授课的九年一贯制学校。2019年8月正式投入使用，有教职工130人，其中专任教师109人。教学班级42个（小学18个、初中24个）。在校学生1957人（小学生764人、初中生1193人）。校园占地面积6.06万平方米，校舍面积2.21万平方米，生均校舍面积11.29平方米。

书记：于海军（8月任职）

校长：杰恩斯·哈山（柯尔克孜族，8月任职）

【巩留县第一小学】 巩留县第一小学是一所以国家通用语言文字授课的完全小学。2019年，有教职工97人，其中专任教师88人。教学班40个，在校生1672人。校园占地面积3.51万平方米，校舍面积1.24万平方米，生均校舍面积7.42平方米。

书记:明瑶(女)
校长:阿布拉肯·阿布都克勒木(维吾尔族)

【巩留县第二小学】 巩留县第二小学是一所以国家通用语言文字授课的完全小学。2019年,有教职工139人,其中专任教师124人。教学班48个,在校生1999名。校园占地面积7.71万平方米,校舍面积2.08万平方米,生均校舍面积10.41平方米。
书记:刘燚
校长:努尔太·扎比(哈萨克族)

【巩留县第一幼儿园】 2019年,巩留县第一幼儿园有教职工65人,其中专任教师38人。教学班18个(小班7个、中班6个、大班5个),在园幼儿619人。校园占地面积1.76万平方米,建筑面积9790平方米,生均校舍面积15.82平方米。
书记:苗颖(女,1月离任) 纪海燕(女,3月任职)
园长:张少华(女,8月任职)

【巩留县第二幼儿园】 2019年,巩留县第二幼儿园有教职工34人,其中专任教师16人。教学班8个(小班3个、中班3个、大班2个),在园幼儿209人。校园占地面积4000平方米,校舍面积1969平方米,生均校舍面积9.42平方米。
书记:卢林(女,3月离任) 安荣(女,3月任职)
园长:蔡敏霞(女,3月任职)

【巩留县第三幼儿园】 2019年,巩留县第三幼儿园有教职工20人,其中专任教师11人。教学班5个(小班1个、中班2个、大班2个),在园幼儿148人。校园占地面积2040平方米,校舍面积1059.48平方米,生均校舍面积7.16平方米。
书记、园长:胡恒霞(女,8月离任) 鲁苗(女,8月任职)

【巩留县第四幼儿园】 2019年,巩留县第四幼儿园有教职工44人,其中专任教师22人。教学班11个(小班3个、中班4个、大班4个),在园幼儿331人。校园占地面积1.13万平方米,校舍面积2963.15平方米,生均校舍面积8.95平方米。
书记、园长:张希梅(女)

【巩留县第五幼儿园】 2019年,巩留县第五幼儿园有教职工43人,其中专任教师21人。教学班12个(小班4个、中班4个、大班4个),在园幼儿417人。校园占地面积8838平方米,校舍面积3388平方米,生均校舍面积8.12平方米。
书记:纪海燕(女)
园长:刘小慧(女,3月任职)

【巩留县第六幼儿园】 2019年,巩留县第六幼儿园有教职工51人,专任教师27人。教学班18个(小班6个、中班6个、大班6个),在园幼儿518人。校园占地面积9999平方米,校舍建筑面积6023.32平方米,生均校舍面积11.63平方米。
书记、园长:张少华(女,8月离任) 司爱霞(女,8月任职)

【巩留县第七幼儿园】 2019年,巩留县第七幼儿园有教职工28人,其中专任教师12人。教学班10个(小班3个、中班3个、大班4个),在园幼儿307人。校园占地面积4551.19平方米,校舍建筑面积2973.36平方米,生均校舍面积9.69平方米。
书记、园长:陈莲(女,8月离任) 章莉莉(女,8月任职)

【巩留县第八幼儿园】 2019年,巩留第八幼儿园有教职工21人,其中专任教师9人。教学班6个(小班2个、中班2个、大班2个),在园幼儿196人。校园占地面积9330平方米,校舍建筑面积1650平方米,生均校舍面积8.42平方米。
书记、园长:刘严惠(女)

【巩留县蝶湖幼儿园】 2019年,巩留县蝶湖幼儿园有教职工21人,其中专任教师10人。教学班6个(小班、中班、大班各2个),在园幼儿189人。校园占地面积2567.42平方米,校舍建筑面积1696.97平方米,生均校舍面积8.98平方米。
书记、园长:刘小慧(女,3月离任)、安荣(女,锡伯族,3月任职)

(苏琴)

文化·体育·广播·影视·旅游

WEN HUA·TI YU·GUANG BO·YING SHI·Lü YOU

综　述

【文化体育广播电视和旅游局负责人】
局长：雷李君（女，4月任职）

【概况】 2019年3月，巩留县文化体育广播影视局和巩留县旅游局合并组建成立巩留县文化体育广播电视和旅游局（简称巩留县文旅局）。内设综合科、业务科2个科室。加挂文物局的牌子。下设歌舞团、文博院、体育馆、文化馆、图书馆、文化市场综合执法队6个事业单位。核定编制9个（行政编制6个、机关工勤事业编制3个），实有13人，有党员9人。

【文艺作品审核】 2019年，巩留县文旅局加强全县文艺作品、歌舞演出内容的审核工作，审核演出550场次，净化文化市场。

【文化旅游市场管理】 2019年，巩留县文旅局加大文化和旅游市场综合监管执法力度。做好扫黑除恶专项斗争和扫黄打非工作；开展应急管理和安全生产工作检查65次，出动人员236次，检查经营户577家；处理文旅信访案件1件、旅游投诉案件1件，立案处理文物案件1件。举办文旅行业培训2期、技能大赛1次。

【文化旅游宣传】 2019年，巩留县与张家港市合作，成立张家港·巩留之家北纬43°旗舰店，在伊宁市机场投放电子屏和1处平面广告宣传，完成6处高立柱宣传牌设计安装、巩留旅游手绘地图设计、拉克小镇文化墙喷绘等。扩大网络媒体宣传营销，运营巩留文旅官方微信公众号、抖音号、微博，适时发布巩留旅游动态和攻略。举办乡村文化旅游季、新疆巩留风情节·张家港森林文化旅游季、冬春文化旅游等系列活动。举办2019年伊犁州旅行社协会第六届年会暨巩留旅游推介会；组织文化旅游宣传小分队前往南京、张家港、杭州、成都、重庆、天津等重要旅游客源地开展旅游推广活动。

【文化体育活动】 2019年，巩留县文旅局开展迎新春联欢晚会、元宵节快闪演出和书画展、滑雪、徒步、自行车赛、长跑、乒乓球、羽毛球、多依布棋少数民族传统项目比赛等；结合乡村文化旅游季开展民族团结一家亲徒步、中华民族服饰秀、寻找童年的记忆、赛马、摔跤等活动；结合森林文化旅游季开展趣味自行车、寻找民族团结一家亲同胞树、寻找云杉王、叨羊、拾银、姑娘追等民俗活动。开展县级大型全民健身活动10次，参与健身活动6000多人次。

【公共文化服务】 2019年，巩留县三馆一站免费开放，县文化馆、歌舞团送演出80多场次，完成农村数字电影放映423场次；举办送图书下乡、送文化下乡活动50多场次。举办冬不拉、吉他、小提琴、轻黏土等培训班150多人次。

【文化遗产】 2019年，巩留县文旅局完善三级文物保护网络建设。申报2个第三批伊犁州级非物质文化遗产;开展文化和自然遗产日暨第七届新疆非物质文化遗产周活动3场次。

【群众工作】 2019年,巩留县文旅局帮助包联村阔格尔森村修建300米砂石路;为养老院送去价值4.5万元的健身器材;为两个村队赠送篮球架等体育器材;免费对92名图书工作人员开展培训及图书档案指导,编排13个节目送文化下乡活动14场次;在25个行政村开展全民阅读推广活动。评选民族团结先进个人3人,民族团结一家亲先进8人,先进科室7个,开展民族团结联谊活动20次。

【机构简介】 2008年成立巩留县歌舞团,副科级全额事业单位。2019年,核定事业编制12个,实有9人,有党员6人。

团长:白祥荣(女,兼)

2019年成立巩留县文博院,正科级单位,参照公务员法管理。核定事业编制4个,负责人及人员配置空缺。

1956年成立巩留县文化馆,股级全额事业单位。2019年,核定事业编制10个,实有8人,有党员3人。

馆长:巴勒哈别克·卡得尔(哈萨克族)

1956年成立巩留县图书馆,股级全额事业单位。2019年,核定事业编制10个,实有8人。

馆长:王丹丹(女)

1985年成立巩留县体育馆,股级全额事业单位。2019年,核定事业编制5个,实有5人,有党员1人。

馆长:马建军(回族)

2002年成立文化市场综合执法队,股级参照公务员法管理。2019年,核定编制10个,实有2人,有党员1人。

队长:赵献军(兼)

(窦新华)

融媒体宣传

【巩留县融媒体中心负责人】

党支部书记:空缺

主任:戚以洲(11月任职)

【概况】 2019年3月,机构改革,广播电视台划为人民政府直属事业单位,归口县委宣传部领导。6月,巩留县广播电视台更名为融媒体中心。占地2.2公顷,建筑面积7140平方米,有综合办公楼、演播大厅、发射机房、自立塔。投资209万元、建设190平方米的融媒体指挥中心,内设新闻采访部、编辑制作部、播出技术部、综合保障部、市场运营部。核定事业编制49个,实有81人,有党员27人。

【新闻宣传】 2019年,巩留县融媒体中心广播电视播出《巩留新闻》6489条,伊犁州电视台采用620条,伊犁州广播电台采用418条,新疆电视台采用25条,中央电视台采用7条。学习强国采用巩留短视频、图说38条,总时长1个小时,县融媒体中心制作推送的有24条,其中国家平台采用14条。巩留零距离官方微信平台粉丝10万人,阅读转载量69万人次。配合县委、县政府完成重要节点的旅游宣传,制作宣传标语48条。播放防灾、生态环境、留守儿童等宣传公益短片8条。

【广播电视】 2019年,巩留县融媒体中心广播播出《巩留新闻》1236期,《新闻快讯》222期,《百味书屋》80期;《音乐随我行》261期,《文化有约》87期,《爱国歌曲》241期;《流行音乐》275期,《政策之窗》340期,《巩留行风热线》14期,《我爱巩留我为巩留代言》32期,《民族团结一家亲公益直播栏目》9期。

【全媒体制作发布】 2019年,巩留县融媒体中心实现《巩留新闻》全网播发。发布短视频532个,浏览量69万次以上。县融媒体中心官方抖音账号发布原创视频167个,播放量163万人次。其中,“消防官兵救援被困男孩"单条播放量12.9万人次;"苹果大爷的惠民政策顺口溜"点击量27.9万人次;"库尔德宁景区玩雪"点击量8万人次。转载中央媒体视频246条。县融媒体中心今日头条官方账号,同步作品167条,转载各大官方媒体账号作品32条,全媒体粉丝10万人,浏览量500万人次。

【专题短视频】 2019年,巩留县融媒体中心拍摄快闪作品6部,MV作品3部,公益片7部,城市宣传片1部,专题片16部,制作身边好人短视频11个,张家港汇报短视频1部、记者节短视频1部。其中,我和我的祖国快闪及MV浏览量100万次以上。拍摄库尔德宁顶冰花相关画面被伊犁州台、新疆台、中央13频道、中央4频道采用。协助旅游卫视《文化中华行》栏目组拍摄《天山最美绿谷之冰雪之城》,协助中央电视台拍摄《雪后的库尔德宁》,在央视新闻频道播出。"访惠聚"公益片《建设美丽新疆 共圆祖国梦想》,被自治区网信办、小江有话说等平台播出,点击量超过15万人次。《相遇巩留》城市形象宣传片播出后,点击播放量4万人次。

【审读监制】 2019年,巩留县融媒体中心确保意识形态新闻宣传绝对安全。建立四级审核制度,严格按照《自治州关于贯彻落实自治区审读工作电视电话会议精神的实施方案》要求,制定完善审读工作制度,完成当年所有新闻文稿、电视视频审读工作。

【爱心帮扶】 2019年,巩留县融媒体中心民族团结一家亲公益基层行栏目携手巩留爱心人士举办活动6次,捐款物资6.5万元。为困难群众、学生送去价值1300元的爱心衣物和学习用品。 (冯黛)

景区管理

【库尔德宁旅游风景区管理委员会负责人】

党组书记:陈昭宏

主任:空缺

【概况】 2019年,巩留县库尔德宁旅游风景区管理委员会(简称库管委)为县人民政府直属事业机构,参照公务员法管理,副县级单位。同年,成立县库管委党支部,支部书记1名,支部委员3人。县库管委内设安全生产管理科、资源环境管理科、规划建设监督科、综合科。核定编制10个,实有11人,有党员10人。

【旅游发展】 2019年,巩留县旅游接待301.25万人次,同比增长53.07%;实现旅游收入25.23亿元,同比增长45.44%,人均消费864元,实现直接就业6000多人。

【编制旅游发展规划】 2019年,《巩留县旅游发展总体规划》《新疆巩留野核桃自然保护区总体规划》《库尔德宁景区恰西——塔里木片区修建性详规》《库尔德宁旅游风景区景区总体规划》等完成初稿;《西天山国家级自然保护区生态旅游发展规划》《野核桃自然保护区生态旅游发展规划》《恰西塔里木国家森林公园规划》等规划编制定稿上报。

【旅游基础设施项目建设】 2019年,总投资1.3亿元,巩留县旅游基础设施项目有:

巩留县旅游扶贫景区库尔德宁设施维修项目 完成1800米木栈道维修;铺设1.2米和1.6米宽的700米人行道;改造800平方米快餐厅;维修650平方米展示厅、游客服务中心、公共厕所;修整2000米至云杉王砂石路面;修复观景台凉亭;完成70个垃圾箱放置;更换粉刷78根灯杆;修缮原先吊桥;维修300米云杉王木栈道并设置防滑网;对8000平方米停车场种草覆绿。

恰西建设项目 完成6000平方米停车场硬化、铺砖和种草;铺设所有经营户毡房步道;种植树木300棵,完成花化绿化建设;在恰西门禁处建设小型污水处理厂;为62户经营户解决用电问题;

新建公共厕所2座;完成塔里木景区游步道和恰西画卷、恰西圣泉观景点配套设施建设。

塔里木建设项目　完成塔里木景区道路维修工作,新建84平方米公厕,完成2000平方米的2个临时停车场和200平方米民族特色展示廊道修建;完成9500米牧民生活饮水管道铺设;维修3处300平方米的服务中心。

景区标识标牌项目　完成库尔德宁、恰西、塔里木景区200多块全景图、导览图、指示牌、提示牌、景点介绍牌的制作和安装工作。

景区环卫设施项目　投资277万元的环卫设施项目完成。采购150个垃圾箱,调整2个地埋式垃圾箱位置。

拉克风情园项目　完成阿克吐别克镇拉克风情园的民宿、游客中心改造配套设施建设。

冰雪运动中心项目　做好冰雪运动中心滑雪场雪道整理、设施维护工作。

莫合农场游客中心及区间车购置项目　完成停车场、充电站、原法庭改造工作;新建120平方米水冲式厕所;购置10辆新能源区间车并办完车牌手续;完成游客中心绿化、花化、廊道建设工作。

【旅游环境整治】　2019年,巩留县加大集中整治工作力度,与林业、水利等9个部门组成联合执法组,加大景区经营户门前三包责任制的检查和落实力度,与景区所有经营户签订《景区经营户责任书》,做到门前三包、门内达标。清除水源地附近的屠宰点,消除水源污染点,整顿乱搭乱建现象,拆除违章建筑。

【旅游服务与管理】　2019年,巩留县健全旅游安全生产体系。加强旅游安全管理,开展景区安全生产检查和专项治理,落实安全生产责任制。加大景区道路、护栏等服务设施维护。联合文旅局、消防大队、市场监督管理局、卫健委、文旅公司对各景区检查5次,自查82次;对餐饮、道路、景区消防中排查出的86条隐患立查立改。

【旅游宣传】　2019年,巩留县库管委联合县文旅局、宣传部、网信办等单位开展多种形式宣传。利用宣传牌、网络、广播电视、森林文化旅游节活动、制作《巩留旅游指南》等宣传图册,开展宣传120多场次,参加自治区旅行社协会成立20周年年会,对外宣传推介巩留,参加100多人。

【旅游景区简介】　库尔德宁景区　位于巩留县东南部山区,距县城88千米、伊宁机场186千米、那拉提机场188千米。1984年,库尔德宁景区被批准为自治区雪岭云杉自然保护区;2000年4月,被批准为西天山国家级自然保护区;2005年8月,景区被评为国家AAA级景区;2007年,景区内雪岭云杉林位居全国10大最美森林之首。2012年,被评为国家AAAA级景区,2013年6月,被列入《世界自然遗产名录》。形象定位“天山最美的绿谷,雪岭云杉的故乡”。主要景观有荷苍隘口、瀑布、西天山峡谷、提克喀拉尕依林海、喀班巴依峰远眺、林海日出等。适合开展野生植物科考、森林探险、登山、马上娱乐、民俗歌舞表演等多种活动。

野核桃沟景区　位于巩留县东南部伊什格力克山,距县城13千米。2008年创建为国家AAAA级景区,2013年获得国家水利风景区称号。沟内有成龄野核桃树5000多株,是第三纪末第四纪初原生核桃孑遗物种,众多的高等植物、陆栖脊物、昆虫珍稀物种,以及形成的独特生态链,被植物学界誉为核桃活化石、野生植物博物园、天然物种基因库。景区拥有占地1000多平方米多功能厅、农家别墅、民族风情园、星级旅游厕所等旅游接待设施。

塔里木景区　位于巩留县东南部山区,距离县城78千米。2005年,景区被批准为自治区级森林公园,2007年,评为自治区AAA级景区。以植被茂密、种类繁多和原始、自然、古朴著名。主要景观有森林公园、塔里木银线瀑布、林海松涛、云杉夕照、八仙树、情侣松、牛郎织女亭、撞山桥、白桦林等。塔里木景区建有沥青路、水电站、游客中心、接待设施等。集客房、餐饮、会议、娱乐、购物于一体。

恰西景区　位于巩留县东南部山区，距离县城76千米。恰西，译为萨斯，蒙古语，小庙之意。解放初期至20世纪90年代，为了便于林业生产，修建了林区公路和多座拱桥。1988年，被辟为巩留第一个旅游区，并设有民俗旅游点。景区于2005年被批准为自治区森林公园。距吉尔格朗乡政府所在地15千米，是东南走向、全长13千米的山间阔谷，峡口接吉尔格朗乡盆地。谷地海拔1270～1600米，宽500～1000米，谷底平坦，有恰西河贯穿其间，两侧为中低山，远景为那拉提山诸高峰。景区水草丰茂，环境优美，民族风情浓厚，盛产树莓（又名马林、覆盆子），是避暑休假的好地方，也是画家、摄影家的天地。主要景观有恰西谷口瀑布、燕子桥、十三同胞树、石门垂柳、云杉王等。

喀普其海水域旅游景区　位于巩留县东南38千米，库区水面积60平方千米，是集美食餐饮、旅游观光、休闲度假、水域娱乐、会议旅游、保健康复于一体的旅游度假区。　　　　　（陈云平）

医疗·卫生

YI LIAO · WEI SHENG

医疗服务

【巩留县卫生健康委员会负责人】
党委书记:庄德祥(5月离任) 贺玫(女,5月任职)
主任:杨利兵(5月任职)

【概况】 2019年3月,巩留县完成县卫生和计划生育委员会、爱卫办和老龄委机构合并,合并后机构名称为巩留县卫生健康委员会(简称巩留县卫健委),艾滋病防治办撤销。同年,研究制定卫生健康机构三定方案。全县3家公立医院开展医疗服务价格测算,医院历年遗留欠款清查、专业人才引进需求等前期基础工作,县政府多次召开会议研究公立医院改革工作。

巩留县卫健委内设职能科室4个,即办公室(含行政办公室、党委办公室)、公共卫生科(卫生应急办公室)、医政医管与政策法规科、计划生育基层工作科。巩留县卫健委下设地方病办公室。有卫生计生医疗机构133家,其中县级医疗卫生机构4所(人民医院、中医医院、妇幼保健计划生育服务中心、疾控中心)、乡镇场卫生院(社区卫生服务中心)9所、牧区医院1所、社区卫生服务站5所、村(队)卫生室68所、个体诊所43所、民营医院3所。医疗卫生机构共有卫生计生工作人员1660人。医疗卫生人员1360人(在编566人,县财政聘用105人,自聘689人);高级及以上职称51人、中级职称85人、初级职称628人,其余为无职称人员。在册执业(助理)医师342人,在册护士432人,村医91人。计生人员191人(在编26人、县财政聘用8人、自聘2人、村计生宣传员155人),村防疫妇幼员109人,全县共有编制床位数810张(县医院400张、中医院120张、妇幼30张、三家民营医院55张、乡镇场卫生院205张)。

【全民健康体检】 2019年,巩留县全面启动第四轮全民健康体检工作,应体检人数150375人,体检153867人,体检率102.3%。电子系统录入152389人,电子录入率101.34%。检出阳性体征患者32153人,患病率21.38%;二次复查2317人,纳入慢性管理1743人(其中高血压1232人,糖尿病511人)。

【基本药物制度】 2019年,巩留县统筹公立医院基本药物在自治区药品采购平台采购、统一配送,加强乡镇卫生院对村卫生室的合理用药培训。乡村两级卫生医疗机构药品网采率95%,入库率100%,门诊输液率平均值25%。拨付乡级国家基本药物专项补助资金115万元,村级52万元,同年伊犁州基本药物制度以奖代补资金17万元。每月核算乡村两级卫生医疗机构的进货单及销售金额上报伊犁州卫健委,下发乡镇卫生院允许使用15%的非基药39种。开展县级医疗机构网采率、门诊输液率及门诊抗菌处方使用督导检查,召开药企座谈会,共同研究探讨基本药物配送和药品网采等工作。全县乡镇卫生院基本药物使用比例100%,平均药物收入占总收入的100%,县公立医院基本药物使用比例60%,平均药物收入占总收入的45%。

【公共卫生服务】 2019年,巩留县基本公共卫生服务项目人均补助标准提高到60元,中央及自治区配套资金1115.18万元，县财政地方配套资金115.2万元，总计到位资金1230.38万元，建立城乡居民电子档案166098份，建档率88.33%；高血压及糖尿病患者健康管理分别为14681人和4319人，65岁及以上老年人健康管理10714人，登记管理重性精神病患者758人，并即时随访。巡回医疗、送医送药送温暖活动持续开展。开展各类义诊活动25次，免费义诊6400多人次，免费捐赠药品价值3.16万元，发放健康知识宣传资料3.5万份。

【医疗质量管理】 2019年，巩留县卫生系统参加张家港临床专科培训34人，县级医疗机构接收乡镇卫生院进修人员16人次，短期培训943人次。县级医疗机构前往张家港、自治区、伊犁州医疗机构培训人次82人。持续开展自治区指令性学习627人参训。有序推进分级诊疗制度建设，二级医疗机构接受乡镇卫生院转诊患者共278人次，二级医院向基层医疗卫生机构转诊266人次，基层医疗卫生机构向县二级医院转诊的人数逐年降低。县人民医院药占比32.3%、中医医院药占比30.09%；全县县级医疗机构平均药占比30.4%，县人民医院百元医疗收入（不含药品收入）消耗的卫生材料费15.52元，县中医医院百元医疗收入（不含药品收入）消耗的卫生材料费17.29元。县人民医院医疗服务占比26.54%，县中医医院医疗服务占比40.5%，全县县级医疗机构医疗服务占比37.9%。

【计划生育】 2019年，巩留县人口出生率8.71‰，同比下降3.16个千分点；人口自然增长率3.57‰，同比下降2.49个千分点；政策符合率100%，全面落实计划生育家庭各项优先优惠政策，落实国家、自治区各项奖励扶助1045.93万元，落实巩留特色利益导向政策资金28.27万元，受益4195人。为流动人口提供基本公共卫生服务3210人次。组织流动人口与健康同行主题宣传活动，开展健康教育讲座31次，发放宣传品0.84万份。

【妇幼卫生】 2019年，巩留县孕产妇零死亡，婴儿死亡率为7.47‰；婴儿死亡率较上年度同比下降3.03‰。开展儿童入园前健康体检工作9621人次，将危重贫困孕产妇和新生儿救助纳入张家港援疆公益基金项目，每年救助资金总额为5万元。全年救助8例患者，金额为3.58万元。与县妇联共同发放两癌救助金7万元，全县发放出生医学证明1768张。

【行政执法】 2019年，巩留县卫健委立案查处各类卫生计生违法行为16起，其中非法行医案10起、医疗机构违法违规案6起。以案件来源分，投诉举报7起、下级卫生计生行政机关报请4起，派出所移交1起、在卫生计生监督检查中发现4起；以案由分类，非医师行医案7起、未取得医疗机构执业许可证行医案3起、传染病防治不规范案件3起、擅自从事计划生育技术服务案2起、超范围行医案1起。结案13起，未结案3起，已向国库缴纳罚款40.47万元。 （谭晓静）

卫生和计生监督

【卫生宣传及培训】 2019年，巩留县监督执法局开展街面普法宣传6次、制作展板6块、悬挂横幅6条，发放宣传资料2万多份。上报各类监督巡查信息45篇，组织开展公共场所从业人员法律法规、传染病防治、卫生知识培训，参训400多人次；组织开展卫生计生监督员、协管员法律法规、监督检查业务培训，参训24人；组织全县114家医疗机构举办传染病防治、依法执业培训7场次，参训220多人次。

【卫生行政许可】 2019年，巩留县监督执法局办理公共场所卫生许可证71家，其中宾馆旅店住宿12家、生活美容店17家、理发店35家、公共浴室及足浴店4家、其他3家。

【卫生监督执法】 2019年，巩留县监督执法局加强对医疗机构的资质、诊疗范围、院感等方面的监督检查,乡镇卫生监督协管员开展各类巡查338家,其中公共场所158家、医疗机构133家、学校卫生室42家,上报监督协管信息36篇。下发《卫生监督意见书》357份,并限期责令整改。加强城乡供水及生活饮用水监督管理。伊犁州疾控中心抽检城镇、农村集中式供水出厂水、末梢水样检验2份,合格率100%;县疾控中心对城镇、农村集中式供水出厂水、末梢水样抽检,水样检验20份,合格率100%;集中供水单位化验室对出厂水一日一检验,合格率100%。

【传染病防治监督】 2019年,巩留县监督执法局对78家托幼机构开展联合检查,对存在问题的学校下发监督意见书10份。联合县疾控中心对库尔德宁镇、吉尔格朗乡、阿尕尔森镇的强化免疫服苗情况督导检查,未发现漏服情况。开展高考期间医疗保障工作,对高级中学周边4家酒店开展卫生监督检查,下发监督意见书2份。

【监管工作】 2019年,巩留县监督执法局完成53家公共场所监督工作,完成率98.15%。邀请伊犁环康检测技术服务有限公司对营业的238家公共场所开展卫生监督抽检,检测合格216家,不合格22家,合格率90%。

【巩留县卫生计生综合监督执法局】 2019年,巩留县卫生计生综合监督执法局(简称巩留县监督执法局),副科级单位,核定行政编制7个,实有5人,有党员2人。

局长:卢帆(女)

(卢帆)

地方病防治

【地方病预防宣传】 2019年,巩留县地方病办参加了在县人民广场举办的"科学补碘益智,健康扶贫利民"大型集中宣传活动,发放宣传版面1块、悬挂横幅1条、发放宣传单300多份、宣传画20张、印有防治知识的手提袋100个、水杯200个。开展三进宣传活动,随机抽取库尔德宁镇、阿尕尔森镇、塔斯托别乡、阿克吐别克镇、巩留镇等5个乡(镇)学生200人,学校附近18~48岁的育龄妇女100人,开展碘缺乏病基线调查,通过问卷调查,小学生知晓率92.54%,育龄妇女人群知晓率90.73%。根据调查结果,组织开展碘缺乏健康教育干预活动,参加干预宣传单位12个,出板报12块、悬挂横幅12条、出动宣传车11辆,设立碘缺乏病宣传咨询台,发放宣传单3100份、宣传画60张,接受群众咨询50人次。

【巩留县防治地方病领导小组办公室】 2019年,巩留县防治地方病领导小组办公室(简称巩留县地方病办),副科级单位。核定事业编制2个,实有2人,有党员1人。

副主任:王军(回族)

(渠建荣)

巩留县人民医院

【巩留县人民医院负责人】

院长:陈建平

党总支书记:加额生·阿拉江(女,哈萨克族)

【概况】 2019年,巩留县人民医院设有心血管内分泌科、呼吸消化内科、脑外科、普外科、骨外科、妇产科、儿科、急诊科、感染科、重症监护室、医技科(B超室、心电图、理疗科)、麻醉科、放射科、药剂科、检验科、综合科、注射室、门诊部、供应室等临床科室和院办公室、医务科、护理部、预防保健科、财务科、总务科等职能科室。核定县财政编制48人,自聘人员271人,实有职工521人,其中在职职工202人,有党员64人。

【公立医院改革】 2019年,巩留县人民医院继续贯彻落实国家、自治区、伊犁州、县卫健委关于公立医院改革相关政策、措施，按照上级指导意见取消药品、耗材加成，调整医疗服务价格，降低大型医疗设备检查费及检验费，全年检查、化验类让利患者338.29万元，药品零差让利患者505.47万元，医用耗材让利患者163.71万元。

【重点学科建设】 2019年，巩留县人民医院利用医疗援疆、医改各项政策，加强与张家港市人民医院、张家港市中医医院、自治区人民医院、伊犁州友谊医院、伊犁州新华医院合作，选派186名青年英才参加疆内外的学术交流；邀请外院专家44人在县人民医院为疑难患者手术。开展腹腔镜下子宫肌瘤剥除术等22项新技术新项目。与上级医疗机构开展远程会诊158例，其中专家会诊146例、急会诊12例；疑难病例会诊69例，危重病例会诊11例，一般病例会诊78例。开展远程病理会诊280例，恶性检出43例，为90%的患者在县域内就诊创造条件。同年，县人民医院通过自治区临床基因扩增实验室（PCR室）验收。

【惠民政策】 2019年，巩留县人民医院实施先诊疗，后付费一站式结算等医疗惠民政策，受益群众10446人次，免收押金3666万元。全年开展大型义诊活动8次，派出医务人员80多人次，诊治患者1700人次，免费送药5000多元，组织健康讲座10多次。完成中小学生体检、征兵体检及其他各类体检任务3万多人次。县人民医院对医疗服务价格做出相应调整，取消挂号费，检查类项目价格降低12%，化验类项目价格降低11%。派出91人次完成县委、县政府组织的大型会议、演出、观摩会的医疗保障任务，派遣98名医务人员开展长期的医疗保障工作。

【医联医共体建设】 2019年，巩留县人民医院分别与自治区第六人民医院、新疆医科大学第一附属医院签订传染病、重症医学、急诊专科联盟合作协议，与石河子大学第一附属医院、伊犁州新华医院建立神经外科疾病、心脏大血管诊疗中心专科联盟。下派专业技术骨干183人次，到乡镇开展业务培训9次，门诊接诊患者324人次，会诊住院患者493人次，远程影像会诊33例，教学查房46次，联合组织疑难病例讨论5次，协助全民健康体检457人次。

【党建工作】 2019年，巩留县人民医院党总支部坚持从医院实际出发，开展不忘初心、牢记使命主题教育。落实三会一课制度和主题党日活动要求，全年召开支委会22次，党员大会5次，民主生活会1次，组织生活会2次，党课5次，谈心谈话60多人次。结合医院工作，开展学习研讨、检视问题、办实事等，患者满意度提高到96%，收到锦旗20面，来信来访10次。（韩雪梅）

巩留县中医医院

【巩留县中医医院负责人】

院长：于华

【概况】 2019年，巩留县中医医院内设老年病科、康复医学科、内一科、针灸科、肛肠科、综合科、外科、ICU、门诊、功能科、放射科、检验科、药剂科、营养膳食科等科室，其中针灸科、肛肠科为县级重点专科。核定编制62个，实有183人，其中卫生技术人员144人，有党员30人。核定编制床位100张，实际开放床位120张。设备有16排螺旋CT机、DR机、口腔CBCT、彩色超声诊断仪、全自动生化分析仪、脉象诊断系统、光电生物治疗仪等医疗仪器和康复治疗设备，有层流手术室3间、ICU病床4张。

【业务收入】 2019年，巩留县中医医院医疗收入2358.46万元，药品收入786.36万元，其中西药收入524.10万元，占比22%，中草药收入262.25万元，占比11%。医院门诊总诊疗人次21922人次，同比减少23.8%。入院病人5197人次，同比增长11.7%，完成手术99例，平均住院费用3157元，治愈率12.83%，好转率85%。（宋喜英）

巩留县妇幼保健计划生育服务中心

【巩留县妇幼保健计划生育服务中心负责人】

主任:张彩荣(女)

党支部书记、副主任:时庆玲(女)

【概况】 2017年3月,妇幼保健站和计划生育服务中心整合,更名为巩留县妇幼保健计划生育服务中心,副科级全额拨款事业单位。2019年,巩留县妇幼保健计划生育服务中心内设有行政办、医务科、护理部、院感办、孕产保健部、儿童保健部、妇女保健部和计划生育服务部、财务科、保健科、药剂科、超声科、检验科、供应室、后勤保障科。核定编制52个,实有45人,聘用80人,有党员18人。

【医疗设备】 2019年,巩留县妇幼保健计划生育服务中心有进口彩超、心电图机、全自动生化分析仪、酶标仪、电解质分析仪、全自动血凝仪、血沉仪、胎心监测仪、妊高症监测仪、新生儿抢救台、婴儿辐射台、黄疸检测仪、微量原子分析仪、便携式多参数监护仪、电子阴道镜、利普刀、彩色数字超声诊断胎儿监护仪、全自动B超监视妇产科手术仪等设备。

【项目工作】 2019年,巩留县妇幼保健计划生育服务项目有:预防艾滋病、梅毒、乙肝母婴传播工作、增补叶酸预防神经管缺陷项目,免费为孕产妇进行艾滋病、梅毒和乙肝咨询1376人,HIV抗体、梅毒和乙肝检测1376人,阳性人数63人,阳性率为4.58%。为婚检人群进行艾滋病咨询3072人、检测3072人,三病阳性合计人数301人、阳性率9.8%,其中检出HIV阳性19人,女性9人,男性10人,HIV检测阳性率0.62%;检出梅毒阳性145人,其中女性75人,男性70人;乙肝137人,其中女性56人,男81人。新增叶酸服用人数2285人,叶酸服用率为100%,依从率为77.03%。农村妇女两癌筛查项目,完成农村妇女宫颈癌筛查2012人,乳腺癌筛查2039人。新生儿疾病筛查项目。完成听力筛查1345人,新筛1345人;全县助产机构活产975人,听筛979人,听筛率100.4%,新筛983人,新筛率为100.8%。

【孕产妇保健】 2019年,巩留县孕产妇死亡率为0;孕产妇保健覆盖率99.1%,孕产妇系统管理率为86.9%;孕产妇中重度贫血患病率2.76%;孕产妇住院分娩率100%;高危孕产妇住院分娩率100%;婚检医学检查率100%。国家免费孕前优生健康检查人数为1869对、3738人次,完成比例为100.05%,国家专网录入1869对,录入率100.05%。

【儿童保健】 2019年,巩留县5岁以下儿童死亡15人,死亡率为11.21‰;婴儿死亡10人,死亡率为7.47‰;3岁以下儿童系管率92.16%;7岁以下儿童保健覆盖率94.48%;开展儿童入园前健康体检工作9621人次。

【计划生育服务】 2019年,巩留县、乡两级查病44204例,补救手术570例。推广免费药具自助发放机应用。

【健康教育】 2019年,巩留县举办10期妇幼重大公共卫生服务项目的培训班,1100人次参加培训。举办业务知识培训班12期,600多人参加培训学习。

【公益基金项目】 2019年,巩留县将危重贫困孕产妇和新生儿救助纳入张家港援疆公益基金项目,每年救助资金总额为5万元。全年救助高危孕产妇5人,金额为0.74万元,救助高危儿童及新生儿3人,救助金额2.84万元。

【业务收支】 2019年,巩留县妇幼保健计划生育服务中心门诊就诊46037人次,住院1038人次,手术26例。病人平均住院日7天。完成全民健康体检2713人次。总收入1332万元，其中医疗收入1187万元；支出1187万元(药品、耗材、试剂、设备、临时工工资)。(杨喜玲)

巩留县疾病预防控制中心

【巩留县疾病预防控制中心负责人】

主任：马怀刚

【概况】 2019年，巩留县疾病预防控制中心(简称巩留县疾控中心)，隶属卫生系统正科级全额事业单位，核定编制30个，实有25人，有党员9人。

【医疗检测】 2019年，巩留县疾控中心医疗设备有：原子吸收分光光度仪、冷原子吸收仪、奥林巴斯显微镜、高灵敏度电子分析天平、751紫外分光光度计、酶标分析仪等检测、诊疗设备。开展从业人员体检5339人次，均办理了健康证，开展乙肝表面抗原检测5339人，乙肝表面抗原阳性95人，表面抗原阳性率1.77%。

【接种免疫】 2019年，巩留县疾控中心在辖区开展两轮脊灰强补免疫工作，第一轮脊髓灰质炎补免活动摸底儿童数9315人，累计接种9685人，接种率103.97%。第二轮脊灰疫苗补免活动摸底儿童数9398人，累计接种9425人，接种率100.2%。做好入托、入学儿童预防接种证查验工作，对全县98所小学托幼机构开展接种证查验工作，查验覆盖率100%。儿童常规免疫乙肝疫苗接种率95.86%，乙肝疫苗首针及时率95.01%；卡介苗接种率98.65%；脊灰疫苗接种率96.1%；百白破疫苗接种率95.72%；百破疫苗接种率95.47%；含麻疫苗(麻风、麻腮风)接种率72.1%；A群流脑疫苗接种率72.88%；A+C群流脑疫苗接种率43.44%；甲肝疫苗接种率65.04%。

【传染病防治】 2019年，巩留县报告传染病例18种855例(乙类691例，丙类164例)，其中肺结核210例，占发病总数的24.56%；梅毒210例，占发病总数的24.56%；乙肝136例，占发病总数的15.91%；手足口病51例，占发病总数的5.96%；布病46例，占发病总数的5.61%，报告发病率为459.91/10万。

【结核病防控】 2019年，巩留县初诊登记可疑肺结核患者271人，初诊查痰244人，初诊查痰率90%；纳入治疗活动性肺结核患者208例，其中病原学阳性91例，病原学阴性79例，结核性胸膜炎38例；病原学阳性诊断率53.5%；结核病患者HIV筛查率100%；高危人群耐药筛查率88.1%，涂阳患者耐药筛查率90.8%；涂阳病人家属筛查率95%；非结防机构报告114人，转诊到位43人，追踪到位69人，其他到位2人，总体到位率100%。

【艾滋病防控】 2019年，巩留县自愿咨询检测76人，检出阳性16人。随访感染者/病人409人，CD4检测400人次，随访率94.68%。单阳家庭干预并检测61人，检测率96.83%。成功转介81人接受抗病毒治疗，抗病毒治疗率92.45%。

【地方病防治】 2019年，巩留县疾控中心开展包虫病手术治疗28例，在治34例，普查B超22932人次，其中发现疑似包虫病病人13例并向上级转诊；完成驱虫犬数148914只，共发放吡喹酮片187840片；狗粪采集1320份，啮齿类动物调查老鼠500只，阳性28只，感染率5.6%；家畜动物病变脏器调查羊500只，阳性25只，感染率5%。碘盐监测300份，合格率98%，完成8—10岁儿童甲状腺体积B超检测200例；孕妇尿碘检查100例。布病检测103例，阳性病人46例，开展水质检测工作，枯水期监测36份均达标，丰水期监测36份均达标。

【健康教育宣传】 2019年，巩留县疾控中心先后开展结核病、碘缺乏病、艾滋病相关知识宣传，发放宣传资料2万多份，覆盖受益人群2.8万多人次。开展教育培训8期，受训800多人次。(蒽华)

社会·民生

SHE HUI · MIN SHENG

人力资源和社会保障

【巩留县人力资源和社会保障局负责人】
党组副书记、局长:张德全
党组书记:艾合买提·依明(维吾尔族,10月退休)

【概况】 2019年,巩留县人力资源和社会保障局内设办公室、人事综合科,下属社会保险管理局、劳动保障监察大队、就业岗位开发办公室、职业技能鉴定所、人力资源市场、劳动人事争议仲裁院等事业单位。3月,机构改革,引进国外智力办公室归口科技局,业务工作仍归人力资源和社会保障局管理,核定编制35个,实有43人,有党员34人。

【人事人才工作】 2019年,巩留县人力资源和社会保障局收集、审核127名调动干部材料(调入38人,调出74人,县内调动15人)。审批机关事业单位退休人员142人;审核年度考核公务员924人,事业单位4652人;审批企业正常退休人员425人;上报病检材料22人;办理辞职113人,解聘、辞退64人。完成人事档案专项审核整理1299卷;退休档案基本信息认定登记291卷;企业、离岗代课教师退休人员材料的入库登记134卷;调出、调入人员档案材料的收集和整理审核131卷。公开招聘事业编工作人员131人,“三支一扶”(支教、支农、支医和帮扶乡村医生)35人,县聘154人。完成2个单位岗位设置申报审批,完成56个单位635人岗位聘用申报审批。做好“三支一扶”人员招录工作,发放36名“三支一扶”人员一次性安家费10.8万元,缴纳“三支一扶”社保43.56万元。同年,“三支一扶”考核优秀10人,合格27人。

【就业安置】 2019年,巩留县人力资源和社会保障局开发就业岗位3446个;实现城镇就业安置3669人;城镇登记失业率控制在3.5%以内;发放创业担保贷款114人744万元;登记高校毕业生1109人,就业1034人,登记就业率93.24%;办理公益性岗位辞职317人,补招28人,清退政策期满人员210人;在村队持续开展巡回招聘46场,完成就业大篷车下乡进村19次,召开各类招聘会157场次。利用县乡村三级服务平台、巩留人社微信平台、广播、电视等多种媒体发布用工信息5037条次,求职信息4190人次,政策信息306条次;完成人力资源市场监测系统岗位录入3021条,个人求职1046条。

【就业培训】 2019年,巩留县人力资源和社会保障局开展各类职业技能培训班107个,培训4287人。其中,职业技能培训103个班4197人;创业培训3个班90人,贫困家庭劳动力参加职业技能培训357人,鉴定(考核)合格4031人,合格率为98%;举办就业政策培训班1期98人。培训内容涉及电焊工、维修电工等16个工种。

【仲裁工作】 2019年,巩留县劳动人事争议调解仲裁院受理仲裁案件131件,结案率100%。

【劳动监察】 2019年,巩留县推行农民工实名制管理等四项制度,收缴农民工工资保证金49个项目1291.98万元,其中7个项目提交工资保证金保证保险，保险额170万元，工资保证金收缴率100%。有26个建筑（劳务）公司开设农民工工资专用账户，涉及工程建设项目45个，存入农民工工资5683.56万元，银行代发工资5683.56万元。纳入劳动保障执法检查对象库企业45家，实地检查户45家次，对12家单位立案查处，责令改正18家，为117名农民工追发工资90.7万元。

【社保工作】 2019年，巩留县城乡居民基本养老保险73137人，其中领取待遇人员13005人，发放基础性养老金2351万元，养老金发放率100%。城镇基本养老保险参保16498人，失业保险参保10603人，工伤保险参保11725人，三险参保缴费任务完成。

【劳务输出】 2019年，巩留县储备有组织转移劳动力491人，举办有组织转移就业专场招聘会157场次，参加7100人，有组织转移就业694人，其中向疆内转移389人，向其他省市转移305人。实现农业富余劳动力转移4.49万人次、创收3.02亿元。

【机构简介】 2019年，社会保险管理局，副科级单位。核定编制10个，实有11人，有党员5人。

负责人：刘燕春

2019年，劳动保障监察大队，副科级单位。核定编制5个，实有3人，有党员3人。

负责人：李建国

2019年，劳动人事争议仲裁院，副科级单位。核定编制6个，实有6人，有党员5人。

负责人：朱峰

2019年，人力资源市场，股级单位。核定编制2个，实有5人，有党员3人。

负责人：空缺

2019年，引进国外智力办公室，股级单位。核定编制2个，实有2人，有党员2人。

负责人：空缺

2019年，就业岗位开发办公室，未定级。核定编制3个，实有1人，有党员1人。

负责人：空缺

2019年，职业技能鉴定所，未定级。未核定编制，工作人员临时抽调。

负责人：空缺

（李雪媛）

民　政

【巩留县民政局负责人】

党组书记：刘小利

局长：奴赛泰·居尼斯（哈萨克族）

【概况】 2019年，机构改革将优抚双拥职能划至退役军人事务局，救灾救济职能划至应急管理局，城乡大病救助职能划至医保局，救灾物资储备库物资移交至发改委。巩留县民政局内设办公室、社会组织科、社会救助科、社会事务科4个科室，辖东买里中心敬老院（含光荣院、救助站、儿童福利院）、殡葬管理所2个下属事业单位。核定编制17个（行政编7个、事业编4个、参公6个），自收自支编3个。实有17人，有党员10人。

【城乡低保工作】 2019年，巩留县民政局为全县2829名城市低保对象发放最低生活保障金1250.3万元；为10650名农村低保对象发放最低生活保障金2508.1万元；为84名特困分散供养人员发放生活补助资金33.03万元；为4188名残疾人发放两项补贴资金268.32万元；为全县767名特殊困境儿童抚养家属发放帮扶资金15.34万元；城乡低保标准为465元/月和4000元/年。城乡低保人均补助354元/月和237元/月。

【双集中工作】 2019年，巩留县民政局集中供养特困老人132名、孤儿和特殊困境儿童79名，供养率分别为75%和100%。新建1200平方米儿童福利院建设项目投入使用。

【基层政权和区划地名】 2019年，巩留县民政局上报通过巩留县地名大词典和巩留县地名志，完成地名数据录入3.5万多条。完成全县58个村委会补选工作。

【社会事务工作】 2019年，巩留县民政局办理结婚登记1231对，补领婚姻登记1201对，离婚登记547对，补领离婚登记32对，补录6786对。推行免费婚检制度，婚检率100%。办理弃婴收养12件，发放社会散居孤儿生活补助35.34万元，惠及49人。

【社会组织工作】 2019年，巩留县民政局对全县18个社会组织下发年检通知，年检9家。成立巩留县奇石协会党支部和扶贫攻坚协会党支部。

【机构简介】 2019年，东买里镇中心敬老院，股级单位，核定编制3个，实有1人，党员1人。

负责人：哈米提·吾马尔(哈萨克族)

2019年，殡葬管理所，自收自支单位，核定编制3个。

负责人：夏力哈尔·库达斯(哈萨克族)

(张瑞丽)

退役军人事务管理局

【巩留县退役军人事务局负责人】

党组书记：郑永杰

局长：丁建军

【概况】 2019年3月，巩留县退役军人事务局成立。2019年5月成立县退役军人服务中心。建立服务中心办公场所，配备2万元的办公设备。12个乡镇(片区党工委)、45个村(社区)服务站挂牌运行，形成县乡村三级服务保障体系。各乡镇(片区党工委)服务站站长由武装部长兼任，抽调1名民政办干部具体负责；村级服务站由1名村干部负责。县财政将退役军人服务保障工作经费纳入预算。

【退役军人服务管理】 2019年，巩留县退役军人事务局加大信息采集宣传工作，完成采集录入退役军人信息工作。开展工作人员业务培训工作3次45人。为优抚对象发放各类优抚对象生活补助及抚恤金。上报17名60岁以上农村籍退役士兵和3名伤残人员调整伤残等级审批材料。开展保险接续宣传工作，张贴公告，成立领导小组，召开工作会议，与县人社、医保等部门对接，通过全县录入系统进行层层筛选，重点从城镇兵中筛选符合条件人员。有51人申请，系统受理申请资料51人。组织2018年退役士兵参加驾驶技能培训；组织退役军人党员参加伊犁州党校举办的退役军人党员骨干培训示范班。

走访慰问优抚对象等，发放慰问品，发放冬季取暖补助。协调有关部门，整合临时救助、大病救助、优抚医疗等政策资金，形成常态化帮扶机制，为63名重点优抚对象缴纳新农合和商业保险。为烈士、军属和退役军人等家庭悬挂光荣牌。表彰4名优秀退役军人，发放37枚纪念章。邀请6名退役军人参加第四届巩留身边好人颁奖仪式，组织5名解放战争和抗美援朝退役老军人分别给机关、部队、学校、村队(社区)讲革命历史23场次。

【缅怀先烈】 开展寻找烈士工作。1951年11月，刘廷先同志小组在吉尔格朗乡阔萨依与叛匪激烈交火全部壮烈牺牲，2019年9月5日陪同烈士子孙前往恰西烈士墓祭拜英雄，圆其后代68年的寻亲梦。

【巩留县退役军人服务中心】 2019年5月31日成立巩留县退役军人服务中心，全额事业单位。

负责人：姚刚

(杨帆)

医疗保障

【巩留县医疗保障局负责人】

党组书记、副局长：冯同平

党组副书记、局长：阿斯亚·巴哈夏尔（女，哈萨克族）

【概况】 2019年3月，巩留县机构改革，新设医疗保障局（简称巩留县医保局），县人民政府工作部门，正科级。巩留县将县人力资源和社会保障局的城镇职工和城镇居民基本医疗保险、生育保险、新型农村合作医疗职责，县发展和改革委员会药品和医疗服务价格管理职责，县民政局的医疗救助职责，县社会保险管理局涉医的医疗征缴、卡务和信息化工作职能以及承担的相关行政职能划归县医疗保障局。内设基金监管科、待遇科、慢性病管理科、征缴科、财务科、办公室。核定编制13个，实有17人，有党员11人。

【医疗机构监管】 2019年，巩留县医保局对全县16家定点医疗机构和24家定点零售药店经过四轮检查，对9家医疗机构约谈整改；对1家二级定点医疗机构、2家一级定点医疗机构、3家民营医疗机构作出拒付处理，违规金额9.49万元；调整2019年总额控费指标，按总额预付制度及按年度总额确定每月付费标准。保证巩留县城乡居民医疗保险“先诊疗，后付费”制度执行通畅。

【医药价格监督】 2019年，巩留县医保局开展基本药品目录使用调查问卷，落实医保支付医药价格动态调整措施，建立市场主导的医药价格机制，对医药价格规范监测，配合做好药品、医用耗材招标采购工作。

【医保扶贫】 2019年，巩留县实行统一医保优惠倾斜政策，城乡居民基本医疗保险个人缴费260元标准，资助特困供养人员参加城乡居民医保，按照不高于40%的标准（104元）资助建档立卡和低保对象参加城乡居民医保，参保率100%。资助低保对象13790人，特困人员249人，建档立卡为13674人，贫困人口基本医保、大病保险、医疗救助覆盖率100%。全年医疗救助基金1238万元，支出259.92万元，结余978.08万元。

【异地就医】 2019年，巩留县内16家定点医疗机构全部开通跨省异地就医联网结算。跨省异地就医办理1306人，其中区外217人，区内1086人，电话备案3人。

【医保宣传】 2019年，巩留县医保局通过微信平台、巩留零距离、广播电视等媒体，利用党校集中班、农民夜校、周一升国旗等空间，宣传讲解医保政策39场次。 （何春霞）

乡镇·片区党工委·社区建设

XIANG ZHEN·PIAN QU DANG GONG WEI·SHE QU JIAN SHE

巩留镇

【巩留镇负责人】

党委书记:彭良成

镇长:热节甫·阿布都拉(维吾尔族)

人大主席:古丽巴合热木·伙加洪(女,维吾尔族)

【概况】 2019年,巩留镇内设五室一部,即党政办公室、党建办公室(挂党员服务站牌子)、经济发展办公室、社会事务管理办公室(挂维稳中心牌子)、社会治安综合治理办公室(挂人口和计划生育牌子),以及人民武装部,各综合办公室不作为镇一级的中间层次,其负责人由镇分管领导兼任。下设农经站、计生站、林业站、草原站、文化站、畜牧站、食品药品监督管理站、财政所、国土所、劳动保障所、司法所等11个站(所)。核定编制110个,实有128人,有党员62人。辖区面积25.3平方千米,有耕地161.07公顷、草场4866.67公顷。全镇1个村9个社区,6个村民小组,总人口12768户38888人,由汉族、哈萨克族、维吾尔族、回族等17个民族组成,其中少数民族6918户22911人,占56.7%。辖区有各类商业网点4749个,合作社7个,私营大中型企业20家,微小企业20家,驻辖区单位94个。城镇登记失业率控制在3.2%,人口自然增长率稳定在12‰。

【经济与社会发展】 2019年,巩留镇种植冬小麦129.13公顷、玉米198.07公顷、苜蓿155.53公顷,粮食作物总产量519万公斤,种植业总产值979万元。完成夏草场毒害草防治566.67公顷,完成黄牛冷配1970头,劣质公牛去势436头,良种牛鉴定421头。年末牲畜存栏量0.55万头(只),出栏0.4万头(只);家禽存栏量0.12万羽,出栏0.1万羽。肉产量950吨、蛋产量210吨、奶产量1195吨,畜牧业总产值3317万元。完成三北造林31.27公顷(杨树0.4公顷,经济林30.87公顷),林业总产值8万元。城镇居民人均可支配收入29250.3元,农牧民人均纯收入14042.4元。

【基层组织建设】 2019年,巩留镇有党支部12个,有党员448人,向组织递交入党申请书190人,入党积极分子83人,发展对象29人,预备党员29人,转正25人。落实三会一课制度,召开支委会169次,党员大会56次,组织生活会1次,领导班子讲党课6次。强化基层干部队伍建设,选优配强两委正职5人,摸排软弱涣散基层党组织干部队伍9人,清理清退不合格干部4人,召回不符合社区工作干部2人,处理干部1人;招录社区工作者60人,转岗教师50人,分流期满公益性岗49人;申创八星级及以上社区(村)党支部8个。开展城市党建工作,111个大党委成员单位,1000多名在职党员到社区报到并认领岗位,制定双向服务清单41项,建立在职党员积分制管理办法。挂牌运行党群服务中心9个、党群服务站15个、建立社团组织21个。整治民生领域微腐败,通报批评相关责任人7名;开展典型案例以案促改、警示教育16场942人次,廉政知识测试180人次,建立312人的廉政档案;全年查处案件6件,开除党籍3人,党内严重警告1人,党内警告2人,运用监督执纪第一种形态进行提醒谈话、履责约谈、通报批评等24人。

【民生工作】 2019年，巩留镇有建档立卡贫困户151户564人，城市低保6914户10771人，发放低保金708.895万元，农村低保915户1293人，发放低保金58.593万元，兜底低保96户1293人，发放低保金5.8593万元，发放临时救助金15.56万元，清理不符合享受低保政策466户876人。残疾人454户，发放残疾人生活补贴850人20.93万元；发放残疾人护理补贴793人18.42万元。发放草原生态保护补助奖励资金14.55万元。完成医疗保险收缴14566人；城乡居民养老保险收缴4590人。完成全民体检27868人，完成率105.3%。完成就业再就业2462人，完成任务的102.5%。新开发就业岗位1202个。新增创业289人，带动就业302人。完成富余劳动力转移就业1346人，劳务创收970.9万元，人均创收9213.2元。受理就业社保劳动用工等政策咨询170人次，享受就业补贴优惠政策8人，办理就业失业登记证112人。完成54户安居富民房和棚户区改造工程；完成改厕310户；为家庭困难学生争取各项补贴14.68万元，为171户建档立卡户全员交纳居民医疗保险近5万元，为46名困难家庭补贴医疗费44.13万元；投入16.95万元为24户建档立卡户房屋进行维修完善和扩建。投入23万元扶持23户建档立卡户实施小商店、小作坊补助项目；投入64.54万元对45户实施扶贫牛补贴。开展各类生产帮扶134次，投入帮扶资金57.53万元。

【社会事业】 2019年，巩留镇有社区卫生服务站8个，村卫生室1所，卫生专业技术人员72人。出生人口427人，人口出生率11.70‰，清理清查奖励扶助扩面184户，继续享受奖扶对象127户，停发奖励金人员41户，退出资金人员11户，退回资金95880元。清理清查多孩家庭750户，违法生育户566户，已立案566户，结案100%。开展文明典型人物评选活动10场次，选树身边好人27人。开展社会主义核心价值观主题宣讲活动32场次，开展群众性文化活动20场次，改造提升农家书屋10个。挖掘民族团结典型事迹31件，开展“我身边的民族团结感人故事”活动89场次，开展金婚银婚庆典活动7场次，民族团结联谊活动110场次打造库尔旦社区新时代文明实践站，创建伊犁州级文明单位3个（库尔旦社区、哈萨克买里社区、巩留镇）。

【村镇建设】 2019年，巩留镇协调拆分社区新建办公阵地2个。为塔什干沙孜村牧业队铺设2.5千米农田沙石路；投资121万元，建设完成4个公共停车场、3个居民活动室和3个群众文体活动场所。

【综合治理】 2019年，巩留镇有流动人口3650人（流出1951人，流入1699人），做好管理工作；调处各类矛盾纠纷185起；强化平安创建宣传教育引导，有平安家庭12268户，创建率96.22%，优秀平安家庭3625户，创建率28.61%，新增平安家庭76户，新增优秀平安家庭179户，摘牌60户；平安社区（村）10个，达标率100%；平安宗教活动场所1个，达标率为100%。开展扫黑除恶、禁毒等宣传活动760场次，发放宣传单15390张，悬挂横幅136条；结合土地承包经营权确权工作，清理出违规多占集体用地2.51公顷，清理集体草场5.33公顷，清理集体林带1处，涉及杨树562棵。颁发土地承包经营权证158户。

【特色产业】 2019年，巩留镇塔什干沙孜村发展肉鸽养殖，对肉鸽养殖合作社进行重组，成立肉鸽养殖基地，并聘请养鸽技术人员指导，引领肉鸽产业发展步入正轨，带动周边6户建档立卡户养殖肉鸽，吸纳3名贫困户就业。肉鸽养殖基地成功繁殖成活鸽子7000多只，基地肉鸽存栏8000多只，出售乳鸽2000多只，创收4万多元。

【环境整治】 2019年，巩留镇完成背街小巷绿化种树6092株；种草1.15万平方米；种花2.91万平方米；刷白树木33400棵；清理卫生死角30多处，集中消杀面积3200平方米，开展爱国卫生月督导检查4次，清理垃圾3696.5吨。清除道路两旁杂草、居民区内杂草，出动大型机械及三轮车30辆、平整

土地77006.15平方米、清洁渠河道4处,参与群众干部15342人次。（朱超、章洁）

大营盘社区

【巩留镇大营盘社区负责人】

党支部书记:成海堂

主任:王秀丽(女)

【概况】 大营盘社区位于巩留镇政府联合办公楼院内,距县委、县政府驻地300米。社区面积1743.4平方米,其中办公面积1343.4平方米(包含社区活动室面积498.48平方米,一站式服务大厅面积102平方米,警务室面积66平方米),干部周转宿舍面积400平方米。2019年,巩留镇大营盘社区总人口1728户5125人,由汉族、哈萨克族、维吾尔族、回族、蒙古族、锡伯族、东乡族等13个民族组成,其中少数民族724户2299人,占总人口的44.86%。辖区面积1.2平方千米,有各类商业网点768个,驻辖区单位17个,人均收入26534元。

【党建工作】 2019年,大营盘社区有3个党小组。有党员48人,其中预备党员2人,流动党员6人,居民党员29人;有入党申请人员14人,积极分子10人,发展对象1人。是九星级党支部。有各支力量37人,其中社区两委干部24人(正式在职干部8人,公益性岗位4人,大学生村官2人,社区工作者10人),"访惠聚"工作队6人,社区警务室配备1警5协。坚持三会一课制度,召开支委会15次,党员大会8次,组织生活会2次,上党课12次。开展文体活动3场次。

同年,成立志愿服务队4个,开展志愿服务21场次,协助县总工会慰问下岗困难职工1次1户,为1名下岗职工发放优惠证。组织开展爱心妈妈座谈会4次、最美母亲和最美儿媳表彰、留守儿童走访慰问、最美庭院评比表彰等系列活动16场次。组织老年人开展欢度重阳节等老年专场文艺活动5场,参加215人。开展节前慰问辖区老干部、老党员活动6次,送去慰问品价值2000多元。

【民生工作】 2019年,大营盘社区有建档立卡贫困户2户6人,非建档立卡贫困户3户5人;低保户33户41人;残疾户52户52人;同年建档立卡贫困户稳定脱贫2户6人,非建档立卡贫困户全部脱贫。发放低保金327804元,取消不符合享受低保政策24户42人,新增1户1人。发放临时救助3500元,发放慰问金17500元。城镇居民医疗保险缴纳1612人,缴纳居民基本养老保险399人;完成全民体检2351人;享受灵活就业补贴4人24236元。实现就业再就业219人,重点安置困难就业10人。新增创业4户,带动就业13人。社区转移劳动力75人,创收112.5万元。开展农牧民大培训,培训富余劳动力23人。

同年,出生42人,死亡12人,孕前体检48对,办理生育服务证35个,开展微活动92次,宣传覆盖891人。

【综合治理】 2019年,大营盘社区创建平安家庭1728个,平安巷道2个;开展扫黑除恶宣讲42场次,悬挂横幅8条,发放宣传材料1225份;有流动人口582人,按流动人口369工作法,对流动人口进行双向管理。开展安全生产大排查工作,排查辖区内6个网格,768个商铺,制定应急预案,建立应急急救处突场所1处,签订承诺书430份,发现安全隐患8例,下发整改通知书8份,工作人员对发现的问题当场提出整改意见,并对整改情况进行跟踪督促,责令经营者限期整改。

【环境整治】 2019年,大营盘社区组织辖区6个网格,90个联户长及居民部分代表主要对辖区内第三、四、五网格的平房区及拆迁区进行环境卫生整治42场次,出动人员458人次,车辆63辆次,清理垃圾65吨,铲除拆迁区的杂草,集中整治三堆六乱现象,绿化、美化部分平房区,并对辖区内2千米长的再开西渠进行清理整治,更换辖区内不合格广告牌、横幅、标语,严格按照县委宣传部下发的39条标语落实更换工作全部到位。（成海堂）

库尔旦社区

【巩留镇库尔旦社区负责人】

党支部书记：王宜学

主任：左拉古丽·米吉提（女，维吾尔族）

【概况】 2019年，库尔旦社区和再开西片区工作站共有居民2693户6408人，由汉族、维吾尔族、哈萨克族等13个民族组成，其中少数民族1549户3717人，占总人口的58%。社区办公阵地面积1800平方米，辖区面积4平方千米，有各类商业网点688个，驻辖区单位14个，人均收入1.8万元。

【党建工作】 2019年，库尔旦社区有党员54人，提交入党申请书5人，入党积极分子6人，发展对象2人，是八星级党支部。有各支力量36人，其中两委干部11人，"访惠聚"工作队6人，镇下沉干部4人，民协警7人。库尔旦社区坚持三会一课制度，召开支委会15次，居民代表大会4次，党员大会6次，组织生活会1次，社区书记讲党课3次，召开联合开放式主题党日活动3次，召开大党委工作例会4次，大党委年终总结会1次，老干部工作通报会1次，协调帮助辖区单位公路局、人社局、第五幼儿园、水利局、气象局、文广新局等16个单位共同开展联谊会9场，开展庆"三八"、迎"五一"，庆祝建党98周年、民族团结进机关进学校进企业等各类活动36场次。对社区党支部56名党员进行积分管理，每月量化考评，每季评星公示，促使党员亮身份、亮承诺、亮业绩，发挥先锋模范作用。

同年，成立志愿服务队3个，开展志愿服务23场次，协助县总工会慰问下岗困难职工1次，为25名下岗职工发放优惠证。组织开展爱心妈妈座谈会、最美母亲最美儿媳表彰活动、留守儿童走访慰问、最美庭院评比表彰等系列活动4场次。组织老年人开展欢度重阳等老年专场文艺活动8场，参加670多人。开展节前慰问辖区老干部、老党员活动7次，送去价值2800多元的慰问品。

【民生工作】 2019年，库尔旦社区残疾户133户135人，低保户206户325人，清退低保290户512人，新增低保13户17人，发放低保金124.82万元；与残联对接，争取1.7万元的手术帮扶资金；上报符合领取租赁补贴10户24人，审核分配廉租房9户。临时救助49人2.88万元，慰问贫困户37户1.76万元。张贴用工信息252条，召开现场招聘会12次，签约14人，组织辖区求职者参加县劳动和社会保障局举办的大型人力资源招聘会，达成就业意向52人；与辖区企业对接，组织近百人赴4家企业观摩对接，现场签约20人。转移劳动力187人，创收124万元。劳务输出68人，再就业432人，实现低保户就业206人。审核办理小额贴息贷款2人，发放贷款金额8万元。办理城乡居民医疗保险1568人，缴纳居民城乡养老保险1677人；完成全民体检2510人。

同年，办理生育服务证139个，办理光荣证8个。领证家庭发放奖励扶助38户。全年发放药具2889盒，宣讲计划生育政策8013场次。

【综合治理】 2019年，库尔旦社区创建平安家庭2103个，平安巷道54个；开展禁毒与反邪教警示教育入户宣传11461人次，发放宣传图册1100多份。开展出租房屋和流动人口大排查21次，办理居住证167人，办理户籍迁入59人。成立护居队2个，每天巡逻2次，每次巡逻1小时。全年调解矛盾纠纷16起。利用周一升国旗、居民夜校等多种形式加强对居民的教育管理，开展扫黑除恶专项宣讲8场次，组织干部开展应知应会考试2次。排查机动车312辆，开展食品药品安全大检查17次，宣传普法知识及发放安全宣传材料2680多份，悬挂普法宣传横幅18条，出板报8期。

【环境整治】 2019年，库尔旦社区召开环境卫生会议132场次，开展环境卫生大扫除108次，出动8020人次，清理垃圾620吨。发放创建国家级卫生县城知识宣传手册188本。　（加依拉）

哈萨克买里社区

【巩留镇哈萨克买里社区负责人】
党支部书记:阿斯燕·亚(女,回族)
主任:买里卡依·阿力木江(女,维吾尔族)

【概况】 2019年,哈萨克买里社区辖区面积4.2平方千米,总人口1504户4926人,由汉族、哈萨克族、维吾尔族等13个民族组成,其中少数民族773户2552人,占51.8%。下辖7个网格,辖区有各类商业网点502个,人均收入1.8万元。

【党建工作】 2019年,哈萨克买里社区有党员43人,预备党员5人,入党申请人22人,积极分子12人,发展对象1人。设有3个党小组。有社区各支力量干部39人,其中社区干部25人,大学生村官2人;"访惠聚"驻村工作队干部5人,有村警1人,辅警5人;全年召开党员大会6次,支委会议33次,组织生活会2次,干部集中学习52次,党员集中学习11次,班子成员上党课5次,收集意见建议21条,支部归纳检视问题13条,整改13条。成立志愿者服务队2个,开展志愿服务活动9场次,各类文体活动18场次,开展返乡大学生培训2期,座谈会3场次,发放各类宣传手册600多份。组织开展爱心生日会10场次,开展表彰等活动10场次。走访困难党员、老退伍军人、现役军人家属、困难职工、各类关注困难家庭50户,送去慰问物资价值5000元。举办民族团结活动13场次,参与群众1892人次,表彰民族团结先进个人7人,民族团结科室5个、民族模范团结巷道12个。全年发放计划生育父母光荣证1户,婚孕状况证明67个。

【民生工作】 2019年,哈萨克买里社区有低保145户235人,残疾户82人。发放低保金127万元,大病救助10人,发放救助资金3万元,参加城乡居民医疗3022人,城镇养老保险836人。全年转移劳动力72人,创收172.8万元。实现自主创业12人。组织开展3次小型招聘会,参加180人,成功率80%。组织35人参加县人事局开展的招聘会,成功率85%。

【综合治理】 2019年,哈萨克买里社区开展扫黑除恶宣讲60多场次,悬挂横幅12条,发放宣传材料1800多份;坚持每周召开一次形势政策教育会议,执行流动人口工作机制和出租房屋登记管理制度,开展十户联防演练,强化应急处突能力,全年召开联户长模拟现场会1场,培训联户长2次156人,联户家庭会议410场6150人次;新增平安家庭31户、优秀平安家庭31户,平安巷道4条;同年有平安家庭1445户、优秀平安家庭962户。排查机动车768辆,开展食品药品安全大检查56次,宣传普法知识及发放安全宣传材料280多份,悬挂普法宣传横幅7条。

【环境整治】 2019年,哈萨克买里社区投入绿化花化资金4.5万元,栽植绿化苗木300株,花化人行道两侧3千米,发放垃圾袋8000条,集中开展巷道环境卫生整治26次,参加2780人次。全年清理垃圾50多吨。 (地娜·努尔卡提)

乔勒潘社区

【巩留镇乔勒潘社区负责人】
党支部书记:郑超锋
主任:杨明

【概况】 2019年,乔勒潘社区占地面积1000平方米,其中办公面积800平方米(包含社区一站式服务大厅105平方米,警务室76平方米)。总人口1141户3583人,下辖8个片区,由汉族、哈萨克族、维吾尔族、回族、蒙古族、锡伯族、东乡族等13个民族组成,其中少数民族605户2101人,占58.6%。有耕地31.03公顷,辖区有各类商业网点410个,驻辖区单位23个。人均收入1.67万元。

【党建工作】 2019年,巩留镇乔勒潘社区有党员36名,预备党员3名,有入党申请人员26人,积极分子6人,有2个党小组,创建为七星级党支部。有社区驻村各支力量40人,其中社区干部22人,大学生村官2人,"访惠聚"工作队6人,镇机关下沉干部3人,区警务室配备1名民警5名协警。成立志愿服务队1个,开展志愿服务15场次,协助县总工会慰问下岗困难职工4次7户,组织开展评比表彰活动6场次。做好80岁以上老年人免费体检156人次。组织老年人开展老年专场文艺活动2场,参加135人次。开展节前慰问辖区老干部、老党员活动3次,送去价值3000多元慰问品。

【民生工作】 2019年,乔勒潘社区有建档立卡贫困户1户7人,低保150户220人,残疾户81户81人,发放低保金额93.46万元,取消不符合享受低保政策25户38人,新增4户4人。实现就业再就业352人,重点安置困难就业人员8人。新增创业13户,社区转移劳动力87人,创收11.4万元;培训富余劳动力6人。办理城镇居民医疗保险1987人,办理居民基本养老保险525人,完成全民体检1153人。年内出生18人,死亡10人,办理生育服务证22名,办理农业户口光荣证2名,孕前体检12对,清理清查历年来超生38人,征收社会抚养费541094元,搞微活动6次,宣传覆盖620多人次。

【综合治理】 2019年,乔勒潘社区创建平安家庭1098个,平安巷道362个;开展扫黑除恶宣讲16场次,悬挂横幅146条,发放宣传材料500份;有流动人口437人,全部实现双向管理。开展安全生产大排查工作,共排查商铺410个,签订承诺书410份,工作人员对发现的问题当场提出整改意见,并对整改情况进行跟踪督促,责令经营者限期整改。

【环境整治】 2019年,乔勒潘社区开展环境卫生整治56场次,出动人员2760人次,车辆100辆次,清理垃圾600多吨,铲除杂草,集中整治三堆六乱现象,清理再开西渠河床480米,整治辖区不合格广告牌、横幅、标语。 (杨明)

托乎玉孜社区

【巩留镇托乎玉孜社区负责人】
党支部书记:张玉荣(女)
主任:秦继忠

【概况】 2019年,托乎玉孜社区辖区面积0.8平方千米,社区占地面积2000平方米,其中办公面积1080平方米,一站式服务大厅面积120平方米,卫生室面积120平方米。总人口795户2399人,由汉族、哈萨克族、维吾尔族、回族等11个民族构成,其中少数民族514户1631人,占总人口的68%。辖区有各类商业网点61个,合作社1个,驻辖区单位16个,人均收入2.2万元。

【党建工作】 2019年,托乎玉孜社区有党员30人,有入党申请人员25人,积极分子2人,发展对象1人。设有2个党小组,为七星级党支部。坚持党员三会一课制度,进一步规范党组织生活,召开支委会18次,党员大会4次,开展主题党日活动12次,组织生活会1次,党支部书记讲党课6次,集中学习85次,培训6次。有驻社区人员33人,其中社区干部18人,"访惠聚"工作队5人,镇机关下沉干部5人,警务室配备1警3协。开展各类文体活动8次,志愿服务活动4次,发放宣传单600多份,组织开展慰问、爱心生日会11场次,表彰先进个人10人。

【民生工作】 2019年,托乎玉孜社区有非建档立卡贫困户7户22人,残疾户57户64人,低保户96户141人,取消不符合享受低保政策23户27人,新增6户9人。发放低保金50.69万元,救助金5200元,发放残疾人补贴3.72万元。开展小型招聘会11场,实现自主就业29人,就业再就业483人,办理养老保险332人,医疗保险946人;完成全民体检1256人。

【综合治理】 2019年,托乎玉孜社区创建平安家庭556个，平安巷道9个；开展扫黑除恶宣讲12场次，悬挂横幅11条，发放宣传材料3000份；有流动人口623人，有固定人员定期联系。开展拉网式大排查10多次，安全生产培训讲座8次，悬挂横幅、标语22条，发放宣传材料2000多份，培训20多场次，主题宣讲5次；举办消防安全演习2次。

【环境整治】 2019年，托乎玉孜社区开展环境卫生集中整治活动30多次，清除小广告10多处，清洁巷道35条，清理卫生死角30多处，投入资金5000多元，出动350人次，清理垃圾、堆积物350多吨。维修水厂路一巷下水管道200米，受益居民23户90人。（聪苏尔）

同干买里社区

【巩留镇同干买里社区负责人】

党支部书记：李强

主任：马斌(回族)

【概况】 2019年，同干买里社区辖区面积2.5平方千米，办公面积780平方米(包含社区活动室100平方米，一站式服务大厅100平方米，警务室20平方米)。总人口595户1762人，由汉族、哈萨克族、维吾尔族、回族、塔吉克族、锡伯族、东乡族等7个民族组成，其中少数民族469户1399人，占总人口的79%。驻社区单位1个，宗教场所1所，商业网点619个，人均收入2.27万元。

【党建工作】 2019年，同干买里社区有党员36人，入党申请人员14人，积极分子5人，发展对象1人，预备党员2人，是七星级党支部。有各支力量干部26人，其中社区干部14人(正式干部10人，社区工作者2人，大学生村官2人)，“访惠聚”工作队6人，镇下沉干部1人，警务室配备1名民警3名协警。有党小组2个，召开支委会25次、党员大会7次、党小组会12次，五位一体包联领导、支委委员上党课8次、组织党员集体学习12场次、主题党日活动11场次、民主评议党员4次；严格落实四议两公开工作制度，商讨重大事项10多件，及时公开决议内容。表彰最佳联户长8人、最佳住户18户、最佳住户干部6人，组织召开联户长家庭会议150多场次，收集困难诉求22条，均已解决和答复。

【民生工作】 2019年，同干买里社区有低保户107户150人。残疾人59人，贫困户103户141人。取消不符合享受低保政策17户22人，新增6户6人，发放低保金84.3万元。缴纳城乡居民医疗保险1008人，缴纳居民城乡养老保险348人，完成全民体检700人，为辖区困难群体67户发放暖心煤60多吨，申请临时救助32人1.63万元，协调解决建房补贴15户61.5万元，为低保户、建档立卡户家庭的子女缴纳医疗保险6人1044元，解决受灾群众屋顶修缮20户，帮扶资金5.78万元，慰问帮扶困难党员、群众66人(户)2万多元。

【综合治理】 2019年，同干买里社区举办联户长业务培训2次。开办法律夜校32期。开展综治和平安建设“三率”宣传活动，共发放宣传单、平安手册、手袋400多份，悬挂平安横幅5条，测评满意率96%、知晓率95%、参与率97%。完成平安家庭复查复验576户，优秀平安家庭210户，新增平安家庭2户、优秀平安家庭1户。开展扫黑除恶专项活动，张贴标语60条、公告4张，发放各类宣传资料400多份，悬挂举报箱1个，悬挂横幅2条，宣传教育群众3894人次。开展禁毒宣讲6场次，发放禁毒倡议书35份，宣传单140份。

【环境整治】 2019年，同干买里社区召开环境卫生会议32场次，开展环境卫生大扫除52次，出动2304人次，清理垃圾300多吨。（陈芳）

提尔曼社区

【巩留镇提尔曼社区负责人】

党支部书记：王亚萍(女)

主任:木民江·肉孜(维吾尔族)

【概况】 2019年,提尔曼社区辖区面积1.1平方千米,9月迁入新址,位于巩留县校外活动中心院内,占地面积6974平方米,其中办公面积1550平方米(包含社区活动室500平方米,一站式服务大厅200平方米,警务室11平方米,干部周转宿舍25平方米)。辖区总人口2591户7601人,由汉族、哈萨克族、维吾尔族、回族等7个民族组成,其中少数民族1122户3498人,占总人口的46%。社区有各类商业网点286个、小微企业4家、驻辖区单位4个,人均收入1.8万元。

【党建工作】 2019年,提尔曼社区有党员46人,其中预备党员1人,有入党申请人员18人,积极分子5人,设有2个党小组,是七星级党支部。社区坚持三会一课制度,召开支委会20次,居民代表大会4次,党员大会8次,书记讲党课5次。有驻社区人员38人,其中社区干部23人,大学生村官4人,"访惠聚"驻村工作队6人,警务室配备1名民警3名协警。成立爱心妈妈团队1个,组织开展评比表彰活动8场次,开展民族团结联谊活动24场次;表彰民族团结先进个人、民族团结示范户、好楼道、好巷道、好邻居50多人次;发放最美家庭门牌50个、美丽庭院门牌10个。

【民生工作】 2019年,提尔曼社区有低保户70户109人,残疾户54户55人。取消不符合享受低保政策21户28人,新增低保6户12人,清退廉租房3户。发放残疾人两项补贴32640元。收缴合作医疗保险516人,收缴城镇居民医疗保险1741人,养老保险253人,完成全民体检7601人。转移劳动力106人,实现就业再就业167人,创收902.4万元。出生人口97人,死亡7人,孕前体检41对,办理生育服务证85个,搞微活动12次,宣传覆盖1200多人。

【综合治理】 2019年,提尔曼社区创建平安家庭2195个,优秀平安家庭549个,平安巷道4个,开展扫黑除恶宣讲8场次,悬挂横幅31条,发放宣传材料5810份,禁毒与反邪教警示教育10场次,受教育群众8110人次,有流动人口518人,对流动人口进行双向管理。

【环境整治】 2019年,提尔曼社区开展环境卫生整治49场次,出动人员1560人次,车辆45辆次,铲除部分平房区的杂草,集中整治三堆六乱现象,清理垃圾39吨;栽植树木210棵,种花种草500平方米;落实河长制,开展巡河48次,清理河道1千米,清淤1千米。 (许瑞)

蝶湖社区

【巩留镇蝶湖社区负责人】
党支部书记:李灵玲(女)
主任:陈萍(女)

【概况】 蝶湖社区是2017年12月成立的新社区,辖区面积1.8平方千米,社区占地面积2000平方米,其中办公面积2000平方米(包含社区活动室1200平方米,一站式服务大厅600平方米,警务室200平方米)。总人口1309户4404人,由汉族、哈萨克族、维吾尔族、回族等15个民族组成,其中少数民族737户2744人,占总人口的62%。有各类商业网点132个,驻辖区单位7个,人均收入1.2万元。

【党建工作】 2019年,蝶湖社区有党员26人,其中预备党员3人,接受入党申请书16份,有积极分子5人,发展对象1人。社区坚持三会一课制度,召开支委会28次,居民代表大会4次,党员大会7次,讲党课7次。参与活动的辖区大党委在职党员792人次。社区信息化系统录入1309户4404人。有社区干部27人,其中社区干部15人、村警辅警4人、"访惠聚"驻村工作队6人、大学生村官2人。成立志愿服务队3个,开展志愿服务15场次。全年开展各类活动120场次,发放慰问金1.67万元。

【民生工作】 2019年,蝶湖社区有低保户6户9人,居住在该辖区建档立卡贫困户4户16人,残疾户6户6人。全年发放低保金57944元,救助金5800元,残疾人补贴3200元。收缴合作医疗保险769人、新型农村养老保险229人,完成全民体检1053人。全年张贴用工信息200条,召开现场招聘会2次,组织辖区求职者参加县劳动和社会保障局举办的大型人力资源招聘会,达成就业意向50人。技能培训4人,转移劳动力10人,创收20000元。全年办理光荣证3个,办理生育服务证39个,为68名育龄妇女提供优生优育技术服务。

【综合治理】 2019年,蝶湖社区创建平安家庭1023户,平安巷道6个,开展扫黑除恶宣讲45场次,悬挂横幅12条,发放宣传材料1300份,开展禁毒与反邪教警示教育入户宣传850人次。有流动人口272人,对流动人口进行双向管理。开展出租房屋和流动人口大排查12次,办理居住证21人,开展食品、道路安全、天然气安全隐患排查50多次,宣传普法知识及发放安全宣传材料3500多份,悬挂普法宣传横幅6条。

【环境整治】 2019年,蝶湖社区开展环境卫生整治45次,清理垃圾25吨,开展最美小区评比8次,开展"学雷锋精神、志愿者风采"系列活动12次,表彰环境卫生等志愿者20人。落实湖长制,开展巡河52次。 (李灵玲)

西公园社区

【巩留镇西公园社区负责人】

党支部书记:王兆军

主任:米仁沙·斯德克(女,维吾尔族)

【概况】 2019年,西公园社区辖区面积2.1平方千米,有林地1公顷,辖区总人口299户1132人,由汉族、维吾尔族、哈萨克族、回族等7个民族组成,其中少数民族177户724人,占63.9%,有各类商业网点7个,微小企业2家,大党委成员单位5个。人均收入9891元。

【党建工作】 2019年,西公园社区有党员23人,递交入党申请38人,积极分子8人,预备党员转正2人,是六星级党支部。有社区各支力量干部40人,其中社区干部24人,社区工作者2人,大学生村官2人,民警1人,协警3人,"访惠聚"驻村工作队5人,镇下沉干部3人。召开支委会18次,党员大会10次,上党课11次,党小组会议24次,党员学习60多次,开展开放式主题党日活动12次;成立志愿服务队1个,开展志愿服务活动3场,表彰最美家庭、最美母亲55户,发放最美家庭牌子52个,表彰金婚银婚家庭3户,开展节前慰问辖区下岗困难职工、困难弱势群体活动6次。

【民生工作】 2019年,西公园社区有一般贫困户29户46人,低保户38户57人,残疾人15人。发放低保金22万元,残疾人两项补贴1.2万元。采集用工信息285条,提供就业岗位65人次,实现就业再就业296人。开展实用技术培训21场次,培训富余劳动力121人次,转移劳动力24人。赞助1家灵活就业人员创业5000元。摸排登记18户下岗职工,8名下岗失业人员和农民工实现再就业,3户困难职工享受国家帮扶金每户4380元。参加城镇居民养老保险218人,收缴城乡居民医疗保险332人,完成全民体检583人。新生儿7人,发放计生宣传单和宣传手册1000多份。

【综合治理】 2019年,西公园社区化解调处矛盾纠纷23起,辖区流动人口162人(流入72人,流出90人),分类建档管理流动人口;开展平安创建工作,有平安家庭298户,平安巷道3个,开展扫黑除恶宣传工作,发放宣传单300份,悬挂横幅9条。开展禁毒、反邪教宣讲活动10场次,受教育群众500人次。持续开展帮扶帮教、释法宣教,为困难家庭解决就业。开展辖区商铺安全生产大排查12次，签订安全生产责任书310份，召开安全知识联户长会议10次，开展安全生产知识宣传教育活动10次，发放宣传资料400多张，开展学生暑假宣传大型活动2次，开展安全教育宣传25次，地震演练3次，参加115人次。

【环境整治】 2019年，西公园社区召开环境卫生会议78场次，开展环境卫生大扫除58次，出动人员1500多人次，清理垃圾180多吨，发放家庭垃圾袋6800条。清淤河道200米，硬化道路200米，清理卫生死角224处，巷道绿化花化2万平方米，对巷道两边墙面和树木进行了粉刷。（马佳慧）

塔什干沙孜村

【巩留镇塔什干沙孜村负责人】

党支部书记、主任：郑振国

【概况】 2019年，塔什干沙孜村辖区面积1.94平方千米，村委会办公面积1200平方米，有耕地180公顷，草场1200公顷。总人口672户2015人，由汉族、维吾尔族、哈萨克族、回族等7个民族组成，其中少数民族591户1808人，占总人口的88.67%。农牧民人均收入1.37万元。

【党建工作】 2019年，塔什干沙孜村党支部有党员53人，其中预备党员10人。有入党积极分子18人，发展对象5人，提交入党申请6人。有各支力量干部29人，其中村干部11人、大学生村官2人、天池计划人员1人、镇下沉干部2人、“访惠聚”工作队8人、警务室4人。坚持党员三会一课制度，召开支委会21次，农牧民代表大会4次，党员大会6次，组织生活会1次，党支部书记讲党课6次，开展主题党日活动12次。组织党员干部集中学习51次。成立志愿服务队3个，开展志愿服务活动25场次。组织开展爱心妈妈座谈会、最美母亲和最美儿媳表彰、留守儿童走访慰问、最美庭院评比表彰等系列活动12场次。慰问辖区老干部、老党员5次。

【民生工作】 2019年，塔什干沙孜村有建档立卡贫困户151户465人，低保户324户462人，残疾户40户40人，清退不符合享受低保政策103户116人，调整新增低保38户44人。发放低保金134.42万元，救助金2.62万元，残疾人补贴3.92万元。符合领取租赁补贴3户6人，医疗救助对象5人，发放1万元。慰问贫困户33户2.62万元。办理城镇居民医疗保险720人，办理农村养老保险362人。完成全民体检1197人。召开现场招聘会2次，签约8人，组织辖区求职者参加县劳动和社会保障局举办的大型人力资源招聘会，达成就业意向25人。转移劳动力40人，创收24万元，再就业221人，增收265.2万元。实现低保户就业56人。已婚育龄妇女进行生殖健康检查80人。

【综合治理】 2019年，塔什干沙孜村召开联户长会议12场次，双联户家庭会议24场次，开展法制培训12场次。开展禁毒与反邪教、防骗访警示教育入户宣传1600人次，发放宣传图册600多份。开展出租房屋和流动人口大排查20次，对流动人口实行双向管理，办理居住证50人。开展平安创建活动，有平安家庭646户，平安巷道20个。排查机动车103辆，各类农用机械12辆。开展食品、药品、住房、交通安全大检查12次，宣传普法知识12场次，发放安全宣传材料1200份，悬挂普法宣传横幅10条。为缓解交通压力减少交通事故，辖区道路安装减速带12条，修建停车场1处。

【环境整治】 2019年，塔什干沙孜村召开环境卫生会议12场次，开展环境卫生大扫除48次，出动3200人次，清理各类垃圾400多吨。拆除残垣断壁6处、私搭乱建5处，绿化面积2000平方米，栽种各类树种600多棵。落实河长制，全年巡河15次，清淤3千米。（郑振国）

牛场片区党工委

【巩留镇牛场片区党工委负责人】
党工委书记:安玮(8月离任) 贾晓霞(女,8月任职)

【概况】 2019年,牛场片区党工委总面积4.33万公顷,其中农业耕地面积2106公顷,草场面积41226公顷。内设党政办、党建办、民政办、畜牧办、计生办、扶贫办、农机管理办、林业办、社保办、财务办、农业办、安居办、安全生产办13个科室,总人口3272户10867人,由汉族、哈萨克族、维吾尔族等13个民族组成,其中少数民族2059户7016人,占总人口的64.56%。下辖5个社区,有畜牧站1个,派出所1个。

【经济与社会发展】 2019年,牛场片区党工委经济总产值1.94亿元,其中农业产值7048万元,牧业产值7748万元,渔业产值88万元,工业产值482万元,第三产业产值4051万元。小麦种植面积1387.6公顷,建立订单种植基地2个,种植常规玉米、糯玉米面积2819公顷,甜菜314.8公顷,露地蔬菜110.3公顷。完成复播1310.1公顷。完成土地流转530公顷。有温室大棚103座,产值200万元。新增经济林110公顷,林果产值456.42万元。年末牲畜存栏34590头(只),牲畜育肥出栏21327头(只)。完成品种改良3880头,冷配2700头。小畜品种改良1.3万只,家禽出栏18.5万羽。完成接羔育幼18000只,引进优质哈萨克、特克赛尔种公羊10只。肉产量4300吨、奶产量6140吨、蛋产量575吨。人均收入1.486万元。

【基层组织建设】 2019年,牛场片区党工委合并撤改党支部2个,调整党支部书记3人,新选拔使用社区干部9人。有7个党支部,有党员368人,发展农村党员20人,举办入党积极分子培训班1期,培养入党积极分子33人。开展主题党日教育活动12次,举办党员专题学习60场次,党工委书记讲党课5场次,座谈讨论15场次。创建九星级党支部1个,八星级3个,建立党员种养殖示范基地6个。组织干部观看警示教育片6场次,开展党风廉政知识竞赛2次。结合深化执纪问责,发现问题46件、立案12起,结案12起,处理干部9人。开展道德讲堂2场次,举办干部能力提升培训班2期,受训干部131人。

【民生工作】 2019年,牛场片区党工委有残疾户119户224人,建档立卡贫困户9户34人,医疗保险8732人,参加养老保险1562人,新农合参保人数8376人,参合率99%。全民体检7893人。发放低保金18.4万元,发放临时救助金1.6万元,发放残疾人生活补贴18.21万元。组织开展技能培训300人,转移劳动力2410人次,创收1778.2万元。完成扶贫项目95万元,发放扶贫牛6头、扶贫奶山羊15只、鸡苗7100只、发放养殖饲料粉碎机7套、新修牲畜棚圈3座,投入12.8万元为贫困重点人员家庭解决就医、就学、就业、生产困难。

【社会事业】 2019年,牛场片区党工委有九年一贯制学校1所,小学1所,幼儿园3所,在校学生1292人,有教师109人。有卫生院1所,社区卫生室2个,卫生专业技术人员15人。计划生育站1个,计生专干10人。

【村镇建设】 2019年,牛场片区党工委维修主干道路9.2千米、砂石路8.9千米,铺设机耕道9千米、农田砂石路0.8千米,新建防渗渠3.6千米,修建农田桥2座、巷道U型渠8.5千米,安装路灯50盏,绿化5000平方米,完成农七社区自来水入户327户,完成鑫牛社区污水管网改造3.4千米。新建安居房59户、公租房54套。

【综合治理】 2019年,牛场片区党工委结合三资清查,清理集体机动土地88.2公顷、草场286.67公顷,收回集体房屋3座、集体棚圈1个,清缴历年各类欠款509万元,集体增收82万元。加大重点场所和偏远散户管理，开展扫黑除恶专项斗争，加强信访排查，解决群众困难诉求153件，举办消防、农机等安全生产培训3场次，开展安全知识宣传4场次，开展大检查3次，消除火灾隐患2处。全场有流动人口1127人。评选平安巷道18个、优秀平安家庭923户、优秀平安社区5个，评选民族团结进步模范家庭2478户，模范巷道10个，评选表彰最美家庭26个，表彰民族团结先进典型8人。

【特色产业】 2019年，牛场片区党工委蟹养殖水域面积66.67公顷，产值130万元。建立星展牧业良种牛养殖基地，入住良种牛300头，盘活闲置集体资产。依托350头集体畜，建立良种牛养殖合作社，自筹30万元购进集体牛，示范带动良种牛规模化养殖。

【环境整治】 2019年，牛场片区党工委投入80多万元拆除废弃大棚22座，整治超标大棚房65个，拆除私搭乱建53处。完成农村改厕788户，完成排碱渠清淤9.2千米，开展环境卫生整治活动30次。清理各类垃圾860多吨、开展巡河25次。

（王伟）

农一社区

【牛场片区党工委农一社区负责人】

党支部书记：李江成

主任：吾马江·衣达洪（维吾尔族）

【概况】 2019年，农一社区辖区面积3.25平方千米，有耕地226.67公顷。社区有523户2337人，由汉族、维吾尔族、哈萨克族等7个民族组成，其中少数民族370户1810人，占总人口77%。种植小麦1.67公顷、玉米206.67公顷、油葵5公顷、黄豆6.67公顷，经济林等其他作物6.67公顷，土地流转5公顷。年末牲畜存栏1370头（只），完成牛品种改良冷配300头。完成良种牛保险712头。人均收入1.2万元。

【党建工作】 2019年，农一社区党支部有3个党小组，有党员34人，预备党员7人，发展党员5人，有入党积极分子16人，发展对象5人，提交入党申请8人，是七星级支部。驻社区人员26人。其中有社区干部11人，大学生村官2人，“访惠聚”驻村工作队8人，村警1人，辅警3人。党支部三会一课正常开展，支委会36场次，党员大会10场次。举办党员干部集中学习48场次，支部书记讲党课6场次，座谈讨论12场次，组织干部观看警示教育片1场次，上报各类信息50篇。开展文体活动12场次。

【民生工作】 2019年，农一社区建档立卡贫困户3户17人，低保户73户91人，残疾户32户36人，发放低保金207538元，救助金4000元，残疾人补贴34560元，办理养老保险340人，新农保参保317人。完成全民体检987人。开展技能培训52人，稳定就业671人，集中转移劳动力22人。新建安居富民房8户，有3户18人脱贫。

【综合治理】 2019年，农一社区加大重点场所和偏远散户管理，推进扫黑除恶专项斗争，加强信访排查，及时化解信访矛盾，住户入户全覆盖，收集解决群众困难诉求143个。流动人口345人。落实巩固平安建设创建成果，评选平安巷道17个、优秀平安家庭488户、平安商铺4户，调解信访案件10件，举办消防、农机等安全生产培训1场。开展安全知识宣传2场次、大检查3次，消除火灾隐患1处。评选民族团结进步模范家庭1户，模范巷道3个，表彰民族团结先进典型2人。

【环境治理】 2019年，农一社区完成农村改厕81户，修建1.2千米排水渠，铺设2.2千米砂石路。开展环境卫生整治60多次，清运垃圾2880多吨，打造美丽巷道3条，美丽庭院22家。落实河长制，每周巡河（渠）1次，清理河道垃圾杂物，动员群众搞好房前屋后空白地段绿化。

（李江成）

农三社区

【牛场片区党工委农三社区负责人】
党支部书记:王雷(6月离任) 刘刚(6月任职)
主任:空缺

【概况】 2019年,农三社区辖区面积20平方千米,耕地面积1387.87公顷,林地166.67公顷。总人口498户1551人,由汉族、维吾尔族、哈萨克族等7个民族组成,其中少数民族136户519人,占总人口33.5%。种植小麦173.33公顷、玉米1120公顷、黄豆4公顷,蔬菜66.67公顷,其他作物23.87公顷。年末牲畜存栏985头(只),出栏150头(只)。农牧民人均收入1.36万元。

【党建工作】 2019年,农三社区有党员87人,预备党员5人,发展对象6人,入党积极分子33人,递交入党申请书37人,是七星级支部。有驻社区人员23人,其中社区干部13人,"访惠聚"工作队员6人,协警3人。党支部坚持三会一课制度,召开党员大会和群众代表大会4次,开展党员培训3次、开展主题党日活动10次。远程教育学习48次,社区第一书记、党支部书记带头讲党课5次。

【民生工作】 2019年,农三社区举办技能培训班5期,转移劳动力500人,创收1500万元。建档立卡贫困户1户4人,低保户36户43人,残疾户70户71人,发放安居富民补贴11.4万元,发放低保金12万元,救助金1000元,残疾人补贴4.32万元,计划生育奖励金等各种补贴5.76万元。城乡居民医疗保险参保1551人,办理养老保险284人,新农保参保1447人。参加全民体检100%。新建安居富民房4户。为120户266.67公顷作物免费飞机喷洒农药。

【综合治理】 2019年,农三社区常态化开展住户工作,召开联户长家庭会议88场次,政策宣讲199场次,组织活动73场次。收集并解决困难诉求13个。开展民族团结一家亲活动12场次。流动人口有131人,创建平安家庭78户、平安巷道4个、平安商铺2个、民族团结先进集体1个、先进个人4人。

【环境整治】 2019年,农三社区开展环境卫生集中整治32场次,打造美丽巷道1条,美丽庭院5家。落实河长制,每周巡河(渠)1次,完成排碱渠清淤4千米,完成农村改厕120户。社区花化面积2800平方米。铺设1.3千米红沙路面,改善人居环境。清理垃圾300吨,开展环境整治活动40场,发动群众参与7500人次。 (刘刚)

农七社区

【牛场片区党工委农七社区负责人】
党支部书记:解洪强
主任:马春青(回族)

【概况】 2019年,农七社区辖区面积6100公顷,有耕地1118.93公顷、草场3600公顷、林地66.67公顷。有人口416户1512人,由汉族、哈萨克族、维吾尔族等5个民族组成,其中少数民族252户781人,占总人口的51.65%。辖区有各类商业网点(小商铺)5个。种植小麦1.07万公顷、玉米7100公顷、黄豆130公顷,其他作物560公顷。年末牲畜存栏3906头(只),出栏2084头(只),人均纯收入1.18万元。

【党建工作】 2019年,农七社区有党员57人,预备党员6人,发展对象5人,入党积极分子12人,是八星级支部。驻社区人员27人,其中社区干部11人,"访惠聚"驻村工作队7人、大学生村官3人,民协警4人,村医1人。召开支委会8次、党员大会3次、党员学习6次、支部书记上党课2次。对无职党员设岗定责6条,召开网格会议18次,家庭联户会议21次。制定党员发展计划,规范发展党员流程,清退3名不合格积极分子。慰问四老人员(老干部、老党员、老模范、老军人)4次。

【民生工作】 2019年，农七社区举办2期技能培训班，组织劳动力外出务工582人。建成17栋避险减困房，入住131户，新建安居富民房6户，参加全民体检1952人。低保户64户77人，残疾户43户45人，发放低保金21.9万元，残疾人补贴4.32万元。城乡居民医疗保险参保1950人，办理养老保险463人，新农保参保476人。完成自来水改造施工，解决群众吃水难问题。投入资金1050万元，建成6000多平方米的农贸市场和3500多平方米门面房，为有创业意愿的关注户和生活困难人员提供创业平台。公共建设项目投资1622万元，人均享受1万多元，投资30多万元修建牲畜防疫栏1座、洗羊池1个，建成占地2公顷的牛羊市场，方便群众进行牲畜交易，解决群众反映的困难问题11件。

【综合治理】 2019年，农七社区开展民族团结联谊活动6场次，开展民族团结教育宣传活动8场次。开展政策法律法规学习4场次，开展法制教育宣传3场次，开展感党恩教育18场次。加大重点场所管理，推进扫黑除恶专项斗争，调解信访案件2件，及时化解信访矛盾。巩固平安建设创建成果，评选平安巷道6个、平安家庭376户。举办消防、农机等安全生产培训1场次。开展安全知识宣传3场次、大检查1次，消除火灾隐患2处。建立民族团结进步教育基地1个，民族团结文化大院5个，模范巷道3个，评选表彰最美家庭15个，表彰民族团结先进典型5人。对社区流动人口，由警务室负责流入人口的登记和管理。流动人口581人，其中流入4人，流出577人。

【环境整治】 2019年，农七社区完成27千米排碱渠清淤，修建桥涵8座，铺设机耕道砂石路面17千米，完成2.8千米防渗渠建设。开展环境卫生整治30多次，清运垃圾300多吨，动员群众对房前屋后空白地段栽植花草搞好绿化，选评美丽庭院48户，授予流动红旗，打造示范巷道1个，引领社区居民自觉转变观念，培养健康、文明、卫生的习惯。

（孙路平）

良种社区

【牛场片区党工委良种社区负责人】

党支部书记：玛合沙提·热布哈提（哈萨克族）

主任：嵇建生

【概况】 2019年，良种社区辖区面积234平方千米，其中草场面积2.14万公顷、耕地面积0.21万公顷，草场面积2.14万公顷。有人口536户1981人，由汉族、哈萨克族、维吾尔族等5个民族组成，其中少数民族527户1933人，占总人口的97.6%。社区有幼儿园1所，医务室1个。牲畜存栏15310头（只），出栏3872头（只）。人均纯收入为1.29万元。

【党建工作】 2019年，良种社区有党员73人，预备党员6人，发展入党积极分子9人，递交入党申请书7人。是七星级支部。驻社区人员25人，其中社区干部10人，大学生村官3人，“访惠聚”工作队员8人，村警4人。召开党员大会和群众代表大会4次，开展主题党日活动12次。远程教育学习84次，累计学习时长3025分钟。

【民生工作】 2019年，良种社区有建档立卡贫困户5户17人，低保户83户117人，残疾户48户49人，发放安居富民补贴19.95万元，发放低保金32.16万元，救助金5500元，残疾人补贴4.7万元。城乡居民医疗保险参保1710人，新农保参保442人。组织121人外出务工，周边季节性务工300多人。投资45万元打造塔里木牧区旅游休闲体验区。发放扶贫牛2头、扶贫奶山羊10只、鸡苗2600只、发放养殖饲料粉碎机2套、新修牲畜棚圈3座、修建围墙72米、大门6个、铺设机耕道4.6千米，栽种蔬菜苗3550株，发展庭院经济70户，有组织转移贫困户就业3人，5户13人实现脱贫，新建安居富民房12户，参加全民体检6127人。

【综合治理】 2019年，良种社区召开家庭会议72

次。开展扫黑除恶专项斗争12场,开展流动人口管理服务工作,流动人口管理服务工作,流入34人,流出113人。采集信息2086条。创建平安家庭324户、平安巷道4个、平安商铺9个,评选先进个人4人。

【环境整治】 2019年,良种社区开展环境卫生整治60多次,排查清理河道20多次,清理垃圾100多吨,栽植绿化树5000棵,绿化巷道1000多平方米,农村改厕71户、维修农田桥2座、完成排碱渠清淤2.4千米、铺设农田砂石路4.8千米,组织塔里木山区巡河排查9次。配合旅游部门完成景区集中整治,拆除违建房屋37间、毡房62个,建成美丽庭院18户,乡村面貌明显改善。 (熊猛斌)

鑫牛社区

【牛场片区党工委鑫牛社区负责人】
党支部书记:陈同虎(8月离任) 何晓丽(女,9月任职)
主任:王雷

【概况】 2019年,鑫牛社区总面积174公顷,其中耕地面积168.26公顷,林地面积5.74公顷。总人口944户2768人,有汉族、哈萨克族、维吾尔族等7个民族组成,其中少数民族人口391户1224人,占总人口的44.21%。辖区划分7个网格,48个联户。有畜牧站1个,派出所1个,学校1所、卫生院1所,有83家商铺。年末牲畜存栏560头(只),牲畜育肥出栏200头(只),完成品种改良80头,冷配16头。人均收入1.46万元。

【党建工作】 2019年,鑫牛社区有党员70人,有预备党员5人,发展党员5人,有入党积极分子18人。驻社区人员25人,其中社区干部11人,大学生村官1人、民协警4人。举办党员专题学习班60场次,党支部书记讲党课2次,党员大会5次,支委会召开15次,座谈讨论15场次,组织干部观看警示教育片6场次,三会一课正常开展。调整社区主任1人,新选拔使用队干部3人。创建九星级党支部,建立党员种养殖示范基地1个。开展“不忘初心、牢记使命”主题教育,检视整改各类问题103个,加强党风廉政建设深化执纪问责,处理干部2人。

【民生工作】 2019年,鑫牛社区开展技能培训2期,参加289人,转移劳动力103人次,人均创收5000元以上。低保户34户55人,残疾户16户16人,发放安居富民补贴13.65万元,发放低保金18.14万元,救助金1.15万元,残疾人补贴1.54万元。城乡居民医疗保险参保1353人,办理养老保险516人,新农保参保1036人。完成城乡医疗保险、全民体检2300人,新建安居房8户,公租房54套,为贫困户发放扶贫鸡苗1500只,发饲料15户15袋。帮助贫困户庭院种植蔬菜苗3850株,2户8人实现脱贫。完成贫困家庭两险参保6人,新增新农保296人、企业养老1446人,新农合参保2583人,参合率99%。人口出生率控制在10‰以内。

【综合治理】 2019年,鑫牛社区开展禁毒、扫黑除恶活动12场次,流动人口283人,收集解决群众困难诉求53个,调解信访矛盾20件。评选平安巷道5个、优秀平安家庭923户。举办农机等安全生产培训3场次,开展安全知识宣传4场次、大检查2次,消除火灾隐患2处;评选民族团结进步模范家庭22户,模范巷道2个,评选表彰最美家庭20个,表彰民族团结先进典型4人。

【环境整治】 2019年,鑫牛社区完成农村改厕83户、场区污水管网改造3.4千米、排碱渠清淤2千米、农田铺设砂石路2千米。清理垃圾15吨、河长制巡河48次。投资1500万元完成福居苑小区35KV专线和电采暖项目建设,拆除违建大棚房65座,拆除废弃大棚22座,整治超标大棚房65个,拆除私搭乱建53处,开展环境卫生整治30多次,有效改善社区环境卫生。 (何晓丽)

良繁片区党工委

【巩留镇良繁片区党工委负责人】

党工委书记:高友军(3月离任) 程亮(4月任职)

【概况】 2019年,巩留县国有农牧场改制办社会职能与企业剥离,巩留县良繁场办社会职能机构更名为巩留镇良繁片区党工委,下辖两个社区,原试验队更名为巩良社区、原农二三队更名为良繁社区,隶属于巩留镇。片区内设党政办、党建办、综治办、民政办、畜牧办、计生办、文教办、工会妇联、文化站、劳动保障所等站(所)。片区总面积3233.33公顷,其中耕地面积666.67公顷,草场面积2006.67公顷,总人口1227户4336人,有汉族、哈萨克族、维吾尔族等9个民族组成,其中少数民族479户2586人,占总人口59.6%。社区卫生室2个,卫生专业技术人员2人。

【经济与社会发展】 2019年,良繁片区党工委实现经济总产值217.4734万元,其中农业产值128.96万元,牧业产值59.6万元,第三产业总产值28.9134万元。种植小麦44.2公顷、常规玉米317.07公顷、特色经济作物114.27公顷,完成植树造林任务18.6公顷,种植干杏树13821棵,年末牲畜存栏8120头(只),出栏2280头(只),家禽存栏0.5万羽。肉产量9.6吨、奶产量3.6吨、蛋产量2.25吨。经济总收入4080万元,农牧民人均纯收入1.45万元。

【基层组织建设】 2019年,良繁片区党工委有党员120人,预备党员9人,提交入党申请书101人,是八星级支部。举办入党积极分子培训班1期,培养入党积极分子5人。开展主题党日活动12次,支委会48次,党员大会24次,班子成员检视整改各类问题84个,党员专题学习1次,党工委书记讲党课2次,座谈讨论6场次。组织干部观看警示教育片2次,开展党风廉政知识竞赛1次。建立健全党员承诺制度,对无职党员设岗定责,推选16名农牧民党员担任联户长,严抓干部作风,全年通报批评干部7人。

【民生工作】 2019年,良繁片区党工委为189户225人,特殊困难家庭发放生活补贴72.8万元,发放耕地地力保护补贴31.46万元。为103名残疾人发放补助6.6万元,为6名贫困残疾人缴纳城乡居民医疗费1560元;完成富民安居房建设2户,举办技能培训5期,培训1100人次。享受合作医疗人员3875人,减免金额189.9万元。发放少生、优生奖励金5.81万元。转移劳动力46人次,人均创收2000元。低保户167户213人,残疾户67户103人,发放安居富民补贴3.7万元,发放低保金72.8万元,救助金1.2万元,残疾人补贴6.6万元。城乡居民医疗保险参保3875人,办理养老保险471人,新农保参保2015人。全民体检3875人。

【村镇建设】 2019年,良繁片区党工委完成自治区土地平整项目、危房改造配套基础设施建设项目和农村人居环境改善项目,总投资670.9万元。铺设砂石路1000千米,绿化3000平方米。

【综合治理】 2019年,良繁片区党工委开展扫黑除恶活动12次,禁毒活动12次,流动人口288人,打造民族团结教育基地2处,评选民族团结先进人物6人,选树民族团结示范户14户。举办座谈会、联欢会118场,捐款捐物3万多元。解决困难诉求153条,办实事好事109件。优秀平安家庭463户、优秀平安社区2个,评选民族团结进步模范家庭28户,模范巷道16个,表彰民族团结先进典型6人。

【环境整治】 2019年,良繁片区党工委发动各族群众,常态化开展卫生整治工作,建立每周四环境卫生整治长效机制,清理卫生死角48个,治理背街小巷12条,落实河长制,加大河道卫生治理力度,巡河24次,严禁在水渠两岸搭建简易厕所、倾倒垃圾,处理乱排乱放17处,拆除沿渠厕所4处,清理

垃圾100多吨。在辖区打造一条整洁优美的连通主巷道。 (杨春梅)

巩良社区

【良繁片区党工委巩良社区负责人】

党支部书记:常怡刚

主任:王中民

【概况】 2019年,巩良社区有耕地290.93公顷、草场1333.33公顷、林地40公顷。有总人口360户1260人,由汉族、哈萨克族、维吾尔族、回族等9个民族组成,其中少数民族137户515人,占总人口41%。辖区有各类商业网点7个,合作社2个。种植小麦66.67公顷、常规玉米133.33公顷、黄豆30公顷、蔬菜13.33公顷、其他作物60.93公顷。年末牲畜存栏3640头(只),出栏712头(只),家禽1963羽。农牧民人均纯收入3.7万元。

【党建工作】 2019年,巩良社区有党员54人,预备党员3人,积极分子20人,提交入党申请书36人。驻社区人员18人,其中社区干部7人,大学生村官2人,民协警2人。社区党支部建立党员学习台账,健全党员承诺制度,开展主题党日教育活动12次。召开党员大会9次,支委会12次,远程教育学习54次,党支部书记讲党课12次。加强干部队伍建设,强化无职党员设岗定责,参与社区各项事务。开展社区八星级创建活动。

【民生工作】 2019年,巩良社区完成自治区土地平整项目。低保户48户57人,残疾户13户14人,发放低保金194826元,救助金5000元,残疾人补贴1379元。城乡居民医疗保险参保841人,减免金额5.2万元,发放慰问金2700元。办理养老保险417人,新农合参保457人。全民体检841人。为19户特殊困难家庭发放生活补贴、低保金23640元,完成安居富民建房13户,开展技能培训4期,受训430人次。清理收缴历年拖欠社会抚养费6.3万元。帮助解决群众生产生活中存在的困难诉求153条,办实事好事10件,帮扶各类物资2万元。

【综合治理】 2019年,巩良社区开展扫黑除恶活动6次,禁毒活动6次,流动人口56人,开展民族团结一家亲活动20场,打造民族团结教育基地2处。优秀平安家庭121户、优秀平安社区2个,评选民族团结进步模范家庭10户,模范巷道6个,表彰民族团结先进典型2人。

【环境整治】 2019年,巩良社区建立每周四环境卫生整治长效机制。清理卫生死角48个,治理背街小巷6条,群众参加卫生活动1200多人次。落实河长制,加大河道治理力度,巡河12次,治理乱排乱放17处,严禁水渠两岸搭建简易厕所、倾倒垃圾,拆除沿渠厕所4处,清理垃圾30吨,在辖区打造一条清洁整齐的主巷道。 (王燕)

良繁社区

【良繁片区党工委良繁社区负责人】

党支部书记:许元林

主任:阿不都黑力力·阿不都沙拉木(维吾尔族)

【概况】 2019年,良繁社区总面积4.36平方千米,有耕地165.33公顷。有人口764户2973人,由汉族、维吾尔族、哈萨克族、回族等6个民族组成,其中少数民族431户2346人,占总人口的78.91%。种植小麦13.13公顷、常规玉米233.67公顷、特色经济作物10公顷,牲畜存栏量4480头(只),出栏1559头(只)。家禽养殖2.16万羽,农村经济总收入1654万元,人均纯收入1.24万元。

【党建工作】 2019年,良繁社区有党员43人,预备党员5人,积极分子24人,提交入党申请书65人,是八星级支部。驻社区人员26人,其中社区干部7

人，大学生村官3人，民警、协警6人。28名农牧民党员担任联户长参与社区各项事务。加强党员学习教育，建立党员学习台账。党支部三会一课正常开展，组织党员干部学习96次，书记上党课12次，开展主题党日活动12场，支委会12次，党员大会11次。解决群众困难诉求106件。

【民生工作】 2019年，良繁社区举办职业技能培训班3期，培训60人，转移劳动力500多人。完成安居富民建房9户，为135户特殊困难家庭发放生活补贴39600元。为10名贫困残疾人缴纳城乡居民医疗费2900元，调整农村低保83人，城镇低保16人，清退低保60人。完成土地平整项目，发放耕地地力保护补贴98604元，发放少生、优生奖励金6.67万元。社区干部帮扶边缘户13户54人，1820人享受合作医疗，减免金额9280万元。危房改造配套基础设施建设项目和农村人居环境改善项目顺利实施。低保户119户156人，残疾户54户89人，发放安居富民补贴3.7万元，发放低保金53.32万元，救助金7000元，残疾人补贴1.01万元。城乡居民医疗保险缴费1973人、养老保险缴费235人，新农保参保1558人，全民体检100%。

【综合治理】 2019年，良繁社区开展民族团结一家亲联谊活动30场次。扫黑除恶活动6次，禁毒活动6次，流动人口232人。帮助群众解决困难106件。开展民族团结示范创建工程，打造民族团结教育基地1处，评选民族团结典型人物4名，选树民族团结模范户12户，优秀平安家庭342户。

【环境整治】 2019年，良繁社区在辖区主道、分道两侧空地，植树造林10公顷，栽种干杏树1万多棵。落实每周四环境卫生整治长效机制，清理卫生死角15个，治理背街小巷5条，参与群众2000多人次。落实河长制，加大河道治理力度，巡河12次，改厕62个，清理垃圾70吨，在辖区打造一条整洁有序主巷道。 （张璐）

库尔德宁镇

【库尔德宁镇负责人】

党委书记：封新明（11月离任） 江鸿雁（12月任党委负责人）

党委副书记、镇长：华尼西别克·卡哈尔曼（哈萨克族）

人大主席：帕孜里江·木依提（哈萨克族，5月离任） 沙那提别克·托合达尔（哈萨克族，6月任职）

【概况】 2019年，库尔德宁镇内设党政办、党建办、宣传办、综治办、统战办、项目办、民政办、扶贫办、人民武装部等机构，下设农经站、农业技术推广站、农机管理站、林业站、计生站、广播站、畜牧综合站、规划站、文化站、劳动社会保障站、食品药品管理站、财政所、司法所、国土所14个站（所）。核定编制94个，实有69人。全镇总人口5288户15090人，由汉族、哈萨克族、维吾尔族等13个民族组成，其中少数民族3642户11026人，占总人口的73%。有7个行政村，1个社区，其中农业村6个、牧业村1个。

根据国有农牧场改制方案，莫合农场改制为莫合社区划归库尔德宁镇管辖。

【经济与社会发展】 2019年，库尔德宁镇总面积5.68万公顷，其中耕地面积0.34万公顷、草场面积3.72万公顷。农林牧渔业总产值2.75亿元，其中农业产值1.16亿元，林业产值660万元，牧业产值1.52亿元，渔业产值25万元。小麦种植面积1210公顷，产量6435吨；玉米种植524公顷，产量6680吨；油葵种植516公顷，产量1704吨；土豆种植40公顷，产量600吨；黑加仑种植13公顷，产量100吨；贝母种植403公顷，产量4831吨。年末牲畜存栏45630头（只），出栏牲畜28520头（只）。完成黄牛改良3025头，全年肉类总产量4218吨，羊毛产量233吨，牛奶产量11570吨，禽蛋产量177吨，蜂蜜产量346吨。推进大、小莫合草原退牧还草，完成还草工程333.33公顷，造林43.87公顷，退耕还林22.33公顷。主要工业产品总产量:面粉6435吨,油料1704吨,饲料6680吨。全社会固定资产投资1855.37万元,财政支出1236.17万元,农牧民人均纯收入1.59万元。

【基层组织建设】 2019年,库尔德宁镇有15个党支部,22个党小组。有党员539人,预备党员45人,有入党积极分子158人。坚持每月召开基层组织建设暨群众工作推进会,党支部三会一课正常开展,党员大会4次,支委会12次,党小组会议12次,上党课4次。强化基层干部队伍建设,调整第一书记1人,选拔2名优秀后备干部到村担任支部书记,清理清退村干部5人,从返乡大学生中招聘村干部12人,吸收9名大学生充实到村两委班子。一党委五中心、一支部五中心运行顺畅。创建九星级党组织1个,巩固1个,创建八星级党组织4个,七星级党组织1个。

【民生工作】 2019年,库尔德宁镇举办技能培训班2期80人参加,参加县级培训48人。转移农村富余劳动力3958人次,劳务创收1385万元。新建安居富民房71户,有4户18人脱贫。新农合参加11289人,参合率96%。城乡居民医疗保险参保3687人,完成率100%,参加全民体检11125人,完成100%。发放城镇低保金102.7万元、农村低保金124.5万元、特殊困难群体生活补贴24.7万元、救灾物资3.67万元。调整低保229人,清退低保385人。对有返贫风险的10户贫困户制定具体帮扶措施,确保不返贫,完成中央财政两批扶贫项目。投资20万元新建牲畜屠宰点一处。

【社会事业】 2019年,库尔德宁镇有学校4所,其中中心校1所、分校1所、教学点2所,在校生1287人。有各类教师96人。有卫生院1所,村卫生室7个,卫生专业技术人员29人。实施少生快富项目工程,为12户计生户发放奖励金3.6万元,人口出生率控制在5.64‰以内。

【村镇建设】 2019年,库尔德宁镇投资18万元对镇文化站进行升级改造,投资253万元对塔克吐别克村巷道道路进行硬化,投资178万元新建饮水安全管网改造及自来水入户项目建设,实施阿热勒村依托少数民族发展项目,铺设柏油路1.81千米,投资600万元修建大莫合道路16千米,投资1300万元对镇区街道进行维修,村镇面貌焕然一新。

【综合治理】 2019年,库尔德宁镇开展各类民族团结活动158场次。利用周一升国旗、农牧民夜校宣传政策302场次,做到宣讲全覆盖。排查纠纷15起,调解18起。开展禁毒宣传96场次,扫黑除恶专项宣传384场,发放宣传单1500多张。巩固平安建设创建成果,评选平安巷道148个、平安家庭4012户。表彰民族团结先进典型2人。

【特色产业】 2019年,库尔德宁镇依托旅游优势,发展庭院经济,推广黑加仑、马林种植。种植贝母333.33公顷,产量2800吨,产值2000多万元。

【环境整治】 2019年,库尔德宁镇打造阿热勒村、莫合社区两个自治区级环境卫生示范村。加大人居环境整治力度,栽植绿化树木28000棵,整理巷道47.6千米,清运垃圾2200吨。落实河长职责,开展河湖渠系整治,巡河72次,完成泄洪通道清淤3千米,打造山清水秀的宜居环境。 (金炳双)

莫合社区

【库尔德宁镇莫合社区负责人】

党支部书记:田卫华

主任:刘尚庆

【概况】 2019年,莫合社区有耕地266.67公顷,有草场2400公顷,林地18.4公顷。总人口256户653人,实有132户475人,由汉族、哈萨克族、维吾尔族等7个民族组成,其中少数民族123户378人,占总人口的57.9%。招商一家旅游发展有限公司入驻社区。莫合社区集体经济收入52.3万元,人均收入1.74万元。

【党建工作】 2019年，莫合社区有党员29人，预备党员2人，入党积极分子7人，提交入党申请书5人，是五星级支部。驻社区人员14人，其中社区干部10人，大学生村官1人，民协警3人。召开党员大会和群众代表大会4次，支委会19次，开展主题党日活动9次。远程教育学习57次，干部、“访惠聚”工作队员均编入五大中心。

【民生工作】 2019年，莫合社区有残疾人9户9人，低保户19户20人，发放低保金5.69万元，救助金1.28万元，残疾人补贴1.06万元。开展各类生产帮扶9次，发放鸡苗600只，贫困户富余劳动力转移就业12人，完成劳动力转移142人次，自主转移就业128人次。新建农牧家乐3家，带动就业12人，创收11.6万元。完成城乡居民医疗保险缴费500人、养老保险缴费175人；安居富民建房5户、危房改造5户。全民健康体检完成100%。

【综合治理】 2019年，莫合社区召开联户长家庭会议23场次。加强187名流出人口、15名流入人员管理，建立每月联系卡和管理台账。开展民族团结一家亲活动11场，开展禁毒宣传3场次，扫黑除恶专项宣传6场，优秀平安家庭89户、优秀平安社区1个，评选民族团结进步模范家庭16户，模范巷道5个，表彰民族团结先进典型6人。

【环境治理】 2019年，莫合社区加大环境卫生整治，清理防渗渠3.2千米、清理垃圾387立方米。落实115户改厕新建任务，打造“千村示范、万村整治”自治区级示范村，获伊犁州文明社区荣誉称号。

（田卫华）

吉尔格朗乡

【吉尔格朗乡负责人】

党委书记：马地亚尔·阿热恩（哈萨克族，5月离任）

吴拉尔斯·哈列汉（哈萨克族，11月任职）

党委副书记、乡长：韩智

人大主席：奴尔布拉提·加依尔别克（哈萨克族）

【概况】 2019年，吉尔格朗乡总面积426.13平方千米，草场面积2.82万公顷，耕地面积920公顷。内设党政办公室、党建办公室、经济发展办公室、社会管理综合治理办公室、社会事务办公室、人民武装部。下设财政所、国土资源所、草原站、畜牧兽医站、农业技术推广站、农机管理站、统计站、农经站、劳保所、林业站、文化站、安监站、司法所、计生站、河长制办。有行政编27个，事业编73个，在职干部85人。总人口2133户8253人，由汉族、哈萨克族、维吾尔族等13个民族组成，其中少数民族1619户6624人，占人口总数的80.3%。全乡有行政村6个，其中2个牧业村、4个农业村，21个村民小组。

【经济与社会发展】 2019年，吉尔格朗乡完成农林牧渔业总产值2.27亿元，其中农业产值4073万元，牧业产值11861万元，第二产业2278万元、第三产业1235万元。粮食作物种植面积1084.2公顷，粮食总产1.587万吨；油料种植52公顷，总产120吨。年末牲畜存栏6.5万头（只），牲畜出栏2.3万头（只）。全年肉类总产985吨，羊毛产量57吨，牛奶产量3750吨，禽蛋产量12吨。年内完成造林面积35.2公顷。完成黄牛改良6210头，绵羊人工授精3880只。实施草原生态保护，落实水源涵养禁牧5533.3公顷，一般禁牧2466.67公顷，完成人工种草3.33公顷，草畜平衡2.19万公顷，三北造林15.6公顷。农牧民人均纯收入1.5万元。

【基层组织建设】 2019年，吉尔格朗乡有10个党支部，有党员428人，其中农牧民党员268人，占63%。有预备党员29人，入党积极分子135人，向党组织递交入党申请246人。开展主题党日活动84次，举办入党积极分子培训班2期，参加培训56人。举办发展对象培训班1期，参加培训27人。加强党风廉政建设，开展警示教育19次，观看警示片4次,从源头预防腐败。完善乡、村两级五大中心建设,调整村班子成员15人,清理辞退村干部6人,补充县聘大学生村官4人、村级办事员1人。

【民生工作】 2019年,吉尔格朗乡有建档立卡贫困户315户1103人,低保户881户1055人,残疾户260户265人。全年调整农村低保83人,城镇低保16人,清退低保60人。发放低保金490.99万元,残疾人补贴35.4万元,临时救助金25.69万元,发放救助物资7.5万元;投入中央专项扶贫资金492.2万元,实施贫困户房屋彩钢顶建设和自来水管网改造项目,保障79户贫困户住房安全和99户贫困户饮水安全。举办技能培训班4期,322人参加汽车维修、工艺编织等各类技能培训,转移农村劳动力2300人次,创收1547万元。城乡医疗保险参加7100人,参保率98%。城乡养老保险参保3200人,完成率97%,参加全民体检6127人。发放冬季燃煤225吨,解决困难诉求137件。新建安居富民32户,牧民定居27户,各族群众生产生活条件得到改善。

【社会事业】 2019年,吉尔格朗乡有学校5所(小学1所、幼儿园4所),在校学生792人,有教职工58人。卫生院1所,有医护人员22人,床位9张。有村卫生室5个,村医5人。实施少生快富项目工程,为25户计生户发放奖励金5.436万元,人口出生率在3.3‰以内。举办乡村两级文化体育活动40多场次,放映电影111场次。

【村镇建设】 2019年,吉尔格朗乡实施项目17个,总投资1269万元。新修柏油路8千米、防渗渠2.3千米,完成援疆旅游服务中心配套设施建设,新建停车场6000平方米,新建卫生厕所2个。

【综合治理】 2019年,吉尔格朗乡持续推进五大中心规范运行,合理划分27个网格,设57个网格员,67个联户长。举办农牧民夜校306场次,开展国家通用语言文字培训班336场次。开展民族团结一家亲联谊活动15场次,参与1283人次。排查纠纷113起,调解59起。开展禁毒宣传24场次,扫黑除恶专项宣传288场,发放宣传单4680张。强化宗教管理和服务,开展宗教政策、专题宣讲44场次,组织宗教人士学习37场次。巩固平安建设创建成果,评选平安巷道54个、平安家庭1913户。表彰民族团结先进典型18人。

【特色产业】 2019年,吉尔格朗乡扩大胆南星、黄芪等特色中草药种植规模,引进当归、铁线草等新品种,中草药种植面积255.8公顷。建设三文鱼养殖基地、天山渔村,为旅游产业奠定良好基础。

【环境整治】 2019年,吉尔格朗乡开展环境卫生综合整治,清理主街道、村队背街小巷、卫生死角垃圾,投入清运车辆345车次,参与群众8000多人次,清运垃圾3.25万吨,拆除破旧危房87座1200平方米,拆除残垣断壁36处1100米,完成改厕737座,乡级河长每半月巡河1次,开展河流巡查整治行动11次。

(曹婷)

阿尕尔森镇

【阿尕尔森镇负责人】

党委书记:詹辉明

党委副书记、镇长:阿依木拉提·努尔布卡(哈萨克族)

党委委员、人大主席:玉山塔依·艾力(哈萨克族)

【概况】 2019年,阿尕尔森镇总面积5.87万公顷,其中耕地面积0.87万公顷、草场面积3.47万公顷。内设党政办、党建办、扶贫办、武装部、综治维稳中心、效能办、信访办、统战办、民政办、工会、团委、妇联、残联。下辖财政所、国土资源所、草原站、兽医站、农业技术推广站、农机管理站、统计站、农经站、林业站、社保站、文化站、安监站、司法所、计生站。核定编制148个,在职139人。全镇有9个行政村，49个村民小组，其中农业村7个、牧业村2个。总人口7326户26288人，由汉族、哈萨克族、维吾尔族等13个民族组成，其中少数民族人口5711户21348人，占81.2%。

根据国有农牧场改制方案，巩留羊场改制为羊场片区党工委划归阿尕尔森镇管辖。

【经济与社会发展】 2019年，阿尕尔森镇完成农林牧渔业总产值6.21亿元，其中农业产值2.62亿元，林业产值210万元，牧业产值2.27亿元，渔业产值15万元，第二产业1605万元、第三产业1.14亿元。粮食作物种植面积1.17万公顷，粮食总产11.46万吨；油料种植378.8公顷，总产738.7吨。年末牲畜存栏10万头（只），出栏牲畜8.61万头（只）。全年肉类总产52.5万吨，产羊毛20.4吨，牛奶产量173吨，禽蛋产量752吨。年内完成造林面积97.87公顷。社会固定资产投资1389.23万元，全年地方财政收入1955.12万元，财政支出2026.57万元。农村居民人均纯收入1.57万元。

【基层组织建设】 2019年，阿尕尔森镇党委有13个党支部，其中村党支部9个。有党员820人，其中农牧民党员639人。接受入党申请49人，确定积极分子91人，吸收预备党员86人，预备党员转正83人。举办入党积极分子培训班1次，参加培训94人。举办发展对象培训班2次，参加培训88人。开展主题党日活动12次，解决群众关心关注问题36条；调整村两委干部23人，劝退不合格干部9人。

【民生工作】 2019年，阿尕尔森镇新建安居富民房61户，有19户62人脱贫。参加全民体检6127人。调整农村低保83人，城镇低保16人，清退低保60人。发放低保等各类补助资金444.53万元，37名五保户和6名孤儿实现集中供养；举办技能培训班16期，转移劳动力110人，创收6500万元。城乡居民医疗保险参保25828人，完成率98%。有23060人参加全民体检，体检率99%，新农合参加人数26555人，参合率98%。

【社会事业】 2019年，阿尕尔森镇有学校18所（中学1个，小学5所、教学点2个、幼儿园11所），在校学生5050人，有教职工456人。有卫生院1所，村（队）卫生室7个，个体诊所2个。全镇卫生机构编制床位20张，专业卫生技术人员22人，村医5人，村医疗点普及率71%。新农合就诊28995人次，补偿资金72.78万元，住院597人，门诊自费10991人，补偿金额55.06万元。落实计生政策奖励金2285户224.464万元，人口出生率6.46‰。发挥基层文化阵地作用，开展文化活动187场次。

【村镇建设】 2019年，阿尕尔森镇新建农村安居房61户、牧民定居60户。精准实施19个重点项目，总投资4896.87万元。其中，8个扶贫项目投资912万元，1个国土项目投资1920万元，2个交通项目投资865万元，1个美丽乡村项目投资200万元，1个旅游发展项目投资630万元，2个移民项目投资256万元，4个人居环境改善项目投资113.87万元。项目的实施，改善了村镇人居环境。

【综合治理】 2019年，阿尕尔森镇为群众办实事好事1000多件，解决群众困难诉求293条，调解各类纠纷51起、化解矛盾50起。完成15岁以下人口核查1926户3153人，专项治理核查140户152人，清理临时身份证756个。严格落实扫黑除恶专项斗争工作措施，摸排核查各类线索12条，调解处理高利贷事件22起。对流动人员归类管理，定期联系。开展防骗访、诈访宣传教育。巩固平安建设创建成果，评选平安巷道18个、平安家庭6676户。表彰民族团结先进典型36人。

【特色产业】 2019年，阿尕尔森镇新栽经济林97.87公顷，以苹果树为主，年产苹果2700吨，销售收入1215万元，树上干杏产量256吨，销售收入336万元。同年，阿尕尔森镇境内有巩留县银星塑业有限责任公司、伊犁晶维克能源有限责任公司、伊河鲟业科技股份有限公司3家企业,年销售额3.87亿元。

【环境整治】 2019年,阿尕尔森镇围绕厕所革命和环境卫生综合治理,推进农村环境卫生综合整治。完成农村改厕1795座,开展环卫治理12次,清理生活垃圾1500多吨,开展河道周边环境卫生治理8次,清运垃圾360吨,镇村环境明显改善。

(安国成)

羊场片区党工委

【阿尕尔森镇羊场片区党工委负责人】

党工委书记:杨林

【概况】 2019年,羊场片区党工委下辖阿依纳巴斯陶社区、克孜勒齐勒克社区、核桃园社区3个社区,总人口1782户6115人,由汉族、哈萨克族、维吾尔族等8个民族组成,其中少数民族1275户4585人,占总人口的74.98%。有在职干部7人,自聘和三支一扶干部62人(包括34名社区干部)。

【经济与社会发展】 2019年,羊场片区党工委总面积14600公顷,耕地面积2133公顷,草场面积9953.33公顷,林地面积666.67公顷。农林牧渔业总产值11266.86万元,其中农业产值8942.85万元,林业产值308万元,牧业产值2016.01万元。冬小麦种植1366.7公顷,经济作物种植286.67公顷。引进新疆褐牛20头、种公畜7头,完成黄牛冷配1450头,劣质公牛去势302头。年末牲畜存栏26280头(只),出栏牲畜2266头(只)。全年肉类总产147吨,产羊毛30吨,牛奶产量142吨,禽蛋产量700吨。完成草原禁牧660公顷,草畜平衡12466.67公顷。完成树上干杏、核桃、苹果栽植补植80公顷,有机核桃认证面积133.33公顷。农村经济总收入1.82亿元,人均纯收入15987元。

【基层组织建设】 2019年,羊场片区党工委有5个党支部,有党员195人,发展党员23人,新增入党申请48人。举办入党积极分子培训班1期、发展对象培训班1期,培训65人次,吸收预备党员22人,举行党日活动48次。完成2个党支部换届选举,调整干部3人,2名优秀大学生村官进入两委班子,储备后备干部6人。加强党风廉政建设,执纪审查立案2件,处理党员干部8人。申报创建九星级社区1个、8星级1个。

【民生工作】 2019年,羊场片区党工委完成安居富民、危旧房改造100户。举办职业技能、实用技术培训班6期,培训农牧民500人,完成劳动力转移1200人次,劳务创收2100万元。建档立卡贫困户22户81人,低保户289户308人,残疾户94户98人,发放安居富民补贴40.5万元,发放低保金85.59万元,救助金2.89万元,残疾人补贴10.8万元。医生签约服务,全民免费健康100%,合作医疗缴费5330人,参合率100%。参加养老保险1328人。发放计划生育奖励资金43万元,为建档立卡贫困户发放扶贫牛20头,22户建档立卡贫困户稳定脱贫。

【社会事业】 2019年,羊场片区党工委有小学2所,在校生523人,有教职工44人。有幼儿园2所,在园幼儿252人,有教职工23人。学前教育和小学适龄学生入学率100%。有卫生室3个,有医护人员5人。

【村镇建设】 2019年,羊场片区党工委完善基础设施建设,道路铺油9千米、铺设人行道4千米、安装路灯114盏、栽植花木1.9万株,新修防渗渠19千米、铺设自来水管网1千米。

【综合治理】 2019年,羊场片区党工委开展民族团结一家亲联谊活动20场次,参与2000人次。排查纠纷50多起,调解100起。开展禁毒宣传30场次,扫黑除恶专项宣传60场,发放宣传单6000多张。做好群众工作,在人员密集场所张贴扫黑除恶专项治理海报60多张、发放宣传单800多张,制作宣传牌12个、拉横幅50多条，研判上报扫黑除恶线索5条。加强流动人口管理。评选平安巷道16个、优秀平安家庭22户、优秀平安社区3个，评选民族团结进步模范家庭26户，模范巷道16个，表彰民族团结先进典型10人。

【特色产业】 2019年，羊场片区党工委结合各社区实际情况，大力发展“一村一品”特色产业，核桃丰产园达80公顷，收入800万元。种植以辣椒为主的露地蔬菜100公顷，收入600万元。

【环境整治】 2019年，羊场片区党工委落实河长制，巡河34次，实施50万元农村人居环境整治项目，购置环卫车辆6辆、垃圾箱77个，完成农村改厕586户。创建自治区级卫生示范单位1个、卫生社区2个，核桃园社区成功创建自治区级“千村整治、百村示范”示范社区。（郭福华）

核桃园社区

【羊场片区党工委核桃园社区负责人】

党支部书记：陈国军

主任：李迎春（女）

【概况】 2019年，核桃园社区总面积628.6公顷，耕地面积472公顷，林地面积156.7公顷。总人口971户2967人，由汉族、哈萨克族、维吾尔族、回族等4个主要民族组成，其中少数民族571户1784人，占61.5%。社区有小学、幼儿园、医务室各一所。主导产业以优质核桃种植、牲畜育肥、生猪养殖、露地蔬菜为主，有4个农民合作社。社区建有千亩核桃种植示范基地、千亩辣椒种植基地，人均纯收入14328元。

【党建工作】 2019年，核桃园社区有党员73人，预备党员11人，入党积极分子22人。有社区干部14人，“访惠聚”工作队员8人，羊场片区下沉干部2人，民警1人，协警3人。严格落实三会一课等制度，扎实开展“不忘初心、牢记使命”主题教育，全年组织干部学习104次，书记上党课12期，干部考学25次。开展党员活动52场，35名无职党员设岗定责全覆盖，带动影响79人向党组织靠拢。

【民生工作】 2019年，核桃园社区有建档立卡贫困户11户43人，低保户204人。社区开展各类生产帮扶6次，投入资金10多万元，为建档立卡贫困户募集关爱基金2.3万元，发放扶贫牛11头、鸡苗550只、饲料33袋，实现贫困户富余劳动力转移就业6人。举办职业技能培训1期，培训50人，完成劳动转移460人次，自主转移就业870人次。完成城乡居民医疗保险缴费2319人、养老保险缴费494人；安居富民建房8户、危房改造26户。全民健康体检完成100%。

【综合治理】 2019年，核桃园社区召开联户长家庭会议84场次。加强流动人口管理，对46名流入人员建立联系卡和管理台账。组织各族群众参加升国旗、夜校、国家通用语言文字学习，开展民族团结一家亲联谊活动60次，开展禁毒宣传15场次，扫黑除恶专项宣传12场，优秀平安家庭108户、优秀平安社区1个，评选民族团结进步模范家庭80户，模范巷道8个，表彰民族团结先进典型18人。

【环境整治】 2019年，核桃园社区投入10%的集体资金用于农村人居环境整治。完成太阳能照明设施安装114盏、人行道铺设4千米、柏油路铺设3.2千米，配备垃圾箱100个。清理生活垃圾600多吨、畜禽养殖粪便还田200多吨。落实河长制，开展巡河35次，清理河道15千米、清淤9千米。拆除残垣断壁360米、危房11座、拆除违建大棚房75座。完成树木刷白26千米，巷道栽植树木3.2万棵，庭院栽植果树1.1万棵。（李婷婷）

阿依纳巴斯陶社区

【羊场片区阿依纳巴斯陶社区负责人】

党支部书记：阿依努尔·塔依尔（维吾尔族）

主任:买尔哈巴·吐尔逊(维吾尔族)

【概况】 阿依纳巴斯陶社区,原为巩留县阔斯阿尕什羊场牧业队,2019年4月更名为羊场片区阿依纳巴斯陶社区。有耕地面积2160公顷,草场面积7533.33公顷,林地面积141.13公顷。有户籍人口453户1645人,常住户333户1308人,主要由汉族、哈萨克族、维吾尔族、回族等4个民族组成,其中少数民族432户1588人,占总人口的95.4%,下辖4个村民小组。有各类商业网点9个,合作社1个。人均年收入达到1.49万元。

【党建工作】 2019年,阿依纳巴斯陶社区有党员34人,预备党员4人,入党积极分子36人,提交入党申请书46人,是八星级支部。驻社区人员22人,其中社区干部9人,大学生村官2人,民警1人,协警3人。书记讲党课4次,开展党日活动12次,党员学习24次。帮助协调解决社区16户居民打工工资问题,协调解决居民家庭矛盾纠纷3起,解决邻里纠纷6起。培育养殖大户20户,种植大户6户,林果种植带头人2人,农村经纪人1人,发挥模范带头作用。

【民生工作】 2019年,阿依纳巴斯陶社区建档立卡贫困户11户35人,低保户60户76人,残疾户40户41人,发放安居富民补贴22.2万元,发放低保金12.49万元,救助金7600元,残疾人补贴4.63万元。利用畜牧养殖扶贫项目资金,为9户贫困户每户发放1头价值1万元的生产母牛,给12户建档立卡贫困户发放25只奶山羊(每只奶山羊价值1200元);投资2.85万元为7户贫困户各建30平方米棚圈1座、为4家建档立卡贫困户翻修棚圈4个,为3家贫困户各补助1万元修建围墙,完成20户居民安居富民房建设,为17户贫困户发放援疆帮扶慰问金2.8万元,争取项目资金8万元,为8户贫困户家庭打深水机井,保障饮水安全。60户79人享受社会保障兜底。完成全民医疗健康体检,新型农村养老保险及合作医疗保险全部收缴。完成52名退休人员资格认证。开展技能培训,组织劳动力转移201人次,其中建档立卡贫困户7人。为3户贫困户拉运3吨冬季取暖燃煤,为5人联系到企业务工,为建档立卡贫困户解决1万块建房用砖。

【综合治理】 2019年,阿依纳巴斯陶社区加强民族团结教育,开展结对认亲活动,召开一家亲座谈活动11次。组织周一升国旗120多人次。加强流动人口管理,对108名流入人员建立联系卡和管理台账。开展禁毒宣传20场次,扫黑除恶专项宣传25场,优秀平安家庭49户、优秀平安社区1个,评选民族团结进步模范家庭16户,模范巷道7个,表彰民族团结先进典型5人。

【环境整治】 2019年,阿依纳巴斯陶社区每周一组织居民开展环境卫生整治工作。清理垃圾15吨,巡河8次。新种植核桃树、杏树、苹果树等3100多棵。在社区主干道栽植玫瑰花1000多株。争取50万元项目资金铺设完成1.7千米道路硬化,方便居民出行。 (阿依努尔·塔依尔)

克孜勒齐勒克社区

【羊场片区克孜勒齐勒克社区负责人】
党支部书记:秦江
主任:杨彦海(5月离任) 姚延宁(9月任职)

【概况】 2019年,克孜勒齐勒克社区有耕地面积366.67公顷,林地面积20公顷。下辖4个村民小组,有人口402户1498人,由汉族、哈萨克族、回族、东乡族等4个民族组成,其中少数民族298户1208人,占全村人口的81%。有各类商业网点22个,合作社2个,集贸市场1个,人均收入15080元。

【党建工作】 2019年,克孜勒齐勒克社区有党员33人,预备党员4人,积极分子34人,提交入党申请书25人,是八星级支部。县聘大学生村官2人,有村警1人，辅警2人，片区下沉干部1人，有县“访惠聚”驻村工作队6人。党支部坚持三会一课制度，加强党员教育，定期组织党员干部学习党章党规，组织党员干部学习52次，书记上党课6期，开展主题党日活动12场。持续开展周一升国旗活动，坚持党建带团建，组织青年团员助力夏收、秋收等各类帮扶志愿服务32场次。开展各类群体文艺活动8场次，组织干部群众学习党的富民政策和法律法规78场次。

【民生工作】 2019年，克孜勒齐勒克社区无建档立卡贫困户，有低保户20户21人，残疾户26户26人，完成安居富民建房3户，发放安居富民补贴7.05万元，发放低保金93264元，救助金3.5万元，残疾人补贴2112元。举办职业技能培训1期40人，自主转移就业11人次。完成城乡居民医疗保险缴费1130人、养老保险缴费245人；全民体检完成93%。开展节日慰问走访困难党员群众35人，发放慰问金1万多元，为13名贫困儿童发放价值1900元的慰问品，为群众办理实事26件。组织农机大户捐款7000元，开展爱心1元捐活动，捐款450元；关爱孤寡老人，为他们每人送去价值500元的物品。

【综合治理】 2019年，克孜勒齐勒克社区开展民族团结一家亲活动16场，开展民族团结一家亲慰问及联谊活动11次，全年没有发生影响社会稳定的人和事。加强流动人口管理，对84名流入人员建立联系卡和管理台账。开展禁毒宣传12场次，扫黑除恶专项宣传22场，优秀平安家庭96户、优秀平安社区1个，评选民族团结进步模范家庭6户，模范巷道5个，表彰民族团结先进典型11人。

【环境整治】 2019年，克孜勒齐勒克社区推进人居环境治理，修建人行道2.3千米，安装路灯25盏，铺通柏油路3.5千米，完成社区花化、绿化1.5千米，完成农村改厕98户，组织群众沿街沿路树木刷白，开展辖区内河道清理整治9次，清理垃圾9.6吨。

（张琼月）

东买里镇

【东买里镇负责人】

镇党委书记：游尤

党委副书记、镇长：海色尔·塔西买买提（维吾尔族，5月离任）海依拉提·阿合买提亚尔（维吾尔族，5月任职）

党委委员、人大主席：努尔尼沙·阿木提（维吾尔族）

【概况】 2019年，东买里镇总面积318平方千米，其中耕地面积5733.33公顷，草场面积13066.67公顷。内设党政办、党建办、社会事务办、综治办等6个办公室，下设财政所、文化站、农经站等14个站所科室。总人口8033户30845人，由汉族、哈萨克族、维吾尔族、回族等13个民族组成，其中少数民族6265户24014人，占总人口的78%。下辖11个行政村，其中农业村10个、牧业村1个。核定编制151个，实有154人。

【经济与社会发展】 2019年，东买里镇完成农林牧渔业总产值7.17亿元，其中农业产值25454万元，林业产值1200万元，牧业产值22973万元，第二产业11483万元、第三产业10595万元。粮食作物种植面积5217.64公顷，粮食总产6.869万吨；油料种植11.47公顷，总产77.4吨。全镇有2个养殖小区，29个养殖合作社。牲畜存栏6.1万头（只），出栏牲畜5.17万头（只）。全年肉类总产4550吨，羊毛产量150吨，牛奶产量15540吨，禽蛋产量970吨。年内完成造林面积57.13公顷。完成三北造林27.07公顷，退耕还林32.2公顷。社会固定资产投资692.1万元，全年财政收入2044.63万元，财政支出2044.63万元。农牧民人均收入1.55万元。

【基层组织建设】 2019年，东买里镇有15个党支部，42个党小组。有党员955人，有预备党员140人，有入党积极分子225人，提交入党申请书464

人,举办入党积极分子培训班1期,参加培训79人。举办发展对象培训班1期,参加培训79人。坚持三会一课制度,书记讲党课14次,开展党日活动156次,党员学习260多次,支委会318次,党员大会52次。解决群众关心关注问题110多条;创建八星级党组织1个,七星级党组织8个。调整村两委班子正职4名、班子成员6人,7名年轻优秀干部进入村两委。

【民生工作】 2019年,东买里镇有建档立卡贫困户551户2073人,低保户2114户2652人,残疾户851户851人;调整农村低保83人,城镇低保16人,清退低保60人。发放城乡低保、临时救助、受灾补助等救助资金828.2万元。举办技能培训班4期,170多人参加,共实现劳动力转移10337人次,劳务创收5000多万元。落实198户建档立卡贫困户养殖棚圈建设项目,新建安居富民房8户,完成贫困户转移就业524人,551户2073人脱贫;居民养老保险参保8532人,参合率100%;城乡居民医疗保险参保28564人,完成率100%;参加全民健康体检25631人,落实县财政补贴贫困户医疗保险费20.4万元,张家港援疆公益关爱基金40.75万元。教育扶贫政策落实598人次、补贴学费43万元。落实生态补偿补贴政策43户182人。解决喀尔森布拉克村133.33公顷土地灌溉问题,解决琼艾依拉村8网格村民庭院浇水难问题。

【社会事业】 2019年,东买里镇有学校8所,其中初中1所,在校生1594人,小学5所,在校生2264人,寄宿制学校2所,在校生2085人。有教师303人。教育基建投入166.33万元。有卫生院1所,卫生专业技术人员40人,其中在编27人,聘用13人,有村队卫生室10所,有村医11人。落实计生政策奖励金1361户200.364万元,人口出生率6.03‰。发挥基层文化阵地作用,开展文化活动96场次,开展其他各项活动86场次。

【村镇建设】 2019年,东买里镇落实扶贫项目资金1280万元,主要涉及基础设施建设、产业发展、环境整治、住房安全等方面。实施乡村绿化美化项目,完成乡村绿化造林85.13公顷。

【综合治理】 2019年,东买里镇收集各类舆情信息106条。开展禁毒宣传12场次,扫黑除恶专项宣传30多场,发放宣传单600多张。开展各类民族团结活动90多场次,参与11250人次。举办农牧民夜校460场次,开展国家通用语言文字培训班230多场次。为群众办实事好事234件,解决群众困难诉求392条,调解各类矛盾纠纷66起。巩固平安建设创建成果,评选平安巷道253个、平安家庭6698户,平安商铺198家,评选民族团结进步模范家庭127户,表彰先进个人20人,打造民族团结示范基地12个。

【特色产业】 2019年,东买里镇完成特色种植533.33公顷,建成东买里村13.33公顷林果、草莓间作示范园。实施合作、入股、托管等多种经营方式,克孜勒布拉克村、奥依塔木村、大营盘村、乌图布拉克村等土地流转集约经营不断扩大,土地流转面积603.33公顷。大营盘村、东买里村依托城郊优势,发展民宿、美食为一体的农家乐,特色观光采摘体验旅游点建设,为旅游、民宿发展注入动力。

【环境整治】 2019年,东买里镇出动铲车、垃圾车780多车次,清理残垣断壁7500米,拆除危旧房屋120多间,清理垃圾2700多吨。投入7.65万元,实施村庄清洁行动,农村新建卫生厕所533座,改建923座。启动《东买里镇人居环境三年整治规划》,各村75%以上的道路两旁实现绿化、花化、美化。

(刘婷如)

塔斯托别乡

【塔斯托别乡负责人】

党委书记:丁光远

乡长:阿布利克木·艾合麦提(维吾尔族)
人大主席:努尔哈力克·哈哈尔(维吾尔族)

【概况】 2019年,塔斯托别乡总面积4.13万公顷,其中耕地0.73万公顷,草场2.47万公顷,林地0.64万公顷。下辖10个行政村,其中农业村8个,牧业村2个,有43个村民小组。内设党政办、党建办、综治中心(含武装部、统战办、司法所、信访办、综治办)、扶贫办、民政办(含残联、退役军人事务办公室)、妇联、团委、工会、纪委,下设财政所、国土资源所、草原站、畜牧兽医站、农业技术推广站、农机管理站、统计站、农经站、劳保所、林业站、文化站、安监站、司法所、计生站。核定编制136个,实有132人。全乡总人口7176户24122人,由汉族、哈萨克族、维吾尔族等18个民族组成,其中少数民族5889户19970人,占总人口82.79%。

根据国有农牧场改制方案,综合农场改制为综农片区党工委划归塔斯托别乡管辖。

【经济与社会发展】 2019年,塔斯托别乡完成农林牧渔业总产值5.87亿元。小麦播种面积965公顷、玉米6432公顷、油葵447公顷,经济作物种植面积1036公顷,中草药295公顷;粮食产量7884万千克,油料181万千克,经济作物1940万千克,蔬菜瓜果370万千克,中草药48万千克。造林33.53公顷、退耕还林32公顷、生态林补植补造135.87公顷、六沿绿化22.18公顷,种植树木6.07万棵。年末牲畜存栏6.27万头(只),出栏4.2万头(只)。完成黄牛改良5015头。肉类总产5295吨,羊毛总产96吨,牛奶产量15560吨,禽蛋产量1155吨,人均纯收入1.51万元。

【基层组织建设】 2019年,塔斯托别乡有13个党支部,有党员763名,预备党员85人,积极分子36人、发展对象85人、提交入党申请书67人,包联领导讲党课36场次、党员集中学习487场次、开展主题党日活动132场次、党员专题学习讨论40场次。开展"党旗映天山·欢庆新中国70华诞"等各类党员活动136场次,开展远程教育培训681场次,受教育干部群众6.4万人次。七一表彰先进基层党组织4个,优秀党务工作者8名,优秀共产党员34人。2019年塔斯托别乡创建九星级党支部1个(阔那塔木村),八星级党支部2个(塔斯托别村、巴哈拜村),七星级3个,六星级及以下4个。举办入党积极分子培训班1期、发展对象培训班1期,培训120人次,开展主题教育活动136次。储备村级后备力量34人,先后调整村两委正职4人、班子成员8人,调整、清退村干部65人次,调整机关站所干部44人次;集中整治软弱涣散党组织2个。

【民生建设】 2019年,塔斯托别乡有贫困户752户2771人,农村低保936户、975人;兜底低保(建档立卡贫困低保户)303户、318人;城镇居民低保户96户、152人;特困供养人员(五保户)21人,其中,分散供养10人(在本村居住)、在敬老院集中供养11人;全乡有孤儿3人;重度残疾人229人、困难残疾人253人。发放低保金505.8万元,发放临时救助款22.7万元,发放残疾人两项补贴27.1万元,为困难家庭发放燃煤780吨。新建安居富民房97套,实现752户2771人脱贫。参加技能培训2302人,转移农村富余劳动力5620人次,收入4400多万元,占全乡生产总值的8.4%,同比增长5%。749名干部结亲1549户,捐款14.34万元,捐物554件,办实事好事1259件。新农合参合22223人,参合率99.5%,新型农村养老保险完成8624人,参保率97%。全民体检21266人。

【社会事业】 2019年,塔斯托别乡有中学1所、小学5所,在校学生3777人,有教师306人。有幼儿园11所,在园儿童1273人,有幼儿教师144人。有卫生院1个,医护人员44人。有村卫生室13个,有村医13人,全年举办各类联谊活动、趣味运动会182场次。

【村镇建设】 2019年,塔斯托别乡实施项目23个,投入资金1877.46万元,其中扶贫项目11个,投入

1139.6万元。新修防渗渠26千米,新修砂石路9.1千米,柏油路6.64千米,新建、维修改建自来水管道12.5千米,新打机井12个。

【综合治理】 2019年,塔斯托别乡选派7名干部开展驻村管寺工作。查处农村赌博案件1起,处理4人。查获吸食毒品案件3起,强制戒毒2人。开展民族团结一家亲联谊活动284场次,参与1.5万人次。排查矛盾纠纷326起,全部协调解决。开展禁毒宣传50场次,扫黑除恶专项宣传400场,发放宣传单5000多张。评选平安家庭6650户、平安巷道216个、优秀平安家庭5608户、优秀平安社区10个,评选民族团结进步模范家庭2556户,模范巷道61个,平安商铺122家,表彰民族团结先进集体14个,先进个人25人,打造民族团结示范基地4个。

【特色产业】 2019年,塔斯托别乡巴哈拜村成立合作社1个,全村466.67公顷土地实现入股流转,破除田埂和机耕道,新增集体土地33.33公顷,种植特色经济作物富芍,集体收入40万元。英买里村流转土地213.33公顷,种植黄芪、金银花等中药材。旅游三产生态农业观光园投入运营,伊力格代村开办哈萨克族民俗农牧家乐20家。

【环境整治】 2019年,塔斯托别乡刷白沿路树木95.2千米,拆除土墙24千米、土房551间,清运垃圾3500多吨,完成改厕1365户。投入102万元,打造自治区级“千村整治示范村”3个。落实河长制,开展巡河120多次,发现问题3处。 (王华)

综农片区党工委

【塔斯托别乡综农片区党工委负责人】

党工委书记:罗晓伟

【概况】 2019年,综农片区党工委内设党政办、党建办、纪委办、民政办、流管办、社保站、财务室、统计办、农业办等9个科室。实有干部24人。辖两个社区,有耕地面积557.53公顷,草场面积2452.8公顷。总人口1008户3385人,由汉族、哈萨克族、维吾尔族、回族等6个民族组成,其中少数民族517户1937人,占人口总数的57.22%。

【经济与社会发展】 2019年,综农片区党工委实现经济总产值6587万元,其中农业产值5675万元,牧业产值443万元,第三产业总产值469万元。通过盘活固定资产、招商引资,成立库尔德宁酒业、旺德福木业、雪莉砖厂3家民营企业,实现工业生产值1518万元。种植玉米447.47公顷、发展林果66.67公顷、种植苜蓿15.8公顷,其他小杂粮、中药材等17.6公顷。全年粮食总产89吨,油料作物总产9吨。牲畜存栏1.1万头(只),出栏0.71万头(只)。肉总产1吨,奶产量0.8吨,禽蛋产量0.02吨。综农片区是巩留县粮食高产区、特色种植示范区。农牧民人均纯收入27050元。

【基层组织建设】 2019年,综农片区党工委有6个党支部,10个党小组,有党员141人,预备党员11人,发展对象14人,提交入党申请32人。举办入党积极分子培训班2期、发展对象培训班1期,培训14人次,培养入党积极分子14人。坚持三会一课制度,全年党员集中学习75次,干部学习53次。开展主题党日活动12次。新选拔任用队干部4人,储备后备干部10人。争创八星级党支部1个,七星级党支部1个。

【民生工作】 2019年,综农片区党工委有低保户91户105人,建档立卡贫困户2户6人,残疾户92户95人。发放低保金8.98万元,救助金12.96万元,残疾人两项补贴7.56万元。完成安居富民、危旧房改造12户,新建安居富民房6户,有贫困户6户脱贫。医疗参保2636人,参保率95%,缴纳养老保险3053人,完成全民体检2300人。举办技能培训班2期,93人参加技能培训,转移劳动力638人,创收159.5万元。

【社会事业】 2019年,综农片区党工委有幼儿园1所,在园幼儿197人,有教职工22人。学前教育和适龄儿童入学率100%。有卫生室1所,有医护人员1人。发放计划生育奖励资金18.09万元,人口信息采集率100%。人口出生率10.58‰。开展各类文化娱乐活动25场次。

【村镇建设】 2019年,综农片区党工委安装太阳能路灯60盏,巷道路面硬化0.7千米,配套设施建设项目投资75万元,修建防渗渠3448米,新修农田渠道935米。

【综合治理】 2019年,综农片区党工委开展民族团结一家亲联谊活动46场次,参与8000人次。排查纠纷16起,调解15起。开展禁毒宣传18场次,扫黑除恶专项宣传18场,发放宣传单1200张,悬挂宣传横幅30幅。开展扫黄打非专项整治工作,清理登记各类图书1708册。评选平安巷道20个、优秀平安家庭837户、优秀平安社区2个,平安队村1个,评选民族团结进步模范家庭17户,模范巷道20个,表彰民族团结先进典型7人。

【环境整治】 2019年,综农片区党工委栽种景观树3800棵,草花5.1万株,修剪绿化带4千米,清理刷白树木17.26万株。投入43万元,新修建绿化带18.9万平方米,绿化花化28.5万平方米,完成绿化造林、林带更新0.87公顷。清理沟渠垃圾杂物674吨,片区面貌焕然一新。 (库都孜·艾迪力江)

盛荣社区

【综农片区党工委盛荣社区负责人】
党支部书记:周洪东
主任:何福基

【概况】 2019年,盛荣社区辖区面积2.93平方千米,耕地面积224.33公顷。总人口428户1128人,由汉族、哈萨克族等主要民族组成。其中,少数民族202户292人,占总人口的25.7%。社区划为4个网格,11个联户单位。社区内小学、幼儿园、医务室一应俱全,以玉米种植、牲畜育肥、生猪养殖、露地蔬菜为主。人均纯收入达13968元。

【党建工作】 2019年,盛荣社区有党员47人,预备党员4人,入党积极分子11人,提交入党申请27人。是七星级党支部。有社区干部8人,"访惠聚"工作队员6人,场派下沉干部2人,警务室辅警2人。严格落实三会一课制度,组织干部日常学习123次,书记上党课5期,干部考学21次。持续开展每周五党员活动48场,38名无职党员设岗定责全覆盖。

【民生工作】 2019年,盛荣社区有低保户26人,无建档立卡贫困户。举办职业技能培训5期,培训114人,自主转移就业406人次。完成城乡居民医疗保险缴费759人、养老保险缴费134人;完成安居富民建房1户。全民体检完成100%。

【综合治理】 2019年,盛荣社区召开联户长家庭会议48场次。加强对610名流出人口、52名流入人员管理,建立每月联系卡和管理台账,创建平安巷道37个,平安建设家庭223户,优秀平安家庭44户。开展禁毒、扫黑除恶等宣传活动30场次,悬挂横幅12条,受教育群众3412人次。

【环境整治】 2019年,盛荣社区落实周一、周五环境卫生整治日活动,清理生活垃圾50多吨,畜禽养殖粪便还田60多吨。落实河长制,开展巡河35次,清理河道1千米、清淤9千米。拆除残垣断壁130米、危房1座。完成树木刷白2千米,巷道栽植树木1200棵,完成庭院栽植林果1000棵。

(何福基)

园艺社区

【综农片区党工委园艺社区负责人】
党支部书记:胡金泉

主任:肖克来提·夏依努尔(维吾尔族)

【概况】 2019年,园艺社区辖区面积3.9平方千米,有耕地193.33公顷,有户籍人口370户1408人,由汉族、哈萨克族、维吾尔族等6个民族组成,其中少数民族283户1128人,占人口总数的80.1%。有小商店6个,人均年纯收入15031元。

【党建工作】 2019年,园艺社区党支部有党员37人,预备党员2人,入党积极分子6人,是八星级支部。有社区干部7人,大学生村官2人,“访惠聚”工作队员6人,综农片区下沉干部1人,民警1人,协警3人。党支部落实三会一课制度,扎实开展“不忘初心 牢记使命”主题教育,组织干部学习104次,书记上党课12期,干部考学10次。开展主题党日活动12场,24名无职党员设岗定责全覆盖,带动影响34人向党组织靠拢。严格落实各类考核制度,量化考核、公示结果、季度兑现。

【民生工作】 2019年,园艺社区有建档立卡贫困户2户7人,低保户75人。社区开展各类生产、生活帮扶10场次,发放低保金21.15万元,临时救助1.17万元,为1户3人建档立卡贫困户申请就业创业金2500元。举办职业技能培训1期,培训40人,转移劳动力422人,自主转移就业870人次。贫困户劳动力转移就业2人。城乡居民医疗保险缴费1057人、养老保险缴费190人;完成安居富民建房11户、危房改造11户。全民体检完成100%。

【综合治理】 2019年,园艺社区召开联户长家庭会议12场次。加强287名流出人口、56名流入人员管理,建立每月联系卡和管理台账。创建平安巷道8个,平安家庭352户,优秀平安家庭72户。开展禁毒、扫黑除恶等宣传活动32场次,发放宣传单385份,悬挂横幅7条,受教育群众1350人次。组织各族群众参加升国旗、夜校学习、国家通用语言文字学习、民族团结一家亲联谊活动。

【环境治理】 2019年,园艺社区筹措资金8万元,强化社区基层阵地建设,对社区办公用房进行维修改造。开展周一、周五环境卫生整治活动,建立环境卫生整治长效机制,清理垃圾530吨,清除残垣断壁10处4.5千米;对社区主干道、庭院进行美化、花化、绿化,完成树木刷白2千米。铺路3.6千米;落实河长制,全年巡河5次。 (胡金泉)

提克阿热克镇

【提克阿热克镇负责人】

镇党委书记:郭彦龙

党委副书记、镇长:吐尔汗·阿德里别克(哈萨克族)

党委委员、人大主席:努赛太·局尼斯(哈萨克族)

【概况】 2019年,提克阿热克镇总面积42666.67公顷,其中草场面积3.6万公顷,耕地面积2400公顷。内设党政办、党建办、扶贫办、武装部、综治维稳中心、信访办、统战办、民政办、工会、团委、妇联、残联。下辖财政所、国土资源所、草原站、兽医站、农业技术推广站、农机管理站、统计站、农经站、林业站、社保站、文化站、安监站、司法所、计生站等14个站所。核定编制73个,实有71人。全镇总人口4535户16211人,由汉族、哈萨克族、维吾尔族、回族、蒙古族等13个民族组成,其中少数民族3681户13650人,占总人口的84.2%。有8个行政村,其中6个农业村,2个牧业村。有2个片区工作站(哈拉托别片区、塔勒德片区)。有商业网点87家,合作社23家,私营大中型企业1家,小企业1家。

【经济与社会发展】 2019年,提克阿热克镇完成农林牧渔业总产值33531万元,其中农业产值9518万元,林业产值46万元,牧业产值12298万元,第二产业611万元、第三产业10623万元。社会固定资产投资425.69万元。种植冬小麦1200公顷,玉米2466.67公顷,特色经济作物666.67公顷。粮食作物总产量51900吨，油料作物总产量310吨。改造低产园33.33公顷，建立2个优质苹果示范园。完成黄牛改良任务4540头，劣质公牛去势1023头，生产母牛保险4012头，引进种公牛3头、种公羊39只。年末牲畜存栏头数5.2万头（只），出栏牲畜3.8万头（只）。全年肉类总产35万吨，产羊毛1.2万吨，牛奶产量5.7万吨，禽蛋产量2.6万吨。完成草场蝗虫灾害防害治害666.67公顷、植被恢复42公顷、森林病虫害防治146.67公顷，完成造林46公顷。清理机动地141.6公顷，规范合同265份，村集体增收82万元，农牧民人均纯收入1.55万元。

【基层组织建设】 2019年，提克阿热克镇有党员509人，召开支委会100多场次，党员大会40多场次，组织生活会10场次，上党课10多场次。举办发展对象、积极分子培训班3期，对全镇341名入党申请人、198名入党积极分子、18名发展对象、36名预备党员、33名转正党员进行全面资格审查，取消2名预备党员资格、9名入党积极分子资格。对履职不到位的18名干部予以清退，对51名干部进行职务调整。储备后备干部44人，新选拔聘用干部33人，选派5名优秀机关干部任村党支部书记，下派16名干部到村队工作，开展基层干部业务培训510人次。加强党纪党风建设，党纪政务处理27人。问责约谈第一书记2人、工作队员5人、调整党支部书记5人，通报处理镇村干部35人。

【民生工作】 2019年，提克阿热克镇有建档立卡贫困户420户1488人，残疾户397户428人。举办缝纫、驾驶、烹饪、月嫂等技能培训13期，参训592人次，320人获取各类技能证书。转移劳动力1300多人次，调整低保273人，清退不符合低保条件44人，发放低保资金445万元，发放特殊群体特困补助20.27万元，残疾人生活补贴25.72万元。为18个五保户每月发放343元生活补助，为23个优抚对象每月发放340元。争取社会帮扶资金、物品41万元，发放扶贫牛112头，扶贫羊33只，为51名贫困学生发放补助16万元。参加医疗保险13605人，参加养老保险4590人，其中贫困人口两险参保率100%，全民体检100%，为1045名贫困人口缴纳合作医疗18.81万元。完成易地扶贫搬迁19户，实现43户169人脱贫。

【社会事业】 2019年，提克阿热克镇有1所中心小学和1所分校、2个教学点、8所幼儿园，小学在校生1503名，学龄前幼儿770名，有教师127人。有卫生院1所，医护人员23人，医务室10个，村医10个，计生宣传员16个。

【村镇建设】 2019年，提克阿热克镇投入各项建设资金1235万元，更换路沿石3.5千米、更换彩钢绿化围栏2千米，铺设彩砖2500平方米，新铺柏油路2.8万平方米，安装路灯450盏。申报创建自治区级卫生示范村队1个，伊犁州级美丽乡村1个，伊犁州级卫生示范村2个，县级卫生示范村5个。

【综合治理】 2019年，提克阿热克镇重视信访工作，共摸排28条信访问题，化解14条，加大扫黑除恶力度，打掉2个团伙，涉案人员12人；加强流动人口管理，流出3655人、流入649人，核查各类流动人口线索86条。召开警示教育大会5场，评选平安巷道24个、优秀平安家庭342户、优秀平安村队5个，评选民族团结进步模范家庭24户，模范巷道16个，表彰民族团结先进典型40人。

【特色产业】 2019年，提克阿热克镇土地流转面积347.96公顷，萨尔布群村特色种植红花66.67公顷，莫因古则村树莓种植6.67公顷，投入30.2万元实施了萨尔布群村夏尔湖旱田馕食品加工厂，投入27万元新建塔勒德村惠民超市。

【环境治理】 2019年，提克阿热克镇完成10个工业污染源、13个生活污染源、2个集中污染源摸排及建档工作。镇村两级组建市场管理办和环卫队，清理残垣断壁28千米，处理1.2万吨生活和建筑垃圾，组织1.1万人次参与环境整治工作。落实

河长制,加强水生态保护,成立9支巡河队,清理河道两侧垃圾50多吨,拆除厕所4座,镇村环境明显改善。（马国龙）

阿克吐别克镇

【阿克吐别克镇负责人】

党委书记:张忠民

党委副书记、镇长:努尔塞巴提·吾曼哈里(哈萨克族)

人大主席:宽尼西拜克·可扎依拜克(哈萨克族)

【概况】 2019年,阿克吐别克镇总面积613.31平方千米,其中耕地面积0.258万公顷,草场面积3.35万公顷。下设财政所、农业(畜牧业)发展服务中心、食品药品监督管理站、国土规划建设发展服务中心、文体广电服务中心、社会保障服务中心。核定编制102个,在编干部96人。下辖村队(社区)7个,其中农业村4个、牧业村2个,社区1个。年末总人口3149户10127人,由汉族、哈萨克族、维吾尔族等13个民族组成,其中少数民族9030人,占总人口的89.17%。

【经济与社会发展】 2019年,阿克吐别克镇完成农林牧渔业总产值1.3731亿元,其中农业产值0.55亿元,林业产值23万元,牧业产值0.82亿元,渔业产值8万元,第二产业102万元、第三产业0.18亿元。粮食作物播种面积2580公顷,特色种植面积144.8公顷,新增林果面积218公顷;繁育景观林种苗20公顷,流转土地80.07公顷。完成黄牛冷配2014头,引进优质种公羊136头,劣质公牛去势630头,良种牛参保2200头、良种牛鉴定564头,小畜人工配种3520只。年末牲畜存栏4.8万头(只),出栏1.35万头(只)。全年肉类总产0.38万吨,羊毛产量150吨,牛奶产量4800吨,禽蛋产量450吨。年内完成造林面积145公顷。社会固定资产投资9000万元,全年地方财政收入1395.21万元,财政支出1391.75万元。完成人工种草720公顷,围栏(改良)草场3680公顷,建设家庭牧场2个,维修牧道3.8千米。全年储备牲畜越冬饲草2.02万吨、秸秆1.8万吨、饲料6.3万吨、饲草1.26万吨。全社会固定资产投资0.9亿元,人均纯收入1.49万元。

【基层组织建设】 2019年,阿克吐别克镇有10个党支部,有党员430人,提交入党申请84人,积极分子70人,预备党员52人。举办入党积极分子培训班1期、发展对象培训班2期,培训120人次。召开支委会120次,党员大会40次,开展党日活动100多次。举办七一表彰大会和红歌会,表彰镇级优秀党务工作者3人、优秀共产党员17人。优化党员干部队伍,调整2名第一书记、2名党支部书记,选派2名优秀机关干部下沉担任党支部书记,面向社会公开招聘优秀大学生3人、补充调整11名村干部,下沉机关干部18人,选派6名驻村管寺干部加强村级力量。集中巩固提升软弱涣散村党组织1个。

【民生工作】 2019年,阿克吐别克镇有建档立卡贫困户580户2076人,低保户1122户1635人,残疾人326人。发放农村低保金459.02万元,发放城镇低保金82.21万元;发放特殊困难群众生活补贴14.7万元;发放残疾人两项补贴39.62万元;完成农村安居房建设17户,累计发放建房补贴64万元。完成牧民定居3户。转移富余劳动力2906人次(有组织外出务工51人次),实现劳务创收1750万元;开办技能培训班4期,170人参加培训。全民体检9879人,体检率100%;居民医疗保险完成9834人,完成率96%;居民养老保险征缴4413人,完成率100%;为30户残疾人家庭发放鸡苗1500只,总价1.13万元。全年有8户32人脱贫。

【社会事业】 2019年,阿克吐别克镇有九年一贯制学校1所,在校生1303人;教学点2个,在校生262人。幼儿园6所,在校生728人。全镇有教师208人。有卫生院1所,村队卫生室7所,有卫生专

业技术人员46人。人口出生率6.2‰,自然增长率3.61‰

【村镇建设】 2019年,阿克吐别克镇投入3000万元打造农、工、旅融合发展的县级示范区,完成道路扩宽和饮食一条街改造,争取项目资金400多万元,完成哈雷社区拉克一条街道路、学区道路硬化美化和浆砌石水渠等基础设施建设;投入100多万元,完成阔尔吉勒尕村农村环境美化工程,种植西梅、苹果树7000多株。

【综合治理】 2019年,阿克吐别克镇配备网格长33名、联户长199名,开展扫黑除恶专项行动,发放宣传单1.3万多份、张贴公告100多张、悬挂横幅标语60多条、召开专题讲座38场次,利用微信公众号转发扫黑除恶专项斗争政策300多次。调解各类矛盾纠纷211起,处理信访案件2起。举办民族团结一家亲联谊活动160多场,增进民族团结,评选镇级民族团结先进集体2个,先进个人8人,申报自治区级先进集体1个、先进个人2人,伊犁州级民族团结模范单位6个。巩固平安建设创建成果,评选平安巷道7个、平安家庭2815户、平安社区7个。

【特色产业】 2019年,阿克吐别克镇阔尔吉勒尕村种植66.67公顷华硕、秦脆等优质苹果,喀拉奥依村以支部+合作社+种植大户的形式,流转土地80公顷,集中连片种植甜叶菊20公顷、洋葱20公顷、西瓜、甜瓜320公顷、制种玉米320公顷,初步形成规模性特色种植,带动群众开办农家乐,增加就业70多人,"拉克"美食产业带动农牧民人均增收300多元。那拉乳业集团有限公司在阿克加孜村投资建设养殖示范基地,计划养殖骆驼500~1000峰,厂房选址确定在阿克加孜村六组塔勒德片区,租赁草场533.33公顷。

【环境整治】 2019年,阿克吐别克镇开展庭院环境、污水坑沟整治80多次,出动铲车、挖机等机械600多车次,拆除乱搭乱建150多处,清运垃圾8000多吨;硬化路面1.1千米,浆砌石水渠1万多米;安装路灯150座,围墙改造刷白2.4千米;巷道绿化、栽植各类景观树2.5万多棵,完成农村改厕992座(其中:新建654座、改建225座、群众自建113座),新增垃圾车4辆、垃圾箱110个、铲车1辆。严格按照河长制工作要求,常态化开展巡河327次。 (黄梦)

哈雷社区

【阿克吐别克镇哈雷社区负责人】

第一书记、党支部书记:庄永明

居委会主任:努旦阿力·热西(哈萨克族)

【概况】 2019年,哈雷社区占地面积7000平方米,其中办公面积1200平方米(包含社区一站式服务大厅108平方米,警务室162平方米)。总人口1073户3424人,由汉族、哈萨克族、维吾尔族等9个民族组成,其中少数民族759户2408人,占82%。有耕地面积222公顷,林地面积22.7公顷,村集体拥有耕地面积78.3公顷。辖区有各类商业网点153个,驻辖区单位15个。人均收入1.21万元。

【党建工作】 2019年,哈雷社区有党员45人,预备党员3人,有入党申请人员48人,积极分子17人,有2个党小组。创建为八星级党支部。有驻社区人员33人,其中:社区干部10人,大学生村官2人,"访惠聚"工作队6人,镇机关下沉干部4人,区警务室配备民警1人协警4人,劳保干事1人,居民小组长4人。成立志愿服务队1个,开展志愿服务22场次,组织开展评比表彰活动18场次。开展节前慰问辖区老党员活动3次,送去价值2400多元慰问品。为"共产党员户"13户、"示范党员户"7户挂牌,在公开栏开辟专栏,加大对模范党员的宣传。

【民生工作】 2019年,哈雷社区有建档立卡贫困户27户95人;低保户175户223人;残疾户41户44人;发放低保金额74.13万元;调整不符合享受低保政策41人。实现就业再就业352人,安置困难就业人员8人。举办职业技能培训1期,培训人数45人,完成劳动转移25人次,自主转移就业1265人次。办理城镇居民医疗2198人,办理居民基本养老保险754人,完成全民体检1514人。年内出生15人,死亡8人,办理生育服务证22名,办理农业户口光荣证1名,孕前体检22对,搞微活动13次,宣传810人次。

【综合治理】 2019年,哈雷社区创建平安家庭730个,平安巷道62个;开展扫黑除恶宣讲38场次,悬挂横幅102条,发放宣传材料900份;有流动人口467人,全部实现双向管理。开展安全生产大排查工作,共排查商铺153个,签订承诺书153份,工作人员对发现的问题当场提出整改意见,并对整改情况进行跟踪督促,责令经营者限期整改。

【环境整治】 2019年,哈雷社区开展环境卫生整治96场次,出动人员6860人次,车辆150辆次,清理垃圾780多吨,铲除杂草,集中整治三堆六乱现象,落实235户卫生厕所新建任务清理团结渠河床1600米,整治辖区不合格广告牌、横幅、标语25处。

(庄永明)

驻县单位

ZHU XIAN DAN WEI

新疆生产建设兵团第四师七十三团

【新疆生产建设兵团第四师七十三团负责人】

党委书记、政委:哈力木·拜多拉(哈萨克族)

党委副书记、团长:吴桂春

【概况】 2019年,新疆生产建设兵团第四师七十三团(简称七十三团)土地总面积23246.61公顷,其中可耕地面积3358.56公顷,草场面积11844.02公顷(山区草场11157.43公顷)。下辖基层单位8个(7个农业连队、1个社区),5大中心和团直单位4个。设有文化广播电视服务中心、经济监督信息服务中心、农业技术推广综合服务中心、建设环境保护管理服务中心、疾病预防控制中心、学校、医院、计划生育妇幼保健站8个事业单位。总户数2160户,总人口8088人,其中少数民族人口2248人,占总人口的27%。全年新生人口37人,人口出生率4.5‰;死亡50人;人口自然增长率6.18‰。职工身份地2961公顷,土地确权987人。工会组织11个,工会会员996人。团支部18个,共青团专干1人,团员165人。妇联组织13个,妇女568人。

【经济与社会发展】 2019年,七十三团生产总值10.98亿元,增长1.6%;其中,第一产业增加值2.37亿元,增长11.3%;第二产业增加值6.07亿元,增长-5.2%;第三产业增加值2.54亿元,增长13.1%。三次产业结构比23:53:24。全社会固定资产投资1.72亿元。有私营企业52家,个体工商户115户。社会消费品零售总额1.45万元,增长27.15%。工业总产值17.68亿元,工业增加值6.07亿元。规模以上企业11家,规模以下企业22家。工业产量:硅产业为主,产量2.3万吨。同年,七十三团农作物正播面积3358.56公顷,其中粮食作物面积2887.8公顷,总产量3.4万吨,单产10.5吨/公顷;油料作物面积312公顷,总产量109吨,单产5.2吨/公顷。种植业产值1.59亿元。农业机械总动力1.32万千瓦,增长0.004%。拥有大中型拖拉机116台,联合收割机27台,农用运输车10辆,分别增长-0.05%、0.2%、0;大中型拖拉机配套农机具141台(架),插秧机63台;大中型拖拉机与配套农机具比2:1。发放农机补贴22.74万元,更新农机具11台(架)。农作物全程机械化98%,综合机械化率92%。有防护林600公顷,四旁(零星)植树5万株。未成林抚育作业面积600公顷,未成林抚育实际面积200公顷,成林抚育面积370公顷,育苗2公顷。木材采伐1827.97立方米。水果总产量3791吨。林业产值3044万元。牲畜存栏7.46万头(只),出栏9.79万头(只);家禽存栏44.96万羽,出栏41万羽。肉类总产5737吨,禽蛋总产6687吨,羊毛总产371吨,牛奶总产5710吨。存栏能繁母畜0.25万头(只)。年内牛、羊、猪繁育分别为91%、95%、90%。规模养殖专业户16户,规模养殖园区7个。畜牧业产值2876.7万元。投资1578万元实施斗渠防渗改造7.65千米;水产养殖面积112.6公顷,水产品总产量960吨,渔业产值1344万元。

【党建工作】 2019年,七十三团有基层党支部17个,党员450人,其中在职党员240人,占党员总数的53.3%，离退休党员210人，占党员总数的46.7%。发展党员16人。同年，投入200万元建设1所党员活动室，总建筑面积804.2平方米。团党委纪委督查下发督查通报3期，追查问责处理干部9人次。民主评议在职党员和干部315人。开展民族团结一家亲活动，327名干部结对805户职工群众家庭，184名党员干部为44户无劳动能力贫困家庭结对帮扶入股养殖，每户分红6400元。

【社会保障】 2019年，七十三团参加基本养老保险2363人，新增基本养老参保214人，其中职工1121人(新增116人)，个体794人(新增98人)，居民养老保险299人(新增11人)，执行机关事业单位养老保险制度149人，覆盖率100%。参加基本医疗保险2679人，其中职工1271人、退休1313人、居民95人，覆盖率100%。参加失业保险1247人，工伤保险1270人，生育保险1270人，居民医疗参保3549人。

【科教文卫】 2019年，七十三团有学校1所，占地面积6.66万平方米，建筑面积1.23万平方米。开设教学班25个，其中初中教学班8个，小学教学班17个。有教职员工87人，其中专任教师57人(中学教师28人，小学教师25人，幼师4人)。在校学生964人(中学生312人，小学生652人)，住宿学生162人。在园幼儿254人。有幼儿园1所，幼儿教学班6个，学龄前儿童入园率100%，小学适龄儿童入学率100%，初中适龄人口入学率100%，高中阶段毛入学率100%。同年，61名贫困学子受助4.32万元，为职工家庭减负39.43万元，受益中小学生964人。有医院和疾病控制中心各1所，基层标准化医务室7个，有医技人员40人，病床35张。同年团门诊就医10543人次，住院接受治疗528人次，治愈率85%。有敬老院1个，床位50张，入住老人18人。参加免费健康体检的老年人813人。食品药品监督358次。全团已婚育龄妇女1206人。有综合文化活动中心1个、连队综合文化活动室7个，农家书屋7个，广播电视站1个，文化娱乐场所2家，有线数字电视用户1879户，覆盖率95%。

【城镇建设】 2019年，七十三团道路硬化8.51千米，休闲广场2.0862平方千米，客运站建筑面积649.33平方米。绿化面积420平方千米，有景观树30万棵。路灯909盏，给水管网37千米，排水管网16.8千米，供热管网74千米，垃圾埋场14万平方米、污水处理1.2万立方米。自来水普及率100%，污水处理率98%，城镇楼房总建筑面积16.9万平方米，楼房户1728家。

【招商引资】 2019年，七十三团招商引资签约项目7个，总投资额6.3亿元(安琪酵母项目总签约额10亿元，按50%计入)，在谈项目8个，总投资额55.3亿元。 (赵怀亮)

天山西部国有林管理局巩留分局

【天山西部国有林业管理局巩留分局负责人】

党委书记、副局长：王军文

党委副书记、局长：袁红(女)

【概况】 2019年，天山西部国有林管理局巩留分局(简称天西林管局巩留分局)总经营林地面积17.84万公顷，活木总蓄积1497.66万立方米，森林覆盖率53.53%。实施天然林保护林业用地面积12.72万公顷，纳入国家级公益林面积0.63万公顷。内设办公室(党政办公室)、森林资源和林政管理科、计划资金管理科、组织劳动人事科、天保工程及公益林管理科、森林保护科、纪检监察室(工会)。下设巩留恰西国家森林公园和4个木材检查站、5个森林管护所、53个森林管护站等单位。核定事业单位职工206人，实有141人，有党员40人。

【党建工作】 2019年，天西林管局巩留分局有5个党支部，提交入党申请书1人，积极分子2人，发展对象2人，预备党员转正1人。落实三会一课制度，召开支委会60次，党员大会20次，班子成员讲党课7次；执行党委会议事规则；党委书记与各支部书记签订《巩留分局2019年党建目标责任书》5份，完成制度牌上墙13块；层层签订党风廉政建设责任书50份；开展意识形态领域反分裂斗争，签订保密承诺书120份。

【天然林保护工程】 2019年，天西林管局巩留分局优化整合5个管护所，提升管护所综合功能；严格落实考核管护责任制，完善管护所配套基础设施；完成人工造林18.67公顷，完成2019年度实施方案、森林抚育方案编制。

【森林资源保护】 2019年，天西林管局巩留分局做好法治教育宣传工作，组织干部职工国家宪法日专题学习，开展法治宣传进校园活动2次，聘请专业老师开展法治讲座7次；开展森林督查、打击破坏森林资源和野生动物资源专项清山、非法占有林地、综合治理、森林管护成效检查、绿卫2019森林执法等专项行动，完成445块疑似图斑排查工作任务。

【森林防火】 2019年，天西林管局巩留分局落实森林防火责任，签订责任书71份；加大对森林防火法律法规的学习和宣传，全年发放宣传单3128份，宣传册347份，在林区主要路口设立森林防火警示牌10块；加强火源管理，规范森林管护所(站)网格化巡护制度；完成8块森林防火应急处置流程图上墙工作；加强扑火队员培训和机具保养；开展防火演练15次；全年发生一般森林火灾3起，均为雷击火，奖励报告火情和积极参加扑灭火牧民8人，发放奖励金6500元。

【林业有害生物防控】 2019年，天西林管局巩留分局组织开展苹果枝枯病、松材线虫病等专项调查、防治及检疫工作，采集制作野生植物标本106盒，开展野生动物保护和疫源疫病监测防控工作，巩留林区尚未发现危险性林业有害生物。

【安全生产】 2019年，天西林管局巩留分局投入103万元强化三防建设，做到“三不出”(大事不出、中事不出、力争小事也不出)。落实党政同责、一岗双责、齐抓共管的责任体系，召开季度专题会4次；签订责任书120份；开展安全生产应急救援演练、消防、交通安全知识培训5次。

【国有林场事业改制】 2019年，天西林管局巩留分局与伊犁州社保局和巩留县社保局对接，完成在职职工由企业身份转为事业身份社保补费工作。

【信息工作】 2019年，天西林管局巩留分局信息被中国林草防治网采用8篇、自治区林业和草原局网站采用8篇、新疆林业有害生物信息网采用2篇、天西林管局网站采用19篇。

【“访惠聚”和扶贫工作】 2019年，天西林管局巩留分局选派2名党委班子成员带领3名队员分别在阿克苏市阿依库勒镇、和田墨玉县参加“访惠聚”和深度扶贫工作，为工作队配备2辆公务用车；1名职工参加阿克苏市阿依库勒镇托万克提根村支教工作；节日期间慰问驻村工作队队员家属，送去慰问品、慰问金2.8万元。 (安桂菊)

荣 誉

RONG YU

先进个人名录

国家级先进个人

杨春(巩留县财政局党组副书记、局长)被人力资源和社会保障部与财政部评为全国财政系统先进工作者称号。

自治区级先进个人

邵军民、黄蓉家庭(援疆干部)被新疆维吾尔自治区妇联评为最美爱岗敬业家庭。

平燕(巩留县委财务科科长)被新疆维吾尔自治区财政厅评为优秀会计工作者。

刘伟(巩留县公安局)被新疆维吾尔自治区公安厅记个人二等功。

徐东平(巩留县检察院党组成员、政治部主任)获得新疆维吾尔自治区人民检察院首届"天山论检"检察理论研讨会优秀论文奖。

沈侠(巩留县农业农村局副局长)被新疆维吾尔自治区"访民情惠民生聚民心"驻村领导小组评为自治区级先进个人。

杨苏青(巩留县农经站干部)被新疆维吾尔自治区人民政府评为自治区见义勇为先进个人。

凡志国(巩留县发展和改革委员会干部)获得新疆维吾尔自治区"访惠聚"先进个人荣誉称号。

王波(巩留县气象局党支部书记、局长)被评为新疆维吾尔自治区2019年重大气象服务先进个人。

安荣(巩留县张家港实验学校英语教师)获新疆维吾尔自治区优秀教师称号。

周晓萍(巩留县第二中学副校长)获新疆维吾尔自治区优秀教师称号。

胡军胜(巩留县人民医院医务科副主任、脑外科主任)获得新疆维吾尔自治区开发建设新疆奖章。

加格斯开尔得·斯牙别克(巩留县库尔德宁镇副镇长候选人)被中共新疆维吾尔自治区委员会评为优秀共产党员。

袁红(天西林管局巩留分局局长)获评新疆维吾尔自治区"访惠聚"驻村工作优秀工作队长。

宗恩山(天西林管局巩留分局组织科副科长)、刘孟君(天西林管局巩留分局后续产业科科长)获得新疆维吾尔自治区"访惠聚驻村工作优秀工作队员"和"林业和草原局优秀共产党员"称号。

伊犁州级先进个人

巩留县援疆干部邵军民、马春青、孙屹东、许建东、黄蓉、张广斌、吴传昌、刘栋、王伟潮、蔡仲华、季伯雄、陈彩萍、顾向娟、杨丽娟、毛伟敏、候佩瑾、裴志刚、焦念方、史晓鹏、徐浩、蒋屹峰、陈进、袁晓林、倪善军、戴强、陈天文被伊犁州党委、伊犁州人民政府评为优秀援疆干部。

巩留县援疆干部邵军民、马春青、邱树立、孙屹东、黄蓉、李红波、徐宜强、毛伟敏、黄海伟、倪善军被江苏省援伊前方指挥部评为2018年度援疆工作先进个人。

邵军民(援疆干部)被伊犁州文明办评为伊犁州第五届道德模范。

黄蓉（援疆干部）被伊犁州妇联评为伊犁州巾帼建功标兵。

巩留县援疆教师李红波、毛伟敏、徐宜强、侯佩瑾、裴志刚、曾艳辉、张广斌、刘栋、吴传昌被江苏省援伊前方指挥部、伊犁州教育局评为优秀援疆教师。

卓力得拜·吉尔哈力拜（巩留县委副书记、政府县长）荣获伊犁州党委、人民政府优秀公务员三等功。

秦新生（巩留县委办驻阿克吐别克镇哈雷社区第一书记）被伊犁州委员会评为优秀党务工作者。

巩留县公安局于海龙、田纪军、赵铜生、吴晨红、丹尼亚尔·阿依提木哈买提、赛尔江·斯返、林涛、许延海、热合曼·尼亚孜、艾尔肯太·吐尔孙别克、赵万益、吕振环、郝敬龙、塔里哈提·散拉木汗、苗生寿、吕世强被伊犁州公安局记个人三等功。

郭旭东（巩留县公安局）被伊犁州直反洗钱工作联席会议办公室（中国人民银行伊犁州中心支行）评为警税银协作先进个人。

陈海霞（巩留县人民法院执行局法官）荣立伊犁州直法院执行工作个人三等功。

张梅（巩留县司法局办公室主任）荣获伊犁州直司法行政系统公共法律服务工作先进个人称号。

李娜（巩留县司法局法宣科干部）荣获伊犁州直司法行政系统普法工作先进个人称号。

苏亚琴（巩留县司法局法律援助中心服务工作者）荣获伊犁州直司法行政系统法律援助工作先进个人和优秀法律服务工作者称号。

地力努尔·阿木提（巩留县城镇人民调解委员会专职人民调解员）荣获伊犁州直司法行政系统人民调解工作先进个人称号。

吐尔汗·合买提（巩留县司法局塔斯托别乡司法所负责人）、叶列买斯·加甫萨尔（巩留县司法局吉尔格朗乡司法所所长）荣获伊犁州直司法行政系统司法所先进个人称号。

玛依拉·吐斯拜（巩留县司法局东买里镇司法所负责人）获伊犁州直司法行政系统社区矫正工作先进个人称号。

苏辉军（巩留县东买里镇法律服务所主任）获伊犁州直司法行政系统优秀法律服务工作者称号。

沙尼亚木·吐鲁孙江（巩留县司法局塔斯托别乡司法所干部）获伊犁州直司法行政系统安置帮教工作先进个人称号。

新疆枫树律师事务所律师再乃提古丽·巴合克力地、李慧获伊犁州直司法行政系统优秀律师称号。

赵阳（巩留县九龙河建材市场党支部书记）被伊犁州委员会评为优秀共产党员。

邹新宇（中国电信巩留分公司总经理）被中国电信伊犁州分公司委员会评为优秀党务工作者。

中国电信巩留分公司员工陈岩、袁晓喻被中国电信伊犁州分公司和中国电信伊犁州工会评为先进生产者。

沙丽曼·苏甫（中国电信巩留分公司员工）被中国电信伊犁州分公司委员会评为民族团结先进个人。

孙均（中国电信巩留分公司阿尕尔森镇中心支局局长）被中国电信伊犁州分公司委员会评为优秀共产党员。

黄超（巩留县财政局办公室副主任）被评为伊犁州直财政信息工作先进个人。

王驹雄（农发行巩留县支行信贷业务部副主管）被评为伊犁州级优秀共产党员、先进工作者。

阮清泉（农发行巩留县支行办公室主任）被评为伊犁分行州级先进工作者。

陈锡娟（城镇农行支行行长）、李娴（农行巩留支行营业部内勤行长）获评伊犁分行州级先进个人。

周晓萍（巩留县第二中学副校长）获评伊犁州教科研工作先进个人。

胡军胜（巩留县人民医院医务科副主任、脑外科主任）获得伊犁州劳动模范荣誉称号。

贺斯华（巩留县良繁场农二三队联户长）被伊犁州委员会评为优秀共产党员。

何晓丽(巩留县牛场鑫牛社区党支部书记)被伊犁州委员会评为优秀党务工作者。

夏华(巩留县塔斯托别乡副乡长、巴合拜村第一书记)被伊犁州委员会评为优秀共产党员。

迪娜古丽·奴尔达吾列提(巩留县提克阿热克镇提克阿热克村党支部副书记)被伊犁州委员会评为优秀党务工作者。

董继线(天西林管局巩留分局大吉尔格朗管护所所长)被伊犁州森林防火指挥部评为2019年度森林防火先进个人。

先进集体名录

国家级先进集体

巩留县老干局获得全国少数民族文艺会演组委会、中老年电视春节联欢晚会组委会优秀节目。

巩留县老干局获得广西桂林“壮族三月三·八桂嘉年华”全国56个民族传统文化会演联合会优秀奖。

巩留县司法局公共法律服务中心荣获全国公共法律服务工作先进集体称号。

自治区级先进集体

巩留县被新疆维吾尔自治区人民政府评为2019年度自治区农田水利基本建设“天山杯”竞赛先进县(市)综合奖。

巩留县人民检察院被新疆维吾尔自治区文明办授予自治区级精神文明单位荣誉称号。

巩留县人民检察院第一检察部被新疆维吾尔自治区人民检察院授予集体三等功。

巩留县财政局被新疆维吾尔自治区文明委员会评为自治区文明单位。

巩留县气象局被新疆维吾尔自治区评为2019年重大气象服务先进集体。

巩留县高级中学获新疆中学数学优秀教研活动二等奖。

巩留县第二中学获新疆维吾尔自治区文明校园称号。

巩留县第二小学获新疆维吾尔自治区第五届少先队鼓号队比赛优秀奖。

巩留县第二小学获新疆维吾尔自治区文明校园称号。

巩留县库尔德宁镇中心小学获评新时代好少年“我为祖国点赞”主题教育读书活动示范学校。

巩留县阿尕尔森镇中学获新疆维吾尔自治区文明校园称号。

巩留县中医医院获新疆维吾尔自治区级精神文明单位称号。

巩留县阿尕尔森镇党委被中共新疆维吾尔自治区委员会评为先进基层党组织。

巩留县塔斯托别乡巴哈拜村、英塔木村、英买里村获得新疆维吾尔自治区级卫生村称号。

巩留县塔斯托别乡获得新疆维吾尔自治区级卫生乡镇和平安乡镇称号。

天西林管局巩留分局被评为新疆维吾尔自治区履行“访惠聚”驻村工作优秀单位。

伊犁州级先进集体

巩留县荣获伊犁州委员会办公厅、人民政府办公厅人口创新奖。

巩留县张家港市援疆工作组被江苏省援伊前方指挥部评为2018年度援疆工作优秀单位。

张家港对口支援巩留县教师团队被伊犁州委员会评为第九批援疆工作先进集体。

巩留县老干局获得伊犁州直老年体育工作先进集体称号。

巩留县老干局获得伊犁州第三届武术套路比赛二等奖。

巩留县老干局获得伊犁州老干部诗歌朗诵会优秀节目奖和最佳创作奖。

提克阿热克镇派出所被伊犁州公安局记集体三等功。

巩留县公安局治安管理大队、交通警察大队车辆管理所、城镇派出所、塔斯托别派出所被伊犁州公安局记集体三等功。

巩留县公安局交通警察大队、吉尔格朗派出所、阿尕尔森派出所、东买里派出所、塔斯托别派出所被伊犁州精神文明建设指导委员会评为精神文明单位。

巩留县公安局被伊犁州直反洗钱工作联席会议办公室（中国人民银行伊犁州中心支行）评为警税银协作先进集体。

巩留县公安局指挥中心被伊犁州妇女联合会评为巾帼建功先进集体。

巩留县司法局荣获伊犁州直司法行政系统先进司法局称号。

巩留县残疾人联合会被伊犁州精神文明委员会评为文明单位。

中国电信巩留分公司被中国电信伊犁州分公司评为安全生产先进单位、先进基层党组织和民族团结先进集体。

巩留县财政局被伊犁州财政局评为州直财政信息工作先进单位。

巩留县气象局被评为伊犁州气象系统专业气象服务先进单位。

巩留县第二中学、张家港实验学校荣获评“十三五”重点科研课题“中华优秀传统文化与现代语文课堂教学实践研究”课题先进科研学校。

巩留县阿尕尔森镇中学、头道湾小学、阔什阿尕什小学获伊犁州文明校园称号。

巩留县提克阿热克中心小学获伊犁州文明校园称号。

巩留县库尔德宁镇中学、中心小学分校区、巩留县吉尔格朗乡中心小学、巩留县第一幼儿园、巩留县第二幼儿园、巩留县第二中学、巩留县融媒体中心、巩留县人民医院、巩留县卫生健康委员会获伊犁州级文明单位称号。

巩留县卫生健康委员会获计划生育工作优秀单位称号。

巩留县巩留镇库尔旦社区党支部被伊犁州委员会评为先进基层党组织。

巩留县库尔德宁镇莫合社区被评为伊犁州文明社区。

巩留县库尔德宁镇莫乎尔村被评为伊犁州级先进基层党组织。

巩留县库尔德宁镇莫乎尔村被评为伊犁州文明村。

巩留县阿尕尔森镇达尔特村获伊犁州文明村镇称号。

巩留县东买里镇乌图布拉克村被伊犁州组织部评为优秀基层党组织。

天西林管局巩留分局被评为伊犁州森林防火先进单位。

附　录

FU　LU

附录一:

关于《巩留县机构改革方案》的实施意见

《巩留县机构改革方案》已经伊犁州党委批准,根据自治区、伊犁州党委关于机构改革工作部署要求,结合巩留县实际,现就具体实施《巩留县机构改革方案》制定以下意见。

一、总体要求

深化机构改革,坚持以习近平新时代中国特色社会主义思想为指导,全面贯彻中共十九大和中共十九届二中、三中全会,贯彻落实习近平总书记关于深化党和国家机构改革的重要论述,贯彻落实习近平总书记关于新疆工作的重要讲话和重要指示精神,贯彻落实党中央治疆方略,特别是社会稳定和长治久安总目标,牢固树立"四个意识",坚定"四个自信",坚决做到"两个维护"。坚持加强党的全面领导,坚持以人民为中心的发展思想,坚持社会主义市场经济改革方向,坚持优化协同高效,坚持以法治方式推进改革,坚持在中央统一领导下充分发挥地方积极性。

深化机构改革,要适应新时代中国特色社会主义发展要求,以坚持和加强党的全面领导为统领,以国家治理体系和治理能力现代化为导向,以推进党政机构职能优化协同高效为着力点,按照伊犁州党委统一部署要求,改革机构设置,优化职能配置,合理划分事权,理顺职责关系,主要机构及其职能同伊犁州保持基本对应,确保上下贯通、执行有力。深化转职能、转方式、转作风,提高效率效能,全面推进体制机制创新,积极构建系统完备、科学规范、运行高效的机构职能体系,促进各方面改革有机衔接、协调联动,发挥改革整体效应,为更好地贯彻落实以习近平同志为核心的党中央治疆方略,实现社会稳定和长治久安总目标,打造"塞外江南"新伊犁,建设"生态和美,幸福安康"新巩留提供有力体制机制保障。

深化党政机构改革,要在党中央、自治区党委和伊犁州党委统一领导下,由县委负总责,不折不扣落实好各项改革任务。

二、调整优化党政机构和职能

(一)建立健全和优化县委对重大工作的领导体制机制

1.组建县监察委员会。将县监察局的职责,县人民检察院的查处贪污贿赂、失职渎职以及预防职务犯罪等反腐败相关职责整合,组建县监察委员会,同县纪律检查委员会合署办公,履行纪检、监察两项职责,实行一套工作机构、两个机关名称。

不再保留县监察局。

2.组建县委审计委员会,作为县委议事协调机构。县委审计委员会办公室设在县审计局。

3.将县依法治县领导小组改为县委全面依法治县委员会,作为县委议事协调机构。县委全面依法治县委员会办公室设在县司法局。

4.将县委全面深化改革领导小组改为县委全面深化改革委员会,作为县委议事协调机构。县委全面深化改革委员会办公室设在县委办公室。

5.将县委网络安全和信息化领导小组改为县委网络安全和信息化委员会，作为县委议事协调机构。县委网络安全和信息化委员会办公室为县委网络安全和信息化委员会的办事机构，作为县委工作机关，对外加挂县互联网信息办公室牌子。

6.将县委财经领导小组改为县委财经委员会，作为县委议事协调机构。县委财经委员会办公室设在县委办公室。

7.将县委外事工作领导小组改为县委外事工作委员会，作为县委议事协调机构。县委外事工作委员会办公室设在县人民政府办公室。

8.组建县委教育工作领导小组，作为县委议事协调机构。县委教育工作领导小组办公室设在县教育局。

9.将县委国家安全协调小组改为县委国家安全委员会，作为县委议事协调机构。县委国家安全委员会办公室设在县委办公室。

10.组建县推进实施“一带一路”建设领导小组，作为县委议事协调机构。县推进实施“一带一路”建设领导小组办公室设在县发展和改革委员会。

（二）加强县委职能部门的统一归口协调管理职能

1.县委组织部统一管理县委机构编制委员会办公室。调整优化县机构编制委员会领导体制，将县机构编制委员会改为县委机构编制委员会，作为县委议事协调机构。县委机构编制委员会办公室为县委机构编制委员会的办事机构，承担县委机构编制委员会日常工作，作为县委工作机关，归口县委组织部管理。

2.县委组织部统一管理公务员工作。将县人力资源和社会保障局（县公务员局）的公务员管理职责划入县委组织部，对外保留县公务员局牌子。

县人力资源和社会保障局不再挂县公务员局牌子。

3.县委宣传部统一管理新闻出版、电影工作。将县文化体育广播影视局［县新闻出版局（县版权局）］的新闻出版管理、电影管理职责划入县委宣传部，对外加挂县新闻出版局（县版权局）牌子。

4.县委统战部统一管理民族宗教工作。将县民族宗教事务委员会更名为县民族宗教事务局，相关职责划入县委统战部。对外加挂县民族宗教事务局牌子。

5.县委统战部统一管理侨务工作。将县人民政府办公室的侨务工作相关职责划入县委统战部，对外加挂县人民政府侨务办公室牌子。将县人民政府办公室的海外华人华侨社团联谊等职责划归县归国华侨联合会行使。

（三）县委调整改革和优化职责的机构

1.优化县委办公室职责。将县委机要局（县密码管理局）的职责，县委保密委员会办公室（县国家保密局）的职责，县委办公室信息督查室的职责，县档案局（馆）承担的行政职能划入县委办公室，对外加挂县委机要保密局（县国家保密局、县密码管理局）、县档案局牌子。

不再保留县委机要局、县委保密委员会办公室、县委办公室信息督查室。保留县档案馆，作为县委办公室所属事业单位。

2.优化县委宣传部职责。将县对外宣传办公室（县人民政府新闻办公室）、县精神文明建设指导委员会办公室的职责划入县委宣传部。县委宣传部继续保留县人民政府新闻办公室、县精神文明建设指导委员会办公室牌子。

不再保留单设的县精神文明建设指导委员会办公室、县对外宣传办公室（县人民政府新闻办公室）。

3.设立县委网络安全和信息化工作委员会。为适应巩留反恐维稳需要，加强网信领域党的建设，设立县委网络安全和信息化工作委员会，作为县委派出机关，设在县委网络安全和信息化委员会办公室，主要负责县网信领域党的建设和人才队伍建设，领导各网站党组织工作，实现网信领域党的组织全覆盖。

4.将县委老干部局由县委组织部管理的机关调整为县委工作机关，归口县委组织部管理。

5.不再设立县社会治安综合治理委员会及其办公室、县维护稳定领导小组及其办公室,有关职责交由县委政法委员会承担。

6.不再设立县委防范和处理邪教问题领导小组及其办公室,有关职责交由县委政法委员会、县公安局承担。县委政法委员会主要负责协调指导各部门做好反邪教工作,分析研判有关情况信息并向县委提供决策建议,协调处置重大突发性事件等。县公安局主要负责收集并分析研判邪教组织影响社会稳定、危害社会治安情况,依法打击邪教组织违法犯罪活动等。

7.不再设立县新兴组织工作委员会、县委基层组织建设领导小组办公室、县委人才工作领导小组办公室、县绩效管理工作领导小组办公室,有关职责交由县委组织部承担。

8.将县地方志办公室(县党史研究室)更名为县党史研究室(县地方志办公室),作为县委直属事业单位。

县委继续保留政法委员会、直属机关工作委员会、巡察工作领导小组办公室,作为党委工作机关。

(四)县人民政府调整改革和优化职责的机构

1.优化县人民政府办公室职责。将县信访局的职责,县移民管理局的职责划入县人民政府办公室,加挂县人民政府外事办公室、县信访局牌子,继续保留县扶贫开发办公室牌子。将县行政审批制度改革工作领导小组办公室的职责交由县人民政府办公室承担。

不再保留县信访局,不再保留单设县移民管理局。

2.优化县发展和改革委员会职责。将县民政局的救灾物资储备管理职责,县商务和经济信息化委员会的食糖、食盐等储备管理职责,县煤炭工业管理局的项目管理、行业管理相关职责划入县发展和改革委员会,加挂县粮食和物资储备局牌子。

不再加挂县粮食局牌子,不再保留县煤炭工业管理局。

3.重新组建县教育局。将县教育局的职责、县民族宗教事务委员会(县民族语言文字工作委员会)的语言文字工作职责以及县人民政府教育督导室承担的行政职能整合,重新组建县教育局,作为县人民政府工作部门。县委教育工作委员会与县教育局合署办公,实行一套工作机构、两个机关名称,保留县民族语言文字工作委员会牌子。

4.重新组建县科学技术局。将县科学技术局的职责、县人力资源和社会保障局的外国专家管理职责整合,重新组建县科学技术局,作为县人民政府工作部门。

5.将县经济和信息化委员会更名为县商务和工业信息化局,将县招商局的职责划入县商务和工业信息化局。

不再保留单设的县招商局。

6.重新组建县司法局。将县司法局的职责,县人民政府办公室(县人民政府法制办公室)的法制工作职责整合,重新组建县司法局,作为县人民政府工作部门。

县人民政府办公室不再挂县人民政府法制办公室牌子。

7.优化县财政局职责。将县金融工作领导小组办公室的职责、县财政监督检查局承担的相关行政职能划入县财政局。

不再保留县金融工作领导小组办公室。不再保留单设的县财政监督检查局。

8.优化县人力资源和社会保障局职责。将县社会保险管理局承担的相关行政职能划入县人力资源和社会保障局。

9.组建县自然资源局。将县国土资源局(县测绘地理信息局、县不动产登记局)的职责,县发展和改革委员会的组织编制并实施主体功能区规划职责,县住房和城乡建设局的城乡规划管理职责,以及县水利局、县畜牧兽医局、县林业局的资源调查和确权登记管理职责等整合,组建县自然资源局,作为县人民政府工作部门。

不再保留县国土资源局(县测绘地理信息局、县不动产登记局)。

10.县住房和城乡建设局不再挂县城市管理行政执法局牌子。

11.组建县农业农村局。将县农业局(县农业产业化发展局、县农产品加工局)的职责,县畜牧兽医局的相关职责,县农牧机械管理局的职责,县农业综合开发领导小组办公室的职责,以及县发展和改革委员会的农业投资项目、县财政局的农业综合开发项目、县国土资源局的农田整治项目、县水利局的农田水利建设项目管理和渔业监督职责整合,组建县农业农村局,作为县人民政府工作部门。加挂县畜牧兽医局牌子。县委农村工作领导小组办公室设在县农业农村局。

不再保留县农业局(县农业产业化发展局、县农产品加工局)、县畜牧兽医局、县农牧机械管理局。不再保留单设的县农业综合开发领导小组办公室。

12.组建县文化体育广播电视和旅游局。将县文化体育广播影视局[县新闻出版局(县版权局)]除新闻出版管理、电影管理以外的职责,县旅游局的职责,以及县文物局的职责整合,组建县文化体育广播电视和旅游局,作为县人民政府工作部门。加挂县文物局牌子。

不再保留县文化体育广播影视局、县旅游局。不再保留单设的县文物局。

13.组建县卫生健康委员会。将县卫生和计划生育委员会的职责,以及县安全生产监督管理局的职业安全健康监督管理职责,县深化医药卫生体制改革领导小组办公室职责,县老龄工作委员会办公室职责,县爱国卫生运动委员会办公室的职责整合,组建县卫生健康委员会,作为县人民政府工作部门。县老龄工作委员会、县爱国卫生运动委员会的日常工作由县卫生健康委员会承担。

不再保留县卫生和计划生育委员会。不再设立县深化医药卫生体制改革领导小组办公室。不再保留单设的县老龄工作委员会办公室、县爱国卫生运动委员会办公室。

14.组建县退役军人事务局。将县民政局的退役军人优抚安置职责,县人力资源和社会保障局的军官转业安置职责,以及军队有关职责等整合,组建县退役军人事务局,作为县人民政府工作部门,按中央和自治区党委有关改革部署实施。

15.组建县应急管理局。将县安全生产监督管理局的职责,县人民政府办公室(县应急管理办公室)的应急管理职责,县科学技术局(县地震局、县知识产权局)承担的震灾应急救援等职责,县公安局的消防管理职责,县民政局的救灾职责,县国土资源局的地质灾害防治、县水利局的水旱灾害防治、县畜牧兽医局的草原防火、县林业局的森林防火相关职责,县防汛抗旱、减灾、抗震救灾、森林防火等指挥部(委员会)相关职责,以及相关机构的指导煤矿救护和组织协调煤矿事故应急救援职责整合,组建县应急管理局,作为县人民政府工作部门,按中央和自治区党委有关改革部署实施。

不再保留县安全生产监督管理局。县人民政府办公室不再挂县人民政府应急管理办公室牌子,县科学技术局不再挂县地震局牌子。

16.优化县审计局职责。将县发展和改革委员会的重大项目稽查职责,县财政局、县财政监督检查局的预算执行情况和其他财政收支情况的监督检查、国有企业领导干部经济责任审计的职责划入县审计局,作为县人民政府工作部门。

17.重新组建县市场监督管理局。将县市场监督管理局的职责,县发展和改革委员会(县粮食局、县价格监督检查局)的价格监督检查职责,以及县科学技术局(县地震局、县知识产权局)的知识产权管理职责等整合,重新组建县市场监督管理局,作为县人民政府工作部门,加挂县知识产权局的牌子。县食品安全委员会的具体工作由县市场监督管理局承担。

县市场监督管理局不再挂县工商行政管理局、县质量技术监督局、县食品药品监督管理局、县食品安全委员会办公室牌子。县发展和改革委员不再挂县价格监督检查局牌子。县科学技术局不再挂县知识产权局牌子。

18.组建县医疗保障局。将县人力资源和社会保障局的城镇职工和城镇居民基本医疗保险、生育保险、新型农村合作医疗职责,县发展和改革委员会的药品和医疗服务价格管理职责,县民政局的医疗救助职责,以及县社会保险管理局承担的相关行政职能整合,组建县医疗保障局,作为县人民政府工作部门。

不再保留单设的县新型农牧区合作医疗管理中心。

19.组建县林业和草原局。将县林业局的职责,县畜牧兽医局的草原监督管理职责,以及县国土资源局、县农业局、县住房和城乡建设局、县水利局等部门的自然保护区、风景名胜区、自然遗产、地质公园等管理职责整合,组建县林业和草原局,作为县人民政府工作部门,由县自然资源局统一管理和协调。

不再保留县林业局。

20.将县广播电视台由县文化体育广播影视局所属的事业单位调整为县人民政府直属事业单位,归口县委宣传部领导。

县人民政府继续保留公安局、民政局、交通运输局、水利局、统计局,作为县人民政府工作部门。

机构改革后,共设置党政机构35个。党委机构11个(纪检监察机关1个,工作机关10个),政府机构24个(详见附件)。

三、统筹推进其他改革

(一)深化县人大、政协机构改革和群团组织改革

1.深化县人大机构改革。发挥人大及其常委会在立法工作中的主导作用,加强人大对预算决算、国有资产管理等的监督职能,健全人大组织制度和工作制度,适应加强社会建设、深化国家监察体制改革的需要,完善人大工作委员会设置,更好发挥其职能作用。

2.深化县政协机构改革。推进人民政协履职能力建设,加强人民政协民主监督,优化政协专门委员会设置,更好发挥其作为专门协商机构的作用。

3.深化群团组织改革。要认真落实党中央、自治区党委和伊犁州党委关于群团组织改革的总体部署,健全党委统一领导群团组织工作的制度,紧紧围绕保持和增强政治性、先进性、群众性这条主线,牢牢把握改革正确方向,始终坚持党对群团组织的领导,坚决贯彻党的意志和主张,自觉服从服务县委工作大局,坚持以人民为中心,聚焦突出问题,以更大力度、更实举措推进改革。要坚持眼睛向下、面向基层,将力量配备、服务资源向基层倾斜,更好适应基层和群众需求,促进党政机构与群团组织功能有机衔接,支持和鼓励群团组织承接适合由群团组织承担的公共职能,优化机关设置,创新运行机制,把群团组织建设得更加充满活力、更加坚强有力,增强群团组织的吸引力和影响力,充分发挥党和政府联系人民群众的桥梁纽带作用。

(二)继续深化事业单位改革

全面推进承担行政职能的事业单位改革,理清政事关系,实现政事分开。除行政执法机构外,完全、主要和部分承担行政职能的事业单位全部纳入改革实施范围,统筹推进实施。在全面清理行政职能的基础上,按照能转职能的不转机构、确需转机构的实行综合设置的原则,区分情况进行改革。完全承担行政职能的事业单位,原则上与主管部门职能相近的内设机构进行整合,不再单独设为行政机构。主要和部分承担行政职能的事业单位,行政职能回归主管部门,调整公益事业单位或并入其他相关事业单位,加大整合力度,减少机构数量,进一步理顺事业单位同主管部门的关系。改革后,除行政执法机构外,不再保留或新设承担行政职能的事业单位。各部门党委(党组)要对所属承担行政职能事业单位进行认真梳理,提出行政职能回归机关、明确到科室的意见建议,做到不漏一个事业单位,不漏一项行政职能。

统筹推进涉改部门所属事业单位职责调整和机构整合,根据部门组建和职责划转情况相应划转所属事业单位。对专业性较强的事业单位,原则上不拆分,根据主要职责确定主管部门。对职责相近或业务联系比较紧密的事业单位,要加大整合力度,减少机构数量。

（三）深化综合行政执法改革

按照减少层次、整合队伍、提高效率的原则，统筹配置行政处罚职能和执法资源，大幅减少执法队伍种类，合理配置执法力量。严格落实中央和自治区党委关于深化市场监管、生态环境保护、文化市场、交通运输、农业等5个领域综合执法工作的部署要求，整合组建5个领域综合执法队伍。继续深入推动城市管理等其他领域跨部门综合执法，同一领域或相近领域执法队伍，实行综合设置。一个部门设有多支执法队伍的，原则上整合为一支队伍。减少执法层级，积极推进执法力量下沉，除环保监测监察等中央明确规定实施垂直管理的机构外，其他领域均落实好属地监管责任，乡镇在综合执法平台基础上，探索一支队伍管执法。完善执法程序，严格执法责任，做到严格规范公正文明执法。

建立健全综合执法主管部门、相关行业管理部门、综合执法队伍间协调配合、信息共享机制和跨部门、跨区域执法协作联动机制。锁定执法人员编制底数，暂时保持现状不变，待中央和自治区统一明确政策后逐步规范。全面清理清退临时人员和聘用人员，严禁使用辅助人员执法。综合行政执法改革涉及的机构编制事项按有关规定办理。

（四）深化乡镇机构改革

乡镇机构改革与县级党政机构改革统筹推进，分步实施。

1.科学配置职能。理顺县与乡镇的权责关系，建立权责清单，强化乡镇社会管理和公共服务职能。乡镇机构改革要聚焦聚力维护稳定和服务群众两大任务，围绕加强党的建设、维护辖区稳定、强化社会治理、完善城镇管理、提高民生保障、促进区域发展等六大职责，建立健全统领辖区各项社会事务、整合各类资源、调动各方力量的体制机制。

2.统筹设置机构。推进构建简约高效的基层管理体制，综合设置乡镇党政机构，按照（新党发〔2015〕10号）文件精神，加大事业站所整合下放力度，保证基层事情基层办、基层权力给基层、基层事情有人办。

3.推动治理重心下移。结合乡村振兴战略，进一步下放经济社会管理事项，将与群众生活息息相关的公共服务管理职能下放到基层，把资源、服务、管理放到基层，推动社会治理重心向基层下移。深入推进审批服务便民化，进一步整合审批、服务、执法力量，积极探索综合设置基层审批服务机构，推动企业和群众办事“只进一扇门、最多跑一次”。乡镇机构改革要着眼于加强基层政权建设和各项基础工作，进一步增强基层党建、基层管理和基层服务功能，把基层党组织建设成为领导基层治理的坚强战斗堡垒。

（五）强化“三定”规定刚性约束

重新制定或修订县党政机构和相关群团机关的“三定”规定，增强“三定”规定严肃性和权威性，不得超职数配备领导干部，不得擅自增加编制种类，不得突破总量增加编制，各部门擅自设立的机构和岗位、擅自配备的领导职数均要取消。严格控制编制外聘用人员，从严规范适用岗位、职责权限和各项管理制度。完善机构编制同纪检监察机关和组织人事、审计等部门的协作联动机制，形成监督检查合力。

部门职责坚持“职权法定”原则，依据党内法规、相关法律并参照上级机关职能配置确定，重点体现坚持和加强党的全面领导。要与权责清单有机结合起来，科学界定各部门职责，做到一项事项原则上由一个部门统筹，一件事情原则上由一个部门负责，必须由多个部门共同承担的工作任务，也要确定一个部门主要负责。

部门内设机构设置坚持优化协同高效原则，强化内部职责和业务整合。多个部门整合的，综合性内设机构要合并为一套，业务机构要根据工作的内在联系进行重新设计和整合。对于划入的职能和机构，要同现有机构职能统筹规划、科学设计、有机整合，不能简单“摊大饼”。

部门人员编制按照“编随事走、人随编走”的原则，根据职责调整、机构整合和现有行政编制情况重新核定,加强事关重点工作、社会管理和公共服务的部门,精简职责弱化的部门。各部门现有编制统筹调配。部门领导职数按照中央和自治区党委有关规定配备。挂牌机构不单独核定编制和领导职数。

四、加强组织领导

各部门要按照县委统一部署要求,周密组织实施,把握好改革发展稳定的关系,有组织、有纪律、有步骤地推进机构改革。

(一)强化主体责任。要牢固树立“四个意识”,坚定“四个自信”,坚决维护习近平总书记的核心地位、坚决维护以习近平同志为核心的党中央权威和集中统一领导,自觉在思想上政治上行动上同以习近平同志为核心的党中央保持高度一致,在推进改革中不讲条件、不搞变通、不打折扣,切实把党中央精神和自治区、伊犁州和县委决策部署落到实处。县深化党政机构改革领导小组要在县委统一领导下,履行牵头抓总、统筹协调的职责。各部门党委(党组)要切实履行主体责任,主要负责同志要履行第一责任人责任,把机构改革摆在当前各项工作的突出位置,强化责任、主动作为、精准发力,切实抓好本部门改革任务的安排部署和组织实施。

(二)周密组织实施。县各涉改部门要依据实施意见研究制定贯彻落实的具体方案,报县深化党政机构改革领导小组办公室备案后实施。县深化党政机构改革领导小组办公室负责制定“三定”规定的规范性要求和有关部门编制职数框架,各部门按要求制定“三定”规定草案,按程序做好报审工作,“三定”规定草案报审工作要于2019年2月28日前完成。承担行政职能事业单位改革方案报审工作要于2019年2月26日,其他所属事业单位调整改革方案报审工作要于2019年2月底前完成。新组建部门挂牌后,要按照先转隶、再做“三定”的原则,及时将有关职责、机构和人员划转到新组建部门。对新组建和整合调整较大的部门出现超编、超领导职数的情况,给予三年左右的过渡期。纪检监察、组织、人社、财政、审计、机关事务、档案等部门要各司其职、各负其责,协同配合做好改革涉及的相关工作,确保2019年3月底前基本完成县本级机构改革工作。

(三)处理好改革发展稳定的关系。要按照自治区、伊犁州和县委要求,以饱满的精神、过硬的作风、科学的方法,周全细致谋划,统筹兼顾推进机构改革。在落实改革任务的同时,要抓好自治区、伊犁州和县委关于稳定、发展的一系列决策部署的落实,特别是确保维护社会稳定、脱贫攻坚、安全生产、应急救援、税收征管以及“访惠聚”驻村工作等方面的工作不停滞、不落空,确保完成年度各项目标任务。改革中涉及调整职能的部门,职能没有划转之前,相关部门要按照原来职责正常开展工作,新老机构和人员接替要平稳有序、高效衔接、尽快到位,确保机构改革和日常工作两不误。

(四)做好思想政治工作。机构改革涉及广大干部职工的切身利益,必须高度重视思想政治工作。要密切关注干部职工思想动态,教育引导广大党员干部,特别是领导干部坚持党性原则和全局观念,提高政治站位,强化政治担当,服从组织安排,把推动改革情况作为检验“四个意识”牢不牢的试金石,以实际行动拥护改革、支持改革、参与改革,做到思想不乱、工作不断、队伍不散、干劲不减。加强宣传和舆论引导,凝聚改革共识,坚定改革信心,为改革顺利开展营造良好环境。

(五)严明纪律规矩。按照党中央要求,严格执行机构改革政治纪律、组织纪律、机构编制纪律、干部人事纪律、财经纪律、保密纪律,加强监督和执纪问责,坚决做到令行禁止。涉及机构变动、职责调整的部门,要服从大局,确保机构、职责、队伍等按要求、按时限及时调整到位,禁止拖延迟滞、搞变通,禁止突击提拔和调整干部。要扎实做好涉改单位债权债务、固定资产清理工作,严禁涉改单位突击花钱,坚决防止国有资产流失。要把机构改革实施情况纳入重大决策部署督察任务和巡视巡察范围,加大督促检查力度。对违反纪律的行为要严肃查处,严厉问责。

附件1

中共巩留县委员会机构设置表

纪律检查委员会监察委员会机关	办公室	组织部	宣传部	统一战线工作部	政法委员会	全面深化改革委员会办公室(设在县委办公室)	全面依法治县委员会办公室(设在县司法局)	国家安全委员会办公室(设在县委办公室)	网络安全和信息化委员会办公室	财经委员会办公室(设在县委办公室)	外事工作委员会办公室(设在县人民政府办公室)	机构编制委员会办公室	审计委员会办公室(设在县审计局)	教育工作领导小组办公室(设在县教育局)	农村工作领导小组办公室(设在县农业农村局)	推进实施「一带一路」建设领导小组(设在县发展和改革委员会)	直属机关工作委员会	巡察工作领导小组办公室	老干部局

说明：

中共巩留县委员会设置纪检监察机关1个，计入机构限额的工作机关10个(设在相关部门的县委议事协调机构的办事机构不计入机构限额)。其中，纪律检查委员会与监察委员会合署办公，实行一套工作机构、两个机关名称；办公室挂县委机要保密局(县国家保密局、县密码管理局)、县档案局牌子；组织部挂县公务员局牌子；宣传部挂县新闻出版局(县版权局)、县人民政府新闻办公室、县精神文明建设指导委员会办公室牌子；统战部挂县民族宗教事务局、县人民政府侨务办公室牌子；网络安全和信息化委员会办公室挂县互联网信息办公室牌子；县网络安全和信息化工作委员会设在网络安全和信息化委员会办公室，不计入机构限额。

附件2

巩留县人民政府机构设置表

办公室	发展和改革委员会	教育局	科学技术局	商务和工业信息化局	公安局	民政局	司法局	财政局	人力资源和社会保障局	自然资源局	住房和城乡建设局	交通运输局	水利局	农业农村局	文化体育广播电视和旅游局	卫生健康委员会	退役军人事务局	应急管理局	审计局	市场监督管理局	统计局	医疗保障局	林业和草原局

说明：

巩留县人民政府设置办公室和工作部门24个。其中：办公室挂县人民政府外事办公室、县信访局、县扶贫开发办公室牌子；发展和改革委员会挂县粮食和物资储备局牌子；教育局挂县民族语言文字工作委员会牌子；农业农村局挂县畜牧兽医局牌子；文化体育广播电视和旅游局挂县文物局牌子；市场监督管理局挂县知识产权局牌子。

附录二：

巩留县2019年国民经济和社会发展统计公报

2019年，全县上下坚持以习近平新时代中国特色社会主义思想为指导，坚决贯彻自治区、伊犁州党委各项工作部署，聚焦聚力总目标，按照“1+3+3+改革开放”工作主线，紧扣“六个伊犁”愿景和“六个区”发展方向，立足新常态、展现新作为，推动各项事业取得了新成绩、迈出了新步伐。

一、综合

国民经济增速加快，总体运行良好。初步核算，2019年全县完成生产总值54.29亿元，比上年增长5%(按不变价计算，下同)。

其中：一产业18.94亿元，比上年增长5.1%；二产13.07亿元，比上年下降0.4%；三产22.28亿元，比上年增长9.8%。经济结构有所调整，全县三次产业比重由2018年的33.7∶27.6∶38.7调整为34.9∶24.1∶41.0。人均生产总值达到27816元。

二、农业

2019年，全县农林牧渔业实现产值23.55亿元，比上年下降0.57%(可比价，下同)。其中：农业产值12.4亿元，比上年下降4.28%；林业产值0.11亿元，比上年下降24.5%；牧业产值10.84亿元，比上年增长4.55%；渔业产值0.1亿元，比上年增长14.07%；农林牧渔服务业产值0.059亿元，比上年增长7.09%。种植业结构继续得到调整，许多农户在龙头企业带领下，自觉调整种植结构，积极参与产业经营，实现农牧民增收。

全县总播种面积(含复播)59.25千公顷，比上年减少3.5千公顷。其中：粮食作物播种面积52.46千公顷，比上年增加0.38千公顷；经济作物播种面积3.98千公顷，比上年减少3.73千公顷。经济作物播种面积中：油料面积为0.97千公顷，比上年减少3.39千公顷；蔬菜面积为0.36千公顷，比上年增加0.05千公顷；甜菜面积为0.13千公顷，比上年减少0.33千公顷；其他作物2.52千公顷，比上年减少0.06千公顷。粮食产量为474887吨，比上年增长5.63%。

表1　2019年巩留县主要农产品产量表

产品名称	单位	产量	增减%
粮食	吨	474887	5.63
#小麦	吨	97092	2.27
玉米	吨	356982	10.48
油料	吨	2383	−76.04
甜菜	吨	10192	−70.81
瓜果	吨	4731	32.45
蔬菜	吨	20845	19.75

畜牧业生产呈现良好的发展势头，年末牲畜存栏头数为59.29万头，比上年增长0.15%；全年共出栏牲畜51.59万头，比上年增长0.08%。肉类总产量达到26054吨，比上年增长3.91%；产牛奶46893吨，比上年增长17.36%；产羊毛730吨，比上年下降8.75%；农业生产条件进一步改善。农业机械总动力达到26.81万千瓦，增长2.33%；化肥施用量2.47万吨，增长14.88%；农村用电量1535万千瓦时，增长6.97%；农田水利建设进一步加强，年末有效灌溉面积达到40.5千公顷。

三、工业

工业经济实力进一步增强。2019年全县共有规模以上工业企业8家。累计完成规模以上工业总产值209543.5万元，比上年增长3.93%，累计完成工业增加值59229.9万元，比上年增长8.7%。

表2　2019年巩留县主要工业产品产量表

产品名称	单位	产量	增减%
发电量	万度	291520	10.22
#水电	万度	291520	10.22
原煤	吨	858451	59.27
工业硅	吨	51590	6.6
小麦粉	吨	16768	4.29
饲料	吨	5340	7.57

四、固定资产投资

2019年巩留县全社会固定资产投资增长12.56%。在总投资中，一产投资下降6.65%；二产投资下降66.64%；三产投资增长20.98%。其中：500万元以上投资增长12.56%。

全县房地产投资23026万元，同比增长27.9%，其中住宅投资16973万元，同比增长911.5%，商业营业用房投资3858万元，同比下降75.6%。

五、贸易

由于城乡居民的有效需求增长，消费对经济的拉动作用日益明显。全县实现社会消费品零售额131732.6万元，比上年增长5.6%。其中：城镇社会消费品零售总额为89290.2万元，比上年增长4.7%；乡村社会消费品零售总额42442.4万元，比上年增长7.5%。按消费形态看，商品零售业实现零售总额109703.4万元，比上年增长5.7%，餐饮业实现零售总额22029.2万元，比上年增长5.1%。

六、交通运输、邮电

邮政业和电信业发展步伐加快，基础设施建设得到加强，通信能力、服务质量不断提高。全年完成邮政业务总量630万元；固定电话用户达到2.59万户，固定电话普及率为43部/百户；移动电话用户达到19.4万，移动电话普及率为99部/百人。

七、财政

2019年，全县地方财政收入累计完成29297万元，下降5.17%。一般公共预算收入为18972万元，较上年下降5.4%，其中：税收收入14626万元，较上年下降4.46%。全县地方财政支出231336万元，比上年增长5.66%。一般公共预算支出196490万元，较上年下降1.2%。

表3　2019年巩留县财政收入、支出

指标	单位	金额	增减%
一般公共预算收入	万元	18972	-5.4
#税收收入	万元	14626	-4.46
一般公共预算支出	万元	196490	-1.2
#一般公共服务支出	万元	12822	-10.72

续表3

指标	单位	金额	增减%
教育支出	万元	54487	-5.85
科学技术	万元	2442	0.66
社会保障和就业支出	万元	23061	5.59
卫生健康支出	万元	20128	4.87
农林水支出	万元	33648	0.96
节能环保	万元	5408	-0.97

八、金融

金融机构积极改进服务方式，不断提高服务质量，充分发挥金融的特殊作用，有力地支持了县域经济健康快速发展。年末银行存款余额为44.32亿元，较上年增长10.5%。银行贷款余额达到21.19亿元，较上年增长9%。

表4　2019年末巩留县金融机构各项存贷款余额

指标	2019年(亿元)	增长(%)
年末银行各项存款余额	44.32	10.5
#城乡居民储蓄存款余额	30.67	12.1
年末银行各项贷款余额	21.19	9

九、教育

基础教育不断加强，义务教育普及程度继续提高，教育事业继续发展。2019年全县共有学校100所，其中职业高中1所，高级中学1所，九年一贯制学校6所，初级中学1所，小学23所，幼儿园68所。全县在校学生数达42279人。

十、文化、卫生

文化事业健康发展。全县共有电影院1个，文化馆1个，档案馆1个，调频广播发射台1座，县级电视台1座，乡级文化广播站12座，电视人口覆盖率99 %，195个大喇叭，广播覆盖率99%。有线数字电视用户达5177户。医疗卫生条件进一步改善，卫生事业健康发展。全县现有卫生计生医疗机构133家，其中县级医疗卫生机构4所（人民医院、中医医院、妇幼保健计划生育服务中心、疾控中心）、乡镇卫生院（社区卫生服务中心）9所，牧区卫生院1所，社区卫生服务站5所，村（队）卫生室68所，个体诊所43所，民营医院3所；全县医疗卫生机构编制床位810张;全县共有床位数778张,其中县医院320张、中医院168张(包括急救)、妇幼保健院30张,三家民营医院55张、乡镇卫生院205张;医疗卫生人员1360人,其中高级及以上职称51人;中级职称85人;初级职称628人;村医疗点普及率达100%。

十一、人口

控制人口增长取得了新的成绩,年末全县总人口194391人,比上年减少1546人。人口出生率8.71‰;死亡率5.13‰;人口自然增长率3.57‰。男女性别比为51∶49。

十二、人民生活、就业和社会保障

城乡居民收入继续增加,生活水平有所提高。据抽样调查推算,全县城镇居民人均可支配收入29250元,比上年增加1913元,同比增长7%;农村居民人均可支配收入14042元,比上年增加1053元,同比增长8.1%。全县在岗职工平均工资66216元。社会保障和福利事业取得新进展,全县参加失业保险人数10533人,城镇职工基本养老保险参保人数13588人,城乡居民基本养老保险参保人数60132人。全县基本医疗保险参保人数171178人,其中城乡居民基本医疗保险参保人数154345人。全县城镇得到最低生活保障救济的人数达到2435人,农村得到最低生活保障救济的人数达到10264人。

截至2019年末,巩留县共开发就业岗位3446个;实现城镇就业安置3669人,城镇登记失业率3.5%以内;发放创业担保贷款114人744万元;高校毕业生实名制登记100%,登记就业率93%;完成农业富余劳动力转移4.49万人次,实现劳务创收3.02亿元,有组织转移就业694人;完成就业大篷车下乡进村46次,召开各类招聘会157场次。

附录三:

巩留县"不忘初心、牢记使命"主题教育

按照党中央、自治区、伊犁州党委安排部署,在伊犁州第三巡回指导组的精心指导下,巩留县"不忘初心、牢记使命"主题教育于9月13日正式启动,12月初基本结束。县四套班子及12个乡镇(片区党工委)、县直51家部门单位、80个村(社区)的60名县处级领导干部、561名科级干部、9469名党员全部参加。

一、主题教育主要做法

(一)坚持以上率下,做到落实责任"严"。县委书记作为全县主题教育领导小组组长,亲力亲为亲自抓,先后召开5次常委会议、4次推进会、1次联席会议,研究制定实施方案和学习教育、调查研究、检视问题、整改落实四个专项方案,了解主题教育进展情况,分析存在问题,做到四项措施一体推进、统筹落实。分2批次对278名基层党支部书记进行为期3天的集中培训,重点解决主题教育"如何抓、抓什么、怎么抓"的问题,做到左右沟通、上下贯通,聚焦不散光,正向不跑偏。县四套班子领导率先垂范,先学一步、学深一步,加强对乡镇、部门单位班子包联工作的指导。组建6个指导组,开展指导337次,推动解决各类问题508个。《人民日报》、人民网、学习强国、共产党员网等中央媒体平台采用巩留县稿件14条,自治区主要媒体采用15条,伊犁州主要媒体采用278条。对内用好新兴媒介平台,在融媒体中心发布主题教育相关稿件922条,广播电台发布261条,巩留零距离发布文章391条,巩留组工发布270条。

(二)坚持聚焦主线,做到学习教育"实"。县四套班子领导和各乡镇、各部门单位领导班子分段错时压茬集中学习8天,通过学习《纲要》《"不忘

初心、牢记使命”优秀共产党员先进事迹选编》《习近平谈治国理政》等必读书目。各级基层党支部按照每周集中学习半天要求，组织9000多名党员普遍开展了10次集中学习。各级党组织为党员干部列出自学清单，由党组织书记采取查阅党员书籍、提问考学、试卷测试等方式检验学习效果。针对年老体弱退休党员，组建168个送学小分队，结对定期开展帮学，帮学送学2238人次。县委理论学习中心组先后举行10次交流研讨会，分别围绕党中央治疆方略、三个“白皮书”、“不忘初心、牢记使命”重要论述、党史、新中国史、对照党章党规找差距。同时，各级党组织班子累计开展交流研讨339场次、交流发言2034人次。各乡镇、片区党工委、县直部门单位累计开展专题教育1072场、受教育人员3.5万人次。

（三）坚持问题导向，做到调查研究“深”。围绕自治区党委确定的12个调研重点，县四套班子领导列出37个调研课题、100多项具体问题。开展蹲点调研60多次，各级党组织领导班子开展调研341次，发现问题49个，解决问题34个，提出解决措施112条。县级领导形成调研报告37篇，各级党组织领导班子成员形成调研成果交流材料269篇，召开调研成果交流会82场、参加交流研讨1222人、上专题党课328场。

（四）坚持对标对表，做到检视问题“准”。12名常委之间、37名县级领导干部之间广泛开展谈心谈话、相互查找不足。县四套班子召开各级各类座谈会91场次，听取意见建议909条。各乡镇、片区党工委，部门单位召开座谈会282场次，征求对领导班子及成员意见建议2012条。基层党组织均召开了找差距专题会议，找出问题5232个，提出整改措施5744条。建立思想上和工作上两个检视问题清单，县四套班子列出问题43个、已立查立改42个，班子成员列出问题363个、已立查立改289个。各乡镇、片区党工委，县直部门单位开列问题3751个，已立查立改3093个。基层各党支部党员累计查找问题3.95万个、已解决3.75万个。

（五）坚决立行立改，做到整改落实“快”。一是抓好“8+2”专项整改工作。加强对专项整治的领导，县委书记负总责，县长协助抓，确定6名县委常委牵头负责，6个牵头单位分头实施，召开专题会议进行部署，制定总方案和12个子方案，列出专项整治问题88条、整治措施190条，坚持每10天召开一次推进会，逐项抓好整改落实。坚持上下联动，认真对照中央脱贫攻坚专项巡视提出的4项65条具体问题、中央环保督察提出的5个方面94项整改任务、中央扫黑除恶专项斗争督导组指导意见、自治区北疆前方指挥部督导反馈的145条问题、伊犁州群众工作督导组督导反馈的68条，进行自查对照，举一反三、查漏补缺，确保整改落实到位。已整改完成142条。制定《巩留县作风整治年活动“六个方面”突出问题清单整改方案》和《巩留县作风整治年活动推进计划》。深入开展常规、专项巡察，加大明察暗访、交叉检查、重点督办工作力度。落实为基层减负20条措施，大力整治文山会海等形式主义、官僚主义问题，严格执行精简文件、精简会议、精减督查检查考核量化目标，精简文件44.9%、精简会议48.1%、督导检查减少92%。紧盯教育医疗、生态环境、食品药品等民生领域的32项整治问题，关停无证餐饮店18家，取缔流动销售点5个，没收各类三无食品1800多千克。加强基层组织队伍建设，选派73名大学生村干部进入村“两委”班子，调整党支部书记16名、村委会主任24名，招聘补充村干部74名。打掉恶势力犯罪集团2案18人、恶势力犯罪团伙1起7人。

二是抓好“1+3+3”实事。做好社会稳定工作。认真贯彻落实中央治疆方略、自治区党委标本兼治维稳“组合拳”、自治区党委“12个常态化”措施，实现了社会大局持续稳定。

抓好结核病患者救治。完成体检15.04万人，体检完成率100%，全县共排查登记结核病患者211例，已成功治疗结核病患者82例。抓好脱贫攻坚。完成121户436人脱贫攻坚任务。积极扩大就业增收。开发就业岗位1919个，完成城镇就业再就业2023人。向疆内外有组织转移劳动力694人，实现富余劳动力转移4.49万人次、创收3.02亿元，完成培训3604人。抓好城乡居民关注群体帮教。收集解决贷款延期、家庭困难、婚姻纠纷、就医住房等诉求633件。做好民族团结工作。全县8706名干部职工结对认亲1.65万户，捐款92.5万元、捐物7.5万件、办实事好事6200多件。加快旅游三产发展。巩留县成功创建为“国家生态文明示范县”和“中国天然氧吧”，库尔德宁景区恢复开放，伊力格代SSSS级滑雪场、蝶湖AAA级景区创建成功，恰西AAAA级景区创建加快推进，建设完成“库恰塔”环线32千米旅游观光道路，5个旅客服务中心主体完工，完成阿克吐别克拉克小镇、库尔德宁贝母小镇、吉尔格朗乡天山渔庄、头道湾村自驾民宿区、巴哈拜村农业观光园、莫合小镇田园综合体基础设施建设和风貌改造。

三是扎实解决好群众反映强烈的突出问题。着力解决城市公交车问题。投资210万元购买4辆气电混合新能源公交车，设置公交线路2条，建设15个公交站台。着力解决农牧区交通不便问题。投资1027万元完成喀拉巴克村、塔依吐罕村、奥夏干德村、牧业新村22.6公里农牧区道路建设。着力解决污水处理问题。全面完成城北工业园区污水处理厂提标改造，使污水处理标准由一级B提升至一级A。着力解决活畜交易问题。引进投资5亿元的新疆华凌农牧产业园项目，建设河谷中部最大的活畜交易市场、饲草料交易市场、肉牛养殖示范基地、饲草料基地，截至2019年完成投资1600万元活畜交易市场建设。着力解决旅游宣传不够问题。投入180多万元，通过投放媒体宣传广告、设立大型宣传牌、标示牌、宣传折页等方式宣传推销旅游。

四是认真抓好建章立制。梳理完善理论中心组学习、做好城乡居民关注群体分类动态管控等长效机制7项。

（六）坚持从严从实，高质量召开民主生活会和组织生活会。

制定常委班子专题民主生活会整改落实工作方案，对照问题提出措施21项，明确牵头常委、责任单位、完成时限。全县12个乡镇、片区党工委班子，51个县直部门(单位)班子，15个科级医院、学校班子，391名班子成员全覆盖参加了主题教育专题民主生活会，领导班子平均查摆问题12.76个，领导班子成员平均查摆问题12.13个，班子成员人均收到批评意见1.76条。全县278个党支部全部召开了专题组织生活会，各党支部平均查找问题总数5.97条，党支部书记人均查找问题6.77条，党支部书记人均收到批评意见2.22条，党员人均收到批评意见2.03条。

二、主题教育取得成效

强化了理论武装，夯实思想根基。经受了思想洗礼，政治觉悟显著增强。增强了使命担当，毅力决心更加坚定。增进了为民情怀、群众基础更加牢固。筑牢了清廉防线，干部作风明显转变。